U0895577

文·物·流·學

普通高等教育“十一五”国家级规划教材

国家“985”工程资助项目

考古及博物馆学系列教材

总主编 杜斗城 樊锦诗

文物法学概论

俄 军 编著

兰州大学出版社
LANZHOU UNIVERSITY PRESS

图书在版编目（C I P）数据

文物法学概论 / 俄军编著. -- 兰州 : 兰州大学出版社, 2006.12（2026.1重印）
考古及博物馆学系列教材
ISBN 978-7-311-02830-5

Ⅰ. ①文… Ⅱ. ①俄… Ⅲ. ①文物保护－行政法－法学－中国－高等学校－教材 Ⅳ. ①D922.161

中国版本图书馆CIP数据核字(2018)第180251号

策划编辑　魏鸿彪
责任编辑　高士荣
封面设计　张稳移

书　　名　文物法学概论
作　　者　俄　军　编著
出版发行　兰州大学出版社　（地址:兰州市天水南路222号　730000）
电　　话　0931-8912613(总编办公室)　0931-8915384(营销中心)
网　　址　http://press.lzu.edu.cn
电子信箱　press@lzu.edu.cn
印　　刷　甘肃日报报业集团有限责任公司印务分公司
开　　本　880 mm×1230 mm　1/32
印　　张　10.625(插页4)
字　　数　306千
版　　次　2006年12月第1版
印　　次　2026年1月第5次印刷
书　　号　ISBN 978-7-311-02830-5
定　　价　42.00元

总 序

兰州大学历史文化学院在文革前就曾开设《考古学通论》等课程，近年又筹建了考古及博物馆学专业，开设了一系列文物、考古方面的课程。这些课程不仅受到了历史文化学院学生的热烈欢迎，同时也吸引了其他院系的学生。为了进一步保证专业教学和人才培养质量，编写一套能够适合我校情况、具有区域和文化特色的考古及博物馆学系列教材，就义不容辞地成为我们的一项紧迫任务。从2003年开始，我们组织有关教师和校内外专家学者，投入了此项工作。2005年11月，此套系列教材由兰州大学出版社申报，又被教育部列为“普通高等教育‘十一五’国家级规划教材”；与此同时，还得到了国家“985工程”项目的支持。

众所周知，兰州大学所处的西北地区，是中国古代文明重要的发祥地之一。这里考古遗存星罗棋布，历史文化资源丰富，博物馆馆藏绚丽多彩。就以甘肃而言，即有以彩陶、简牍、石窟为代表的三大文化遗产，在此基础上形成的简牍学、敦煌学已成为国际显学。横贯甘肃的“丝绸之路”又将西北的众多历史文化遗产连成一线，成为国内外游客及学者倾心向往的地方。所有这些，都是我们编写具有自己特色的考古及博物馆学专业系列教材的珍贵资源和重要保证。而与我们共同办学的甘肃省博物馆及甘肃省考古研究所等单位，都有一批学有专长且在国内外学术界有一定影响的学者，他们都非常支持并亲自参与了这项工作。如这套系列教材中的《敦煌佛教艺术概论》即由著名敦煌学家樊锦诗教授参与编写;《简牍学通论》由汉简研究权威初仕宾教授挂帅编写;《文物鉴定基础》由多年从事文物鉴定工作的林健教授编写;等等。

兰州大学虽地处办学条件相对艰苦的甘肃,但已有近百年的历史,其深厚的文化底蕴与优良的教学传统以及师生们自强不息的拼搏精神一直为社会所公认。改革开放后,历届学校领导都把教学作为重中之重,把"做西部文章"作为办学、科研的战略方针之一,在教学、科研方面取得了许多成功经验和优秀成果。这套考古及博物馆学专业教材也正是本着兰州大学求真、务实、严谨的一贯精神所编写的。但由于时间紧、任务重,教材中难免存在一些疏漏和讹误,我们真诚期望得到有关专家的批评指正,以便在重印时加以修订和完善。

在此,我还要对积极支持此项工作的甘肃省博物馆馆长俄军先生、副馆长林健先生、甘肃省考古研究所所长杨惠福先生、兰州大学教务处前任处长张正国先生、现任处长钟承奎教授、兰州大学历史文化学院院长王希隆教授、兰州大学出版社陶炳海社长、张克非总编、魏鸿彪编辑,还有兰州大学发展规划办公室、兰州大学历史文化学院考古及博物馆系等单位的有关同志表示真挚的感谢!

杜斗城

2006 年 8 月 16 日于兰州大学

前　言

2002年10月28日，第九届全国人民代表大会常务委员会第三十次会议审议通过了《中华人民共和国文物保护法》修订草案。它是贯彻以法治国方略、全面加强文物保护法制建设和完善文物保护法律制度的重大举措；为在社会主义市场经济体制下进一步加强文物保护管理工作提供了重要法律保障；标志着我国文物法制建设、文物保护管理工作和文物事业进入了一个新的发展阶段。

1982年11月19日，第五届全国人民代表大会常务委员会第二十五次会议通过《中华人民共和国文物保护法》。它是根据《宪法》制定的我国文化领域的第一部专门法律。它的公布实施，使我国文物保护管理工作走上了法制轨道，是保护和继承祖国历史文化遗产、弘扬民族传统文化的重大措施。这部法规的实施过程，正是我国改革开放不断深入、社会经济迅速发展的时期，实施的实践充分证明，它符合我国国情，符合文物工作基本规律和实际情况，对加强我国文物保护管理工作发挥了巨大作用。1982年《文物保护法》所确立的文物保护的基本原则，是总结了我国文物保护工作规律和实践经验，并借鉴了国际社会一些共同做法而确立的，经过改革开放新形势下实践检验，证明是完全正确的。因此，实事求是地讲，这些基本原则既符合国情，又与国际社会保护人类文化遗产的基本要求相一致。应当肯定，1982年《文物保护法》是我国文物保护事业取得举世瞩目的重大成就的重要保障。

随着社会主义市场经济的迅速发展，特别是世界范围内的政治、经济、文化全球化的趋势日益凸现，在文物保护管理中，出现的一些新的情况和问题还缺乏明确、规范的法律依据，有些文物保护管理的制度和措施，也需要随形势的发展、国际现行的规定和标准做出相应的调整。

对1982年《文物保护法》修订完善的重点，主要有三个方面：一是充实加强文物保护管理措施；二是进一步调整、充实、规范文物流通领域的法律规定；三是完善法律责任，确立文物行政部门执法权，强化文物执法。

按照立法程序，第九届全国人民代表大会常务委员会第三十次会议审议通过了《中华人民共和国文物保护法》修订草案。2002年《文物保护法》共8章80条，仅条数就比1982年《中华人民共和国文物保护法》多了47条，其内容更加丰富、全面、系统，充分体现了党和国家对保护我国文物的高度重视，是党和国家保护文物、发展文物事业的一贯方针政策和基本原则的延续，是在新的历史时期的重大发展和法制化。

"文物法学概论"是围绕《文物保护法》展开的，结合文物学、文物法学、博物馆学、行政法学、民法学、刑法学的研究成果，同时结合了我国文物保护的历史和现实，结合了国际社会关于保护文化遗产的通行做法。第一章简述法律关系主体和行政法律关系主体，第二章至第九章是对2002年《文物保护法》第一章总则的基本内容的论述，第十二章"收藏与文物收藏"是论述收藏一般物品与收藏文物的关系，其他章、节是对2002年《文物保护法》第二章不可移动文物、第三章考古发掘、第四章馆藏文物、第五章民间收藏文物、第六章文物出境进境、第七章法律责任的论述。

目　录

第一章　文物法学法律关系概述

第一节　法律主体关系

一、行政主体

行政主体，是指享有国家行政权，能以自己的名义行使行政权，并能独立地承担因此而产生的相应法律责任的组织。

1. 行政主体是享有国家行政权的组织

行政主体是组织，但并不是所有的组织都能成为行政主体。是否享有国家行政权，是决定某组织能否成为行政主体的一个决定性条件。国家设立国家行政机关，通过宪法和法律赋予国家行政权。享有国家行政权的国家行政机关就具备了成为行政主体的决定性条件。行政机关是最重要的行政主体，但行政机关并不等于行政主体。除行政机关外，一定的行政机构和其他社会组织，依照法定授权，也可以成为行政主体。为了适应瞬息万变、复杂多样的行政需要，有时国家直接通过法律将其行政权的一部分授予国家行政机关以外的组织，有时在法律、法规中规定有权机关可以将其享有的行政权的一部分按照法定程序和要求授予其他组织。接受授权的组织便具备了成为行政主体的决定性条件。接受授权的组织，可以是行政机构，也可以是其他社会组织。总之，行政主体只能是国家行政机关和接受授权的组织。

2. 行政主体是能够以自己的名义行使行政权的组织

"以自己的名义行使行政权"，是指在法律范围内依照自己的判断作出决定，发布命令，并以自己的职责保障这些决定和命令的实施，独立采取行政行为等。能够以自己的名义行使行政权，是判断行政机关及其他组织能否成为行政主体的主要标准。

判断某一组织是否是行政主体，不但要看其是否享有国家行政权，而且要看其是否能够以自己的名义作出行使行政权的行政行为。

国家行政机关代表国家行使行政权，该行政机关便具有行政主体的资格，在行政法律关系中成为一方当事人。国家行政机关以外的组织的行政权，是通过授权而获得的，即使通常情况下该组织处于行政系统之外，基于法定授权依然能够以自己的名义行使行政权，其在授权范围内的一切行政活动都必须适用一般行政法规范，故具有行政主体资格，在行政法律关系中成为与行政对方相区别的一方当事人。也就是说，只有那些符合法定条件、履行必要的法定程序而成立的，享有国家行政权的行政机关和接受法定授权的组织才享有对外的名义权。而享有对外名义权的国家行政机关及其他组织行使国家行政权的具体工作则是由其内部机构运作完成的，这种内部机构虽也拥有自己的名称，但其只是一种内部分工的表示方法，对外则无任何意义。在行使本机关或组织所享有的行政权时，则必须以享有名义权的行政主体的名义去实施。行政机关的内部机构及其他组织，只有依照法定授权获得行政权后，才能享有对外名义权。

3. 行政主体是能独立承担法律责任的组织

能否独立承担法律责任，是判断行政机关及其他组织能否成为行政主体的一个关键性条件。某一组织仅仅行使国家行政权，实施国家行政管理活动，但并不承担因行政权的行使而产生的法律责任，则不是行政主体。要成为行政主体必须是享有行政权，并以自己的名义去实施行政权，同时还必须能够独立参加行政复议和行政诉讼活动，独立地承担因实施行政权而产生的法律责任。从这一角度看，那些行政机关的内部工作机构也不能成为行政主体。

有关国家行政的权限被委托给组织或个人行使时，受委托的组织或个人虽然也行使国家行政权，但是，由于该权限的行使只能以委托机关的名义进行，其所为的一切行为的法律后果，均归属于委托机关。所以，接受委托的组织或个人不具有行政主体的资格，在行政法律关系中不能成为行政主体。

总而言之，国家行政机关是最主要的行政主体，但是，行政主体不以行政机关为限。除行政机关外，那些依照法定授权而取得行政权的组织，也可以成为行政主体。此外，能够成为行政主体的行政机关和其他组织，也不是在一切场合都以行政主体的资格出现。判断某一组织是否是行政主体，主要看其是否承担国家行政权，是否在社会中与其他主体发生关系时以行政权享有者的资格参加。只有那些享有国家行政权，在国家行政管理活动中以自己的名义行使行政权，并能够独立承担因此而产生的法律责任的组织，才是行政主体。

二、行政主体的职权与职责

行政法对行政组织的研究，重要的在于确立哪些行政组织具有行政主体资格以及行政主体的职权与职责，从中概括、抽象出保障行政权的公正行使、保障相对方的合法权益不因违法和不当行政权的行使而受到侵害的基本原则。

行政主体在行政法律关系中也享有一定的权利，并承担一定的义务。如前所述，行政主体是享有国家行政权，在国家行政管理活动中行使行政权，并能够独立承担因此而产生的法律责任的组织。行政主体的行政职权不同于一般权力，它具有自由裁量性、主动性、广泛性、优益性等性质和特点。因此，行政主体行使行政权往往容易导致对行政相对方权益的侵害。行政法律规范的一个重要目的是对行政主体行使行政职权设定基准，确保行政主体在法定的职权范围内实施各项行政管理活动，在全面、高效地实现公共利益的同时，切实保障行政相对方的合法权益不受违法或不当行政行为的侵害。

行政职权是行政主体所享有的行政权的具体表现，行政权的优益性是行政主体有效行使行政权的条件保障，行政职责是行政主体履行法定义务的具体表现。

1. 行政职权

行政职权是国家行政权的转化形式，是行政主体实施国家行政管理活动的资格及其权能。行政职权一般可分为固有职权和授予职权两大类。前者以行政主体的设立而产生，并随行政主体的消灭而消灭；后者来自于法律、法规或有权机关的授权行为。授予职权既可因法律、法规的修改、废止或授权机关撤回授权而消灭，也可因被授权组织的消灭而消灭。固有职权主要赋予行政机关，授予职权主要授予行政机构、公务组织和其他社会组织。

行政职权的内容和形式因行政主体的不同而有一定的差异，不同行政主体的行政职权的范围也不一样。但是，总的说来，行政职权大致包括如下内容：

（1）行政立法权

所谓行政立法权，即根据宪法和法律的规定，行政主体有制定和发布行政法规、行政规章的权力。并不是所有行政主体都享有行政立法权。我国的宪法和法律将行政立法权赋予特定的行政机关。根据《宪法》第八十九条、《国务院组织法》第三条和《地方各级人民代表大会和地方各级人民政府组织法》（以下简称《地方组织法》）第五十一条的规定，国务院及其所属各部委、省、自治区、直辖市以及省、自治区的人民政府所在地的市和经国务院批准的较大的市的人民政府拥有行政立法权。此外，经权力机关特别授权，某些经济特区的市人民政府也拥有行政立法权，如汕头市、珠海市等。总而言之，法定行政机关以外的其他行政主体，均不享有行政立法权。

（2）行政决策权

行政主体有权依法对其所辖领域和范围内的重大行政管理事项作出决策。

（3）行政决定权

行政决定权，包括行政主体依法对行政管理中的具体事宜的处理权以及法律、行政法规和规章未明确规定的事项的规定权。后者往往被看做行政立法权的补充，其内容属于行政解释。由于其所指向的对象多是较为具体的，我们可以将其纳入行政决定权的范畴。行政决定权的内容非常广泛，但主要限于行政自由裁量事宜，如特定的当事人能否取得某项权利或应否承担某项义务等。决定权又具体表现为行政许可权、行政确认权、行政奖励权、行政物质帮助权和行政合同权等。

（4）行政命令权

行政命令权，即在国家行政管理过程中，行政主体通过书面的或口头的行政决定，依法要求特定的人或不特定的人作出一定行为或不作出一定行为，而相对方必须服从的权力，每十项命令的直接结果，产生一项或数项具体的行政法律关系。

(5) 行政执行权

即行政主体根据有关法律、法规和规章的规定或者有关上级部门的决定和命令等，在其所辖范围内具体执行行政事务的权力，如税务机关收取税金。行政主体行使行政执行权，有关组织或个人有协助执行或提供方便的义务，而行政主体负有严格依法履行公务的义务。

公民、法人或其他组织，在不违反法律规范的前提下，可以从事许多法律规范未明文禁止的活动，包括得到法律明确保障的活动和法律规范未禁止而事实上能够从事的活动。而行政主体行使行政执行权，必须是对法律、法规和规章或者有关上级部门依照法律、法规和规章作出的决定和命令的具体执行。未经法律规范允许或者无法定依据的行政权，是不能存在的，因而是不得行使的。

(6) 行政处罚权（行政制裁权）

即行政主体对其所辖范围内的行政相对方违反有关法律规范的行为（包括某些未依法履行义务的行为），依法对其实施处罚等法律制裁的权力。根据行政法律规范所设定的行政处罚权，行政主体实施申诫罚、财产罚、行为（能力）罚和人身罚等行政处罚行为。根据《处罚法》的规定，行政处罚权包括行政处罚决定权和行政处罚执行权，并不是所有的行政主体都享有行政处罚权。任何不具有行政处罚权的行政主体或其他组织，都不能作出有关行政处罚的决定，不能实施行政处罚。

(7) 行政强制执行权

即在行政管理过程中，当法定义务人或某项具体行政法律关系的义务人不依法履行义务时，行政主体采取法定的强制措施，以促使法定义务人履行法定的义务或者达到与履行义务同样状态的权力。根据行政法律规范所赋予的行政强制执行权，行政主体可以对逾期不履行义务的相对方采取强制划拨、强制拆除、强制检定以及执行行政处罚权等强制执行措施。行政强制执行权的行使，必须有法律根据，并严格按照法律规定进行。

(8) 行政司法权

即行政主体作为某项纠纷的第三人，对当事人双方的纠纷进行调解、仲裁、裁决和复议的权力。

行政调解权，是指国家行政机关以国家政策、法律为依据，以自愿为原则，通过说服教育的方法，促使双方当事人友好协商，达成协议，从而解决争议的权力。

行政仲裁权，是指行政机关设立的特定行政仲裁机构，依法按照仲裁程序对双方当事人之间的特定的民事或经济纠纷作出公断的权力。

行政裁决权，是指依法由行政机关依照法律授权，对当事人之间发生的与行政管理活动密切相关的、与合同无关的民事纠纷进行审查，并作出裁决的权力。行政裁决的对象是特定的民事纠纷，如权属纠纷、侵权纠纷和损害赔偿纠纷等，而不是行政纠纷。行使行政裁决权的主体，只能是行政机关或法定的行政机构。

行政复议权，是指行政机关根据相对方的申请，依照法定程序对具体行政行为进行复核、审查的权力。依据行政复议权，行政复议的对象只能是行政主体与行政相对方之间发生的行政争议案件。一般情况下，行政复议只能由上一级行政机关行使。行政机关以外的其他行政主体，若没有法律、法规的个别授权，则不具有行政复议权。

2. 行政职权的优益性

(1) 行政优益权的概念

行政职权具有优益性的特点，即行政主体在行使行政职权时，依法享有一定的行政优先权和行政受益权。行政优先权和行政受益权组合构成行政优益权。行政优益权是国家为确保行政主体有效地行使职权，切实地履行职责，圆满地实现公共利益的目标，而以法律、法规等形式赋予行政主体享有各种职务上或物质上优益条件的资格。职务上的优益条件属行政优先权，物质上的优益条件属行政受益权。行政优益权不属于行政职权，但它与行政职权具有密切联系，是行政职权有效行使的保障条件。

（2）行政优先权

行政优先权在不同国家的存在方式不同。法国早就确立了“公务优先原则”，并把“推定有效”作为其主要内容。美国行政法学则称行政优先权为“行政特权”（executive privilege），其主要内容是指某些涉及到国家机密或对外关系方面的行政决定或措施不受一般行政法的管辖；某些担任特殊职务的人员，如行政法官（在行政机构中执行司法职能的人员），享有行政豁免权。一般说来，所谓行政优先权，是指国家为保障行政主体有效地行使行政职权而赋予行政主体许多职务上的优先条件，即行政权与其他社会组织及公民个人的权利在同一领域或同一范围内相遇时，行政权具有优先行使和实现的效力。

行政优先权的内容主要包括以下几个方面：

①先行处置权。在现代法治国家，依法行政的原则得以广泛确立，行政主体行使行政职权，实施行政行为，都必须遵循法定的程序。例如，根据我国《治安管理处罚条例》第三十四条的规定，公安机关对违法相对方进行治安行政处罚，必须依次遵循传唤、讯问、取证和裁决四个步骤。但是，在紧急情况下，公安机关可以不受该程序规定的制约，先行处罚，如采取先行扣留等措施。

②获得社会协助权。行政主体享有获得社会协助权，即行政主体在从事紧急公务时，有关组织或个人有协助执行或提供方便的强制性义务，违反者将承担法律责任。

行政主体从事公务时，有关机关、个人均有协助的义务。但一般的协助与作为行政优先条件下的社会协助不同。后者义务性强，违反者须承担法律责任，而前者违反时未必会引起法律责任。前者适用于一般公务活动，而后者则适用于特殊公务（紧急公务）活动。

例如，1980 年我国《人民警察使用武器和警械的规定》第十条规定：“人民警察正在执行公务的各种警车，可以使用特殊音响警报器和红色回转警灯。对使用特殊音响警报器和红色回转警灯的警车，其他车辆应当避让。”

1987 年制定的《中华人民共和国消防条例实施细则》第三十九

条规定："赶赴火场的消防队及其消防车、消防器材和装备，要铁路运输或轮渡时，铁路和航运部门应当优先免费载运。"1993 年 2 月 22 日，第七届全国人大常委会第三十次会议通过的《国家安全法》第九条规定："国家安全机关的工作人员在依法执行紧急任务的情况下，经出示相应证件，可以优先乘坐公共交通工具，遇交通阻碍时，优先通行（第一款）"；"国家安全机关为维护国家安全的需要，必要时，按照国家有关规定，可以优先使用机关、团体、企事业组织和个人的交通工具、通信工具、场地和建筑物（第二款前半部分）。"

这些法律规定均体现了行政优先条件下的社会协助义务。如《国家安全法》第十六条明文规定："公民和组织应当为国家安全工作提供便利条件或者其他协助"，并明确规定了不提供"便利条件或者其他协助"的法律责任（第二十六条、第二十七条）。这说明在行政优先条件下的社会协助义务必须履行，否则将追究相应的法律责任。

（3）行政行为的推定有效（公定力）

为了保障行政秩序的稳定性和连续性，行政法律规范承认行政行为具有公定力。即行政行为一经作出，只要未被有权机关正式撤销，即使违法或不当，也被推定为有效。在行政复议和行政诉讼期间，只要没有法律上的特别规定，原则上不停止该行政行为的执行。

行政优先权的成立必须符合下列四个条件：

①主体必须是行政主体。不适用于个人或其他组织。

②行政主体必须是在行使职权、从事公务时。不适用于行政主体从事其他活动时。

③必须是为实现行政目的所必需。不是所有的公务活动都可以行使优先权。

④必须有法律根据。

（4）行政受益权

行政受益权，是指行政主体享受国家所提供的各种物质优益条件。为了保证行政主体有效地行使行政职权，维护行政秩序，国家向行政主体提供各种物质条件，如财政经费、办公条件、交通工具等。

3. 行政职责

（1）行政职责的定义

现代民主政治是以责任为基础的。作为行政职权的享有者的行政主体，必须按照法律规定在行使行政职权的过程中承担一定的义务，以对赋予其权力的人民和国家负责。

行政职责是指行政主体在行使国家赋予的行政职权，实施国家行政管理活动的过程中，所必须承担的法定义务。

（2）行政职责与行政职权的关系

行政职责随行政职权的产生、变更或消灭而变化。任何具有行政职权的行政主体，既享有行政优先权，同时也必须履行行政职责。换言之，行政职权与行政职责是行政主体的权利和义务的具体体现，二者是辩证统一、密不可分的。在行政法律关系中，行政职权体现为权利，而在监督行政法律关系中，则体现为义务。行政主体不履行或拖延履行职责，要承担行政责任。

（3）行政职责的内容

行政职责是行政主体必须履行的义务，因此不能放弃和违反，否则会引起对法律责任的追究。行政责任正是违反行政职责所引起的法律后果。行政职责的核心是“依法行政”，其主要内容包括依法履行职务、遵守权限规定、符合法定目的和遵循法定程序等。

①依法履行职务、遵守权限规定。行政主体所享有的职权必须有法律规范的明确规定，行政主体必须按照法定职权，在法定的权限范围内履行职务。法定的职权得不到履行，或者法定外的职权得以履行，或者超越法定的权限范围履行所谓职务，都将构成行政主体的失职、越权或权力的滥用，将被追究法律责任。

②符合法定目的。行政主体的一切行政管理活动，都必须在法律规定的范围内进行，并且都必须符合法定目的，遵循合理、适当的原则，避免不相关因素的干扰。

③遵循法定程序。随着民主法制建设的不断发展和公开、公正理念的不断深入人心，现代国家中的一切行政活动，除实体上合法、合理外，还必须严格遵循法定程序，确保程序上合法、合理。

4. 行政权限

任何行政职权的行使都附有各种条件，其中就有范围上的限定。行政权限是指法律规定的行政主体行使职权所不能逾越的范围或界限。换言之，行政权限就是行政职权的限度。行政主体行使职权超越该“限度”，便构成行政越权，视为无效。

行政权限多由法律（尤其是组织法）明文规定。在没有法律依据时，可以根据行政法原理推定确立。

行政权限分为纵横两大类。

纵向行政权限是指有隶属关系的上下级行政主体之间行使范围的划分。例如，1982年《国家建设征用土地条例》第八条规定：“征用耕地，园地一千亩以上，其他土地一万亩以上，由国务院批准；征用直辖市郊区的土地，由直辖市人民政府批准；征用五十万人口以上城市郊区的土地，由所在市人民政府审查，报省、自治区人民政府批准。”这便是对纵向权限的划分。

横向权限是指无隶属关系的行政主体之间权力行使范围的划分。这种权限又可分为区域管辖权限和公务管辖权限。前者如某市文物局与另一方文物局按地域划分管辖范围；后者如某市文物局与工商局之间权限的划分，其地域管辖范围相等，但所管辖的公务内容却不同。

第二节 行政主体及相关概念

一、行政主体与行政机关

行政主体只能是国家行政机关和接受授权的组织。因为，只有行政机关和接受授权的组织才享有国家行政权力，才能以自己的名义从事行政管理活动，并独立承担因此而产生的法律责任。但是，由于行政机关是一个自成体系的大系统，对行政机关也不能一概而论。由于行政机关和行政机构、行政组织的概念在实定法上和学理上都存在混用的现象，不可以将“行政机关”一概视为行政主体。例如，政府成立的临时性机构，有时人们也称之为“行政机关”，但临时性行政机构只是协调性机构，负责协调那些享有国家行政权，以自己的名义实施行政权，并承担因此而产生的法律责任的行政机关的活动。临时性行政机构一般不对外行使国家行政权，因此也就不需要对外承担法律责任，所以临时性行政机构不是行政主体，除非其接受法定授权。

国家行政机关，又称国家行政管理机关，是指国家根据其统治意志设立的，依法享有并运用国家行政权，负责组织、管理、监督和指挥国家行政事务的国家机关。按照这一定义，国家行政机关必定是行政主体，而且是最重要的行政主体。但是，行政机关是一种客观存在的社会现象，行政机关可以成为行政法律关系主体，也可以成为民事法律关系主体。在行政法律关系中，行政机关可以是行政主体，也可以是行政相对方。行政机关能否成为行政主体，不仅要静止地看其是否享有行政权，而且还要看其从事某种活动时是否运用行政权，即其以何种身份从事活动。当行政机关行使国家行政权时，其必定以行政主体资格而行之；当行政机关以自己机关的名义从事民事活动时，或以被管理者的身份参加行政法律关系时，其身份是民事法律关系主体或行政相对方。因此，对具有行政主体资格的行政机关也不能一概而论。

此外，如前所述，行政机关不等于行政主体，除行政机关外，一定的行政机构和其他社会组织，依照法定授权，也可以成为行政主体。

二、行政主体与公务员

行政主体与公务员联系紧密，不可分割，但不能因此将行政主体和公务员等而视之。归根结底国家行政权是由成千上万的公务员具体实施，但是，公务员与国家之间存在着一种行政职务关系。在与国家行政机关的对应关系上，公务员享有一系列法定的权利，同时也负有法定的义务，如依照国家法律、法规和政策执行公务的义务（《国家公务员暂行条例》第六条第二项）。在与行政相对方的对应关系上，公务员是代表行政主体实施行政权的，只能以行政主体的名义从事公务活动，其职务行为的一切后果均归属于所属国家行政机关或授权组织，公务员并不直接承担因此而产生的法律后果。并且，行政主体只能是组织，各个具体的公务员本来就欠缺成为行政主体的客观要件。

所以，公务员不能成为行政主体。这就是说，公务员并不是行政主体，但行政活动是由成千上万的公务员代表行政主体具体实施的，行政主体与公务员是一组联系紧密、不可分割但又性质不同的概念。

三、确立行政主体概念的意义

在西方国家，如法国、日本等国的行政法学中，一般首先研究行政主体，明确行政权的归属者，为行使行政权所导致的法律后果的性质区分奠定基础，从而有效地保障了行政权的公正行使和行政相对方的合法权益。而在我国的行政法学研究上，历来都是以行政机关、国家公务人员为对象，很少从行政主体的角度研究行政组织法规范。但是，作为我国行政法学上的新观点，行政主体论适应了政企分开等一系列改革开放的时代要求，代表着行政法学的发展趋势。行政组织法学就是要从法律的角度对庞大的行政组织进行主体资格的确定，以明确行政组织的法律地位，确定其职权和职责范围，逐步将行政组织的建设和管理及其活动纳入规范化的轨道。

如前所述，行政主体与行政机关、公务员并不是相同的概念。并非所有“行政机关”都能成为行政主体，也并非能够成为行政主体的行政机关和其他组织在一切场合都以行政主体的身份出现。因此，从行政法的角度，确立行政主体这一行政法学上的基本概念，不仅对于明确行政权的归属，保障行政权的公正行使，确保行政相对方的合法权益得到充分救济，具有重大的意义，同时对于我国行政法学研究的发展也具有深远的积极意义。归纳起来，可以从如下四个方面来理解：

一是依法行政的需要。行政管理活动是行使国家行政权的活动。这种活动必然对社会产生一定的影响。行政管理部门在实施对社会经济生活的组织管理时，有可能损害相对方的合法权益，因此要求行政管理部门必须依法行政。依法行政不仅要求行政管理部门依照法律、法规行使行政权，而且还要求其必须承担因其行为所引起的相应法律后果。而承担法律后果就必须明确主体。如果主体不明确，则必然权限不清、职责不明，因而也无法承担责任。所以，依法行政首先要求对复杂多样的行政管理部门进行行政主体资格的确定。

二是确定行政行为效力的需要。行政行为是由行政机关和授权组织代表国家作出的，它具有国家强制力，直接影响着相对方的权利和义务。对于合法成立的行政行为，相对方具有必须服从的义务。所谓合法成立，其中就包括主体资格的合法。如果行政机关及其他组织不具有行政主体的资格，那么，其行为便不具有行政行为的效力，也不能引起所希望的法律后果的产生，并且可能导致该行为无效或被撤销的后果。确定行政机关及其他组织的行为是否是行政行为，是否具有行政行为的效力，标准之一就是确立行政机关及其他组织是否具备行政主体资格。不具备行政主体资格的行政机关和组织的行为就不是行政行为，不具有行政行为的效力，或者是无效的行政行为。

三是确定行政诉讼被告的需要。行政诉讼是以具体行政行为为诉讼标准的诉讼活动（《行政诉讼法》第十一条）。具体行政行为，是指国家行政机关和行政机关工作人员、法律法规授权的组织、行政机关委托的组织或者个人在行政管理活动中行使行政权，针对特定的公民、法人或者其他组织，就特定的具体事项作出的有关该公民、法人或者其他组织权利义务的单方行为（最高人民法院《关于贯彻执行〈中华人民共和国行政诉讼法〉若干问题的意见（试行）》第一条）。而行政诉讼的被告必须明确，否则人民法院将不予受理（《行政诉讼法》第四十一条第二项）。因此，要提起行政诉讼，请求司法救济，必须首先确定行政机关及其他组织能否成为行政诉讼的被告，以及对受委托的组织或者个人的行为提起行政诉讼应以哪些机关或组织为被告，这就必须确定该行政机关及组织是否具有行政主体资格。例如，对文物治安管理的处罚绝大多数是由文物局的工作机构处（科）具体负责，但是，如因此引起行政诉讼，则必须以文物局而不是文物局的处（科）为被告。因为，虽然文物局的处（科）承担具体工作，却只能以文物局的名义发布命令，作出管理处罚决定。即治安处（科）不是行政主体，文物局才是行政主体。

四是保证行政管理活动连续性、统一性的需要。行政活动是由公务员具体实施的，但公务员并不直接承担其行政职务的履行所引起的法律后果。因为公务员与国家之间存在着行政职务关系，其职务履行所引起的法律后果应归属于它所代表的国家。那么，如何保证众多公务员行为的连续性和统一性，由谁来具体承担各个公务员行为的责任呢？依法行政的原则要求有行政主体存在，由行政主体把众多的先后不一的公务员的行为统一连续起来，并承担由各个公务员的行为所引发的法律后果。

第二章　文物与文化遗产

文物是重要的文化遗产，是人们创造力和智慧的结晶，是人类社会发展的历史见证。

中国是历史悠久的文明古国，有着光辉灿烂的古代文化，作为文化遗产的文物异常丰富，这是我国乃至世界文化宝库的珍贵财产。

中国把有形文化遗产称为文物，是中国文化传统的特色。

第一节　“文物”一词的渊源和概念演变

“文物”一词在我国源远流长。它的出现，最早见于战国初期的《左传》。《左传·桓公二年》记载：“夫德，俭而有度，登降有数，文物以纪之，声明以发之；以临百官，百官于是乎戒惧而不敢易纪律。”之后，《后汉书·南匈奴传》有“制衣裳，备文物”的记载。唐代诗人骆宾王在《夕次旧吴》诗中有“文物俄迁榭，英灵有盛衰”的诗句。从这些文献记载中可以看出，“文物”当时主要是指记录礼乐典章制度的礼器和祭器，与现今所说的“文物”虽然有联系，但基本属于两种不同的概念。但是，唐代文学家杜牧在《题宣州开元寺水阁，阁下宛溪，夹溪居人》诗中“六朝文物草连空，天澹云闲今古同”所用之“文物”，其含义已与现代的“文物”概念相近了。

北宋中期，以青铜器和石刻为主要研究对象的金石学兴起。朱剑心在《金石学》一书中指出，我国古代金石学研究的对象：“以钟鼎彝器为大宗，旁及兵器、度量衡器、符玺、钱币、镜鉴等物”和“以碑碣墓志为大宗，旁及摩崖、造像、经幢、柱础、石阙等物”，以上这些青铜器和石刻被称为古器物或古物。明代和清代初期，主要使用

“古董”或“骨董”的名称。清乾隆年间又开始使用“古玩”一词。它们名称不同，但含义基本相同，是指古器物，一般不包括古书画和碑帖。

民国时期，“古物”的概念有了发展，它所包含的内容也增多了。1930年（民国十九年），国民政府公布了《古物保存法》，在第一条明确规定：“本法所称古物指与考古学、历史学、古生物学及其他文化有关之一切古物而言。”1935年（民国二十四年），行政院公布了《采掘古物规则》。这些法规的内容，都说明“古物”的内涵远远超过了古代所谓“古器物”、“古物”的范围了。

20世纪30年代，“文物”一词也在使用。1935年，北平市政府秘书处编辑的《旧都文物略》出版。从其内容看，其所指不仅是古代的礼器和祭器，而且包括古代建筑等文化史迹。1935年成立的“北平文物整理委员会”，其任务就是研究、整修古代建筑。

20世纪40年代后期，在解放区，成立了文物管理委员会。如1947年1月5日，山东民主政府成立了第一个文物保护管理机构——胶东文物管理委员会；1948年4月，东北解放区在哈尔滨成立东北文物管理委员会，同年9月10日，山东省人民政府成立山东古代文物管理委员会。这时所说的“文物”，既包括古代的礼器、祭器、古建筑，又包括古代的生产工具、生活用具、工艺品等。总之，这时把古代遗存即文化遗迹和文化遗物统称为文物。

中华人民共和国成立后，继续使用“文物”一词，其内容非常广泛（详见后），并用法律、法规把“文物”一词及其所包含的内容固定下来。如1950年5月24日中央人民政府政务院颁发的《禁止珍贵文物图书出口暂行办法》；1961年3月4日国务院发布的《文物保护管理暂行条例》；1982年11月19日第五届全国人民代表大会常务委员会第二十五次会议通过、公布施行的《中华人民共和国文物保护法》（以下简称1982年《文物保护法》），等等。

第二节 文物概念的内涵

文物是什么?从上述对文化遗产所用的名称来看,我国所称的文物是人类在社会活动中遗留下来的具有历史、艺术、科学价值的遗迹和遗物。也可以说,文物是历史上人们创造的或与创造活动有关的物质文化和精神文化的遗存,具有历史、艺术、科学价值,是重要的有形文化遗产。

由此可见,我们可以明确以下几点:

第一,文物一般具有历史、艺术、科学三个方面的价值。具体到每一件文物,不一定都具有三个方面的价值,但至少要具有其中两方面的价值,否则就不能称其为文物。

第二,文物应是重要的、有代表性的实物。不具备这一点,也不宜作为文物保护。

第三,国家保护的文物具有广泛性,应是反映历代社会制度、社会生产、社会生活、文化艺术、科学技术等方面的有代表性的实物。各个方面的文物之间,具有广泛和密切的联系。只有全面保护各个方面的文物,才能使文物的价值不受到损害。

文物是中国对有形文化遗产的总称。就不同类别的文物而言,又有不同的名称。

不可移动文物 它是古文化遗址、古墓葬、古建筑、石窟寺及石刻、壁画、纪念建筑、近代现代代表性建筑、少数民族风格建筑等总的名称。所谓不可移动文物,是指其本体和周围环境联系在一起,不可能整体移动;周围环境既包括人文环境,又包括自然环境。而就某一单体建筑本身而言,也是可以移动的,但它的环境改变了,或者与群体的关系改变了,其价值要受到一定的影响。

可移动文物 它是古代各种器物、书画、古文献和近代现代各种器物、物品、书画等的总称。出土文物、馆藏文物、传世文物等,都属于可移动文物。

出土文物 埋藏于地下或淹没于水下的古代各种器物等,经考古发掘出土，或经水下考古发掘出来；或者在工程建设和生产建设中发现的埋藏于地下或淹没于水下的各种器物等，称为出土文物。出土文物原属于不可移动文物的一部分，即古代遗存中的遗物，出土以后，如不在原址与遗迹一起保护，则归为可移动文物。

馆藏文物　收藏于博物馆、纪念馆、图书馆、档案馆及各文物机构的古代、近代和现代的可移动文物，称为馆藏文物。就这些文物而言，又称为文物藏品，以区别于收藏的各种标本。馆藏文物中有出土文物、传世文物和近代现代可移动文物。

传世文物　自古代、近代辗转流传下来的古代各种器物、书画、碑帖和文献等，称为传世文物。它是可移动文物的一部分。传世文物在古代由宫廷、官署收藏，或由私人收藏，许多重要的传世文物都流传有序。

流散文物　私人收藏的传世文物和博物馆等专门收藏单位以外的单位、团体保存的古代各种器物、书画、碑帖、文献等可移动文物，以及拣选文物和罚没文物等等。

拣选文物　从银行、冶炼厂、造纸厂以及废旧物资回收部门拣选出掺杂在金银器和废旧物资中的文物，称为拣选文物。

罚没文物　公安、海关、工商行政管理部门依法没收的文物，称为罚没文物。

中国把有形文化遗产称为“文物”，其他国家对不同类别的文物，各有其通用的名称。“欧洲在17世纪英文和法文中都使用Antigue一词。此词一说源于拉丁文ante，原意是古代的、从前的。另一说则认为英文这个字是直接来源于法文，开始作为名词使用时，主要是指古希腊、古罗马的文化遗物，后来才逐渐发展成泛指各个时代的艺术品，其词义接近于中国所谓的古物、古董。”① 日本把有形文化遗产称为“有形文化财”，与中国所称的文物近似，但在含义和范围上，又不尽相同。埃及对有形文化遗产所用的阿拉伯文词汇，与中国所称

① 谢辰生：《文物》，见《中国大百科全书·文物博物馆》，中国大百科全书出版社，1993年第1版。

文物的概念基本相同。

在国际社会，由联合国教育科学文化组织（以下简称联合国教科文组织）大会通过的保护文化遗产公约中，一般把文物称为“文化财产”或“文化遗产”，如1970年11月14日于巴黎通过的《关于禁止和防止非法进出口文化财产和非法转让其所有权的方法的公约》（以下简称1970年公约）和1972年11月16日于巴黎通过的《保护世界文化和自然遗产公约》（以下简称1972年公约）中，所称的“文化财产”和“文化遗产”在内容上并不是等同的，从公约所列内容来看，“文化财产”是指可移动的文物，“文化遗产”是指不可移动的文物。如果把两者内容合在一起，就是我国所称的文物。

第三节　文物的范围

文物范围包括文物年代范围和文物（不可移动文物和可移动文物）类别（或种类）范围。

关于文物年代范围。在中国，对文物是否有年代限制，也就是说，多少年的器物、物品、书画、文献、手稿和建筑物等等才算是文物呢？回答是没有年代限制。除古代不可移动文物和可移动文物外，近代以来历史上遗留下来的具有历史、艺术、科学价值的各种器物、物品、书画、文献、手稿和建筑物等，无论年代长与短，都可以确定为文物。关键是看有没有历史、艺术、科学价值，或者说，它应是重要的、有代表性的实物，并具有广泛性，即反映历史上社会制度、社会生产、社会生活、文化艺术和科学技术等方面的代表性实物和建筑物。

据此，1949年10月1日在中华人民共和国开国大典上，毛泽东主席在天安门城楼上宣布“中华人民共和国中央人民政府已于本日成立了！”的原版录音制品、毛泽东主席亲自升起的中华人民共和国第一面五星红旗、毛泽东主席在天安门城楼上宣读的《中华人民共和国中央人民政府公告》等就是文物，是现代文物或革命文物。1952年8月1日动工，1958年5月1日正式落成的、矗立于天安门广场的人民英雄纪念碑就是文物（不可移动文物）。它由毛泽东亲笔题词：“人民英雄永垂不朽”，由毛泽东起草、周恩来书写纪念碑碑文。人民英雄纪念碑是 1961 年 3 月 4 日国务院公布的第一批全国重点文物保护单位之一。

1950 年 6 月 16 日，中央人民政府政务院征集革命文物令中规定：“革命文物之征集，以‘五四’以来新民主主义革命为中心，远溯鸦片战争、太平天国、辛亥革命及同时期的其他革命运动史料。”“凡一切有关革命之文献与实物，如：秘密和公开时期之报章、杂志、图画、档案、货币、邮票、印花、土地证、路条、粮票、摄影图片、表册、宣言、标语、文告、年画、木刻、雕像、传记、墓表；革命先辈和烈士的文稿、墨迹及用品，如：兵器、旗帜、证章、符号、印信、照相、衣服、日常用具等；以及在革命战争中所缴获的反革命文献和实物等，均在征集之列。”这些文献和实物是近代以来可移动文物的重要组成部分。该令从法规上规定了它们不受年限的限制。

1960 年颁发的《关于文物出口鉴定标准的几点意见》中规定：“凡属于社会主义革命和建设时期，具有高度政治意义和艺术水平的艺术创作、原手稿等，原则上禁止出口。”这从另一个角度说明，中国现代史上的艺术品和实物等，只要具有历史、艺术、科学价值，具有代表性和典型性，都可以认定为文物，没有年限多少的限制，而且原则上禁止出口。

在 1961 年国务院颁布的《文物保护管理暂行条例》、1982 年《文物保护法》和 2002 年第九届全国人大常委会第三十次会议通过修订的《中华人民共和国文物保护法》（以下简称 2002 年《文物保护法》）中，都没有规定文物应具有的年限（详见下文），而都是从应具有历史、艺术、科学价值方面做出的规定。

根据法律、法规的规定，在实践中，不断依法确定现代文物。如文化部为了保护文化遗产，在 1989 年公布了新中国建立后已故著名书画家作品限制出境的鉴定标准。其中作者作品一律不准出境的有徐悲鸿、傅抱石、潘天寿、何香凝、董希文、王式廓和李可染。作者的精品和各时代代表作品不准出境的有于右任、齐白石、张大千、黄宾虹、蒋兆和、叶恭绰等67位。在不可移动文物中，也有许多是现代文物，已有一些公布为文物保护单位，如国务院1982年公布的第二批全国重点文物保护单位中，有中华人民共和国名誉主席“宋庆龄墓”（1981年），坐落于上海万国公墓；1988年公布的第三批全国重点文物保护单位中有侨界领袖“陈嘉庚墓”（1953年），位于福建省厦门市；2001年公布的第五批全国重点文物保护单位中有“大庆第一口油井”（1959年），位于黑龙江省大庆市，以及“第一个核武器研制基地旧址”（1957～1995年），位于青海省海晏县，等等。

中华人民共和国成立以来，我国政府颁布了一系列文物方针、政策和法规，2002年《文物保护法》中，都对文物的内容或范围做出了明确的规定。

2002年《文物保护法》第二条规定：“在中华人民共和国境内，下列文物受国家保护：

“（一）具有历史、艺术、科学价值的古文化遗址、古墓葬、古建筑、石窟寺和石刻、壁画；

“（二）与重大历史事件、革命运动或者著名人物有关的以及具有重要纪念意义、教育意义或者史料价值的近代现代重要史迹、实物、代表性建筑；

“（三）历史上各时代珍贵的艺术品、工艺美术品；

“（四）历史上各时代重要的文献资料以及具有历史、艺术、科学价值的手稿和图书资料等；

“（五）反映历史上各时代、各民族社会制度、社会生产、社会生活的代表性实物。”

同时还规定：“具有科学价值的古脊椎动物化石和古人类化石同文物一样受国家保护。”

在2002年《文物保护法》上述规定中，十分明确地指出了国家保护文物的范围。我们认为，国家保护文物的范围，实际上就是文物所包括的内容，也是文物的范围。

上述规定的每一项，内容都十分丰富。在不可移动的文物中，如（一）所规定的古建筑，有砖石结构建筑和木结构建筑，基本包括木结构建筑、古塔、经幢、古桥、长城（明长城）、古城、园林等，以及其他古建筑，如牌坊、水利工程。如果再细分，可分若干小类，如木结构建筑在我国古建筑中占有重要地位，按其性质可分为宫碉、坛庙、寺院、衙署、学宫、藏书楼、库藏、店肆、戏楼、作坊、会馆、旅邸、宅第、陵墓等建筑。古文化遗址一般包括洞穴址、聚落址、城址、窑址，以及其他矿冶遗址、古战场遗址等。如果再细分，则有：村址、居址、宫殿址、城堡址、作坊址（冶铁作坊址、制陶作坊址……）、寺庙址等；还有经济性的建筑遗迹，如矿穴、采石坑、窑穴、仓库、水渠、水井等；防卫性的建筑遗迹有壕沟、护城河、界沟、围墙、烽燧、长城（明以前长城）等。这些细分的遗址，大都是聚落址和城址的具体内容，或它的附属物，独立存在的则作为其他古遗址。

在可移动文物中，如（五）所规定的代表性实物，属古代的有石器、陶器、青铜器、金银器、铁器、玉器、漆器、竹木器、瓷器，以及纺织品等。在（三）所规定的艺术品中，古代部分有绘画、法书和碑帖等。在文物分类中也涉及文物范围和内容，这里不再阐述。

第四节　国际社会关于文物和文化遗产范围的规定

在国际上，关于文物年代的下限，“起初曾为1830年，起源于1930年美国的关税条例。该条例规定，凡1830年以前制作的艺术品可以免税。以后在国际上，不少国家把这一年定为文物的年代下限。后来，美国在1966年通过了新的关税条例，又规定‘自免税进口报单提出之日起，凡一百年以前制作的文物’概予免税进口”,[①] 因而，国际上一般把一百年以前制作的有历史、艺术、科学价值的实物称为文物。但有些国家根据自己国家的历史和保护文化遗产的需要，另行做出规定，如埃及1983年《文物保护法》第一条规定了至一百年前的动产与不动产为文物；第二条还规定具有历史、艺术等价值的，不

① 谢辰生：《文物》，见《中国大百科全书·文物博物馆》，中国大百科全书出版社，1993年第1版。

受年代限制，经总理批准将其视为文物。印度 1958 年《古物和艺术财富法案》规定古物“年限都应在 100 年以上”，同时规定“具有历史、科学、文学、美学价值的，75 年以上的手稿、笔录和其他文献”为古物。在联合国教科文组织保护文化财产公约中，明确规定文物年代下限有“一百年以前的古物，如铭文、钱币和印章”及“一百年以前的家具物品和古乐器”，而对文化遗产和其他文化财产均未做出年代下限的规定（详见下文）。

在我国已参加的下述四个国际保护文化财产和文化遗产公约中，都对文化财产和文化遗产定义与范围做出了规定。

联合国教科文组织大会 1954 年 5 月 14 日在海牙通过的《武装冲突情况下保护文化财产公约》（以下简称 1954 年海牙公约）第一条规定了“文化财产的定义”，“为本公约之目的，‘文化财产’一词应包括下列各项，而不问其来源或所有权如何：

“1. 对每一民族文化遗产具有重大意义的可移动或不可移动的财产，例如建筑、艺术或历史纪念物而不论其为宗教的或非宗教的；考古遗址；作为整体具有历史或艺术价值的建筑群；艺术作品；具有艺术、历史或考古价值的手稿、书籍及其他物品；以及科学收藏品和书籍或档案的重要藏品或者上述财产的复制品；

“2. 其主要和实际目的为保存或陈列（1）项所述可移动文化财产的建筑；例如博物馆、大型图书馆和档案库以及拟于武装冲突情况下保存（1）项所述可移动文化财产的保藏处；

“3. 保存有大量（1）和（2）项所述文化财产的中心，称之为‘纪念物中心’。”①

联合国教科文组织 1970 年公约第一条规定，“‘文化财产’一词系指每个国家，根据宗教的或世俗的理由，明确指定为具有重要考古、史前史、历史、文学、艺术或科学价值的财产”，同时明确规定下列各类都是文化财产：

---

① 《武装冲突情况下保护文化财产公约》，见国家文物局法制处：《国际保护文化遗产法律文件选编》，紫禁城出版社，1993 年第 1 版。

1. 动物群落、植物群落、矿物和解剖以及具有古生物学意义的物品的稀有收藏品和标本；

2. 有关历史，包括科学、技术、军事及社会史，有关国家领袖、思想家、科学家、艺术家之生平以及有关国家重大事件的财产；

3. 考古发掘（包括正常的和秘密的）或考古发现的成果；

4. 业已肢解的艺术或历史古迹或考古遗址之构成部分；

5. 一百年以前的古物，如铭文、钱币和印章；

6. 具有人种学意义的实物；

7. 有艺术价值的财产，如：

（1）全部是手工完成的图画、绘画和绘图，不论其装帧为何，也不论所用的是何种材料（不包括工业设计图及手工装饰的工业产品）；

（2）用任何材料制成的雕塑艺术和雕刻的原作；

（3）版画、印片和平版画的原件；

（4）用任何材料组集或拼集的艺术品原件；

8. 稀有手稿和古版书籍，有特殊意义的（历史、艺术、科学、文学等）古书、文件和出版物，不论是单本的或整套的；

9. 邮票、印花税票及类似的票证，不论是单张的或成套的；

10. 档案，包括有声、照相或电影档案；

11. 一百年以前的家具物品和古乐器。①

联合国教科文组织1972年公约第一条明确规定“文化遗产”为：

文物：从历史、艺术或科学角度看，具有突出的普遍价值的建筑物、碑雕或碑画，具有考古成分或结构、铭文、洞窟以及联合体；

建筑群：从历史、艺术或科学角度看，在建筑式样、分布均匀或与环境景色结合方面，具有突出的普遍价值的单位或连接的建筑群；

遗址：从历史、审美、人种学或人类学角度看，具有突出的普遍价值的人类工程或自然与人类联合工程以及考古遗址等地方。②

---

① 《关于禁止和防止非法进出口文化财产和非法转让其所有权的方法的公约》，见国家文物局法制处：《国际保护文化遗产法律文件选编》，紫禁城出版社，1993年第1版。

② 《保护世界文化和自然遗产公约》，见国家文物局法制处：《国际保护文化遗产法律文件选编》，紫禁城出版社，1993年第1版。

1995 年 6 月 24 日，在罗马通过的国际统一私法协会《关于被盗或者非法出口文物的公约》（以下简称 1995 年罗马公约）第二条明确规定：“文物系指因宗教或者世俗的原因，具有考古、史前史、历史、文学、艺术或者科学方面重要性，并属于本公约附件所列分类之一的物品。”附件所列物品即联合国教科文组织 1970 年公约所列 11 项物品。

其他国家关于文物范围规定各不相同，有的从总的做出规定，有的以列举式做出规定，有的采用两者相结合的方式做出规定。如希腊 1932 年《古物法》第一条规定：“一切古物，不论是可移动的，还是不可移动的；无论是古代的，还是近代的，只要是在希腊的河流、湖泊、海域以及公共、宗教团体和私有土地上发现的，都是国家的财产。”同时在第二条又具体列举了古物，“第一条所指的古物，应包括所有的建筑物、雕塑品、书画、刻印艺术及其他一切艺术品，如各类大建筑物和建筑性古迹，建筑物的雕刻、地基、排水沟、道路、城墙、墓葬、石器、雕像、浅浮雕、人物塑像、铭文、图片、马赛克、艺术品、陶器、武器、装饰品以及其他任何材料做的一切制品，包括宝石和钱币。”① 意大利、西班牙、法国、奥地利、埃及、阿尔及利亚等国的有关规定，将在文物价值部分做介绍，在这里略去。

---

① 希腊《古物法》，见国家文物局法制处：《外国保护文化遗产法律文件选编》，紫禁城出版社，1995 年第 1 版。

第三章 文物的特点与文物工作方针

在文物工作中，人们经常谈论文物的特点，而往往有些人在谈到文物的特点时，只简单地说不可再生性。这确实是最重要的特点之一。2002 年《文物保护法》第十一条规定：“文物是不可再生的文化资源。”进一步研究和认识文物的特点，对揭示文物博大精深的内涵，对文物学科建设和文物收藏、保护等工作的健康发展，都有十分重要的意义。

第一节 文物的物质性

文物是有形的历史文化载体。它是人类历史发展的见证，内涵丰富，具有永恒的文化性。无论不可移动文物，还是可移动文物，都是用一定的物质材料建造、制作的。如用金属材料和非金属材料制作的古器物有：青铜器、金器、银器、铅锌器、铁器、石器、骨器、角器、牙器、蚌器、陶器、玉器、漆器、木器、竹器、珐琅器、纺织品等。在古建筑中，大多数古建筑物使用多种建筑材料；某一种古建筑物，又会用不同建筑材料建造而成，如古塔，有木塔、砖塔、石塔、铁塔、琉璃塔等。这是文物的物质性，离开了物质材料，文物也就不复存在。

文物的物质性又以一定的形态（形制、形式）存在。也就是说，文物都是有形的，如上述古器物的各种形制。文物的形态是多种多样的，造型千姿百态，形状千差万别。文物形态不同，或者造型、形状、形式各异，是由人们建造、制作、生产的用途、目的即功用与所具有的物质材料和文化、科技水平不同所决定的，最终是由社会、政治、经济、文化的发展所决定的。这种用途、目的在不同的时代和地区不尽相同，而随着社会的发展，文化和科学技术的进步又在不断变化，文物的形态（形制、形式）或风格也随之不断发展变化，或者消亡。所有这一切，在各类文物中都充分地反映出来。

古代和近代现代文物，是一种表征中国历史文化的象征物和符号系统。文物的物质性或形态（形制、形式）使文物具有形象性和直观性，而文化内涵则深藏于物质载体之中。

第二节　文物的时代性（历史性）

文物的时代性即文物的时代特点。任何文物（不可移动文物和可移动文物）都是一定时代（或年代）的产物。人类的活动都是社会活动，任何历史遗迹和遗物都是一定历史时期人类社会活动的产物，无不打上时代的烙印，蕴涵着当时政治、经济、军事、科学技术、文化艺术等诸多内容和信息。因此，没有时代（或年代）的遗迹和遗物是不存在的。一般所说的文物的时代特点，基本上是时代性和时代内容在历史遗迹和遗物上的统一。从其时代特点中，可以看出它在其产生的时代所处的位置、它的地位和作用。如商周青铜器，充分反映了它在当时政治、经济、军事、文化等生活中所占的重要位置，进而从其产生、发展变化中，进一步了解它在社会发展进程中的地位和作用的变化，以及变化的原因。

从另一个角度讲，文物（历史遗迹和遗物）是某个时代（或年代）人们的社会活动遗存，由产生它的那个时代（或年代）的一定人群，根据当时政治、经济、军事、文化等需要，运用当时所能得到的物质材料和掌握的技术创造（制作）出来的。因此，它从不同侧面，反映了当时政治、经济、军事、科学技术、文化艺术、宗教信仰、风俗习惯等。这些则是构成文物时代性的主要内容。这种时代特点，亦即历史性，是文物最重要的特点。

第三节 文物的不可再生性

文物的时代特点及时空性，决定了文物不能再生产、制作、建造。它在产生它的时代的地位是客观存在的，不以后代人们的意志为转移。历史的人做历史的事，后代人们不能制作出历史上的遗物，即不能制作出文化内涵和历史信息完全相同的遗物，这是不言而喻的。至于人们出于某种需要，制作的文物复制品，即便形状、大小相同，所用材料和色调、纹饰基本相同，技艺精湛，也只能是复制品，只能反映制作复制品时代（或年代）的社会条件、技术水平及工艺，与文物所包含的产生它的那个时代（或年代）的文化内涵和历史信息仍有区别。古建筑物的复建也同样如此。至于文物仿制品和仿建的古建筑物等，则是另一范畴的问题。

文物的不可再生性，是指已成为过去的历史上人们创造、制作的一处处或一件件具有历史、艺术、科学价值的文化遗迹和遗物，是当代人们不能再建造、生产的，这一点是十分清楚的。同时，随着社会的进步，历史的发展，在以后的某一年或不同历史发展时期，人们运用当时所得到的物质材料和技术，创造、制作了反映该时期政治、经济、军事、科学技术、文化艺术或生产生活、宗教信仰、风俗习惯等实物，不论是不可移动的各种建筑物，还是可移动的各种器物、物品、艺术品、文献等，凡具有代表性、典型性和历史、艺术、科学价值，对以后的年代来说，都是历史遗留下来的文物。它们也是无法再生的，这也是不言而喻的。

关于文物不可再生的特性，郑振铎先生早在1946年初就深刻地指出："文物一旦毁失，便如人死不可复生一样，永远永远地不会再有原物出现，而那原物在文化上，在艺术上，在学术上都是那么重要，不仅是中国先民们的最崇高的成就，也是整个人类的光荣与喜悦的寄托。它们的失去，绝对不能以金钱来估值，也绝对不能以金钱来赔偿。”①

第四节　文物的不可替代性

文物的不可替代性是文物时代性和不可再生性逻辑发展的结果。文物是历史文化遗产，是一定时代（或年代）的产物，每一件文物或每一处文物，都有它自己在历史上的地位和作用，都具有自己所处时代的文化内涵和历史信息，彼此不能替代；人们制作的复制品也不能替代，也不可能有其他替代品。

文物不可替代的特点，是与某些自然资源不可再生而可替代的根本区别所在。如某种燃料，甲地埋藏的开采、使用完了，可开采、使用乙地的，甚至地球上储藏的该种燃料全部开采、使用完了，仍可以用别的替代，如用太阳能发电、风力发电等替代已无存的该种燃料。文物则无可替代之物。不同历史时代（或年代）制作或建造的各类文物，因其历史内涵和信息是产生它们的那个时代（或年代）的历史的各个方面的实物见证，毁坏一件或一处，就永远失去一件或一处历史见证物和象征物，永远少了一个历史符号。

第五节　文物价值的客观性

文物是历史文化遗产，具有历史、艺术和科学价值，包含着政治、经济、军事、科学技术、文化艺术等丰富内涵，博大精深。它的价值是凝结在历史文化遗迹和遗物（包括精神的和物质的遗物）中的一般人类劳动，是人类智慧的结晶和历史发展、进步的标志。它具有双重的特征，即有形价值和无形价值。文物既是有形的物质形体，又是隐形的即无形的文化或文明内涵的载体，即具有历史、艺术和科学价值。历史唯物主义和辩证唯物主义告诉我们，人类社会的发展、进

---

① 郑振铎：《敌伪的文物哪里去了》，见国家文物局编：《郑振铎文博文集》，文物出版社，1998年第1版。

步，是生产力发展和生产关系变革的结果。换言之，文物是生产力和生产关系不断发展、变革的历史见证或标记。因此，文物价值是客观存在的。

文物价值是客观存在的，但对文物价值的认识则是不断深化的。人们对文物博大精深内涵的认识和获取它内涵的各种信息，既要靠知识的积累和深入研究，又要靠知识的更新和科技的进步。在认识和评价文物的具体过程中，人们受到文化科学知识、研究水平和科学技术发展水平的限制或制约，包括人们价值取向不同；同时，也有一些类别的文物的价值需要有一个显露的过程，如古遗址和古墓葬，未进行考古发掘之前，对其价值的认识和评价，就有局限性。特别需要指出的是，在许多新的自然科学技术未引入文物研究领域之前，对文物价值的认识和评价只能按一般方法或传统方法进行，一旦将新的科学技术如断代技术、分析鉴定技术等引入文物研究领域，文物研究中的文物断代、物质成分、制作工艺等问题就容易解决。如古代铁质器物，过去笼统称为铁器，但经检测，在春秋晚期已有“退火中碳钢”制品，有“白口铸铁”、“亚共晶铸铁”和“展性铸铁”等制品，燕下都第 44 号墓出土的铁兵器，经过对其中 7 种 9 件进行科学考察，有 6 件为纯铁或钢制品，3 件为经过柔化处理或未经处理的生铁制品。同时，从工艺上也证明了战国后期已掌握将块炼铁增碳制造高碳钢工艺及淬火技术；汉代以前已掌握了炒钢、百炼钢和铸铁脱碳钢等制钢工艺。又如瓷器，过去称其原料为瓷土或瓷石，经分析鉴定为硅酸盐材料。

文物本身储存着大量信息，对文化内涵和信息的揭示与对其价值的认识，不是一次（或一时）可以完成的。随着研究的深入，科学技术迅速发展所提供的技术手段愈多，人们对文物价值深层次的认识也就会愈益深入，获得的历史信息也就愈多。这是需要一代又一代人不断努力的科学事业。因此，在对文物价值的认识和评价过程中，不能企求一锤定音（或一次完成），或以目前对某一文物价值的认识水平作为标准，做出该文物不予保护的决定，从而造成不可弥补的损失。

第六节　文物作用的永续性

文物是不同历史时期产生的物质文化遗存，是研究不同历史时期政治、经济、军事、科学技术、文化艺术等的实物史料。它是历史的见证，可证实文献记载的历史；它可以校正古籍记载之谬误，订正史传，纠正错讹；对有文字记载的历史，可补文献记载的缺佚。文物是研究历史及专门史（包括科技史）的重要实物史料，对史实的研究，特别是对重建上古史有着特殊重要的价值和作用。

人类社会的发展，科学技术和文化艺术的发展、进步，都需要借鉴。割断历史，空谈发展，不在人类创造的文化财富的基础上发展，不继承中华民族优秀传统文化去创新，那样的发展和创新就成了空中楼阁。我国古代文物中包含的科技信息和文化艺术内涵博大精深，要发展科学技术和文化艺术，就需要继承，需要借鉴，事实也证明了这一点。文物的内涵是取之不尽的精神文化财富。

文物作为教材，有自己的特点。任何一种文化载体，同时也都是一种精神文明的表现。它作为历史见证，真实性强，具有很强的说服力。百闻不如一见，它以具体、形象、生动的物质形态（形制、形式）展现在人们面前，具有极强的感染力。这种直观的感染力和说服力，是任何别的教育手段所不能替代的。通过文物展现的中华民族所具有的很强的生命力，成为凝聚中华民族的重要因素，成为团结各族人民的自聚力量。

文物对研究者和人民群众，对一代又一代人，对民族和国家以至人类，对已往的历史和未来，都将发挥永续的作用。

文物是历史文化载体，是物化的文化，是国家和民族的文化财富。根据文物的特性，它是国家特殊的、不可再生的文化遗产，是宝贵的精神文化财富。国有文物不是可以买卖、转让的商品；进入流通领域的私人所有的传世文物，是一种特殊的文化商品。文物是历史文化，必须从文化的角度认识它的价值，确立它的地位和作用。

第七节 文物工作方针

1992年，党中央、国务院提出了“保护为主，抢救第一”的文物工作方针。这是在新时期指导文物工作的重要方针。确定这一方针，是由文物特性和文物工作特点决定的。文物是不可再生的文化资源，是历史的见证，是中华民族智慧和创造力的结晶。我国历史悠久，中华文明一脉相承，在文物上表现的特点之一是年代久、数量大。在现存的文物中，许多文物有残损，如不及时抢救就有可能损毁，造成永远无法弥补的损失。由于需要保护的文物多，虽然投资不断增加，也难以完全满足保护文物的实际需要，只能抓重点，先抢救损坏严重的文物。

同时，强调保护为主，把抢救放在首位，也是文物保护所需要面临的新问题。比如，盗窃、盗掘、走私文物的犯罪活动十分猖獗，使我国大量文物遭到破坏、毁灭、流失，已造成了严重损失，如不高度重视，采取紧急措施，后果不堪设想，并将严重影响我国在国际社会的形象和声誉。此外，还有建设性破坏、开发性破坏等，它们的性质与前者虽不相同，但对文物造成破坏的后果是相同的。这一切都说明文物保护的形势严峻。因此，只有坚定不移地把抢救放在首位，采取不同的措施妥善解决这些问题，大批濒临危亡的文物才能得救；同时，也只有把抢救放在首位，才能引起人们对这些问题的重视，从而动员全社会普遍关心、支持文物的保护和抢救工作。

此后，国务院又提出了“有效保护、合理利用、加强管理”的文物工作原则。实践证明，对文物合理、适度、科学的利用，有利于文物保护，不会妨碍文物保护。如果违反合理、适度、科学的利用，则一定会对文物造成损害，甚至造成破坏。同时，对文物的合理利用，发挥文物的作用，应是多方面的、多种形式的，应有全面的认识和把握。我们在本书第五章“文物作用与立法宗旨”中，对文物的合理利用和文物作用进行了全面阐述。文物的合理利用，都应服从、遵守国家的文物保护方针政策和法律、法规，在保护好文物的前提下，适度、科学的利用，从文化角度利用，否则文物破坏了，损毁了，流失了，也就谈不上文物的合理利用了。

十年来，文物工作贯彻上述方针和原则，取得了举世瞩目的成绩。实践证明，它们是正确的，是符合我国文物工作实际的。总结经验，根据文物特性、文物价值和作用、文物保护现状、文物工作性质和任务，把“保护为主，抢救第一”的方针和“有效保护、合理利用、加强管理”的原则，概括成一个新的文物工作方针，上升为法律准则，即 2002 年《文物保护法》第四条规定的“文物工作贯彻保护为主、抢救第一、合理利用、加强管理的方针”。用法律形式明确规定的这一方针，更具有完整性和科学性，并进一步规范化、法制化，更具有严肃性、稳定性和权威性，对依法加强我国文物工作和繁荣文物事业都将产生深远影响，具有很强的现实意义和深远的历史意义。我们在本书各部分的论述中，都始终贯彻了这一方针。

第四章　文物的价值

我国文物保护法律规定，文物具有历史、艺术、科学价值，如何认识、研究和阐述文物价值?

首先要弄清什么是“价值”，也就是先要弄清“价值”的概念。在人类活动中，“价值”一词使用十分广泛。《辞海》对“价值”下的定义是：“指事物的用途或积极作用。”据此，某事物有无用途或积极作用，决定了它有无价值。反之，我们也可以说，价值是人们用以衡量事物有无用途或积极作用的观念，是人们把握世界事物的一种方式。人们对某一事物评价不同，是由多方面因素构成的，除了立场、观点、方法不同的因素外，文化、科学、艺术等修养的高低不同也是重要因素。由此，我们可以说，人们的价值观念不同，规定着人们的不同行为，也调节着人们的行为。同样，人们对文物的价值观念不同，也规定或调节着人们对文物保护和利用的行为。

第一节　文物具有历史、艺术和科学价值

文物价值是凝结在历史文化遗迹和遗物（包括精神和物质的遗物）中的一般人类劳动，是人类智慧的结晶和历史进步的标志。它具有明显的双重特性，即有形价值和隐形价值。人们在运用“价值”观念研究历史上遗留下来的遗迹、遗物时，对某种遗迹、某件遗物有无“用途或积极作用”，往往会有各种看法，甚至看法截然相反。出现这种情况，并不奇怪，这是由多种因素造成的，其中包括价值取向不同。

确定历史文化遗迹和遗物有无“用途或积极作用”，需要从事文

物研究的人员去研究确定。首先要确定它有无价值，其次要研究它价值的高低和作用的大小。

有无价值，要把文化遗迹和遗物或不可移动文物和可移动文物放到创造、制作它的那个时代去分析研究。历史上遗留下来的文物，作为历史的产物，都打上了时代的烙印。没有时代（或年代）的文物是不存在的。从这一点出发，可以说，历史上遗留下来的文化遗迹和遗物都具有历史价值，这是客观事实，也是作为文物的第一位的价值观念。但是，必须指出，我们所说的文化遗迹、遗物的时代（或年代），是指历史上第一次创造、制作它的时代（或年代），决不是后代复制品或仿制品的年代。历史上所创造、制作的器物、物品等可移动文物和古建筑、石窟寺等不可移动文物，是不能再生产的，否则，就失去了其历史价值。

当然，对复制品或仿制品，即假古董，也必须具体分析，区别对待。例如，某件有名的古代遗物，后代照它复制了一件，即在形制、大小、质地、纹饰、色泽等方面都极相像，而且做工很精细，以至达到乱真的程度。在历史变迁中，真品被毁坏了，或者失传了，在这种情况下，那件复制品也就具有了文物价值。但它毕竟是复制品，与真品的价值还是有区别的。仿制品：一是在形制、大小、质地、纹饰、色泽等方面与仿制的某件原物不同；二是往往没有特定的仿制对象（原物），因此，一般不具有文物价值。

有历史价值的文化遗迹、遗物，是否都可以作为文物呢？也不尽然。在地球上，人类的历史已有一二百万年，在漫漫的历史长河中，人类制作的生产工具、生活用具、武器、艺术品等等，数不胜数。当然，这数字庞大的物品，在社会变革、历史变迁、自然变化等过程中，绝大多数无存，存留下来的只是其中极小的一部分。而且按照常规，越远古的文化遗迹、遗物，保留下来的相对要比距今较近年代的少得多。比如，中国古代建筑多为木结构建筑，但至今发现保存下来的最早的是唐代建筑，而且数量极其稀少，山西五台山南禅寺大殿、佛光寺大殿和芮城广仁王庙正殿及河北正定开元寺钟楼等是其代表。到宋代和辽代，保存下来的木结构建筑就比唐代的多。从分布看，宋代建筑北方和南方均有，如河北正定隆兴寺（宋）、山西芮城城隍庙（北宋—清）、浙江宁波保国寺大殿和广州光孝寺六祖殿等。辽代建筑如河北涞源阁院寺和高碑店开善寺、天津蓟县独乐寺、山西应县佛宫寺释迦塔（木塔）等。金代建筑如山西平顺淳化寺、绛县太阴寺和定襄洪福寺等。元代建筑如河北曲阳北岳庙德宁之殿、山西五台广济寺大雄宝殿、芮城清凉寺和浑源永安寺等。至于保存至今的明清木结构建筑，特别是清代末期的木结构建筑就不可胜数了。物以稀为贵，年代早，保存少的，有的尽管其他价值低一些，也要很好保存，因为它是说明建造它的那个时代的某些问题的少有的实物例证。如上面所列举的唐、宋、辽、金、元木结构建筑，其本身的科学、艺术价值就很高，当属另外的情况。时代晚，保存的文化遗迹、遗物多，就要从中选择具有时代特点、独特风格，或具有代表性、典型性的，作为文物保护和研究。

由此，就提出另一个问题，单有历史价值，对时代早的文化遗迹、遗物，一般都确定为文物，其理由已如上所述。但时代晚，如近代现代的遗迹、遗物，能否确定其为文物，还必须看它是否具有代表性、典型性，视其是否有重要性和其他条件，简言之，也就是还要看它有无科学价值和艺术价值。

从整体来讲，文物必须是具有历史、艺术和科学价值的文化遗迹、遗物，否则不称其为文物。但就某处遗迹、某件遗物而言，不一定都具备历史、艺术、科学价值。一般来说，它应具备历史价值、科学价值和艺术价值。后两者不能脱离开前者而独立存在。三者作为一个不可分割的整体存在于物质文化遗存之中。它们相互渗透，相互制约。因此，文物的价值是客观存在的，是不可否定的。

第二节　文物的历史价值

按 2002 年《文物保护法》第二条的规定，文物具有历史、艺术、科学价值。这是一种很概括的提法。其实文物的价值内涵十分丰富，结构极其复杂。在前述联合国教科文组织制定的 1970 年公约中，除强调文化遗产的历史、艺术和科学价值外，还特别提出它的审美、人种学和人类学的价值。在文物所具有的历史、艺术、科学价值中，历史价值是首要的。

如上文谈及，历史遗迹和遗物或不可移动文物和可移动文物，都是一定时代的产物。地球上自有人类以来，所有的人类活动都是社会活动，任何历史遗迹和遗物都是在一定历史时期人类社会活动的产物。因此，它无不打上了时代的烙印，包含着当时社会的诸多内容。一般所说的时代特点，基本上是时代性和时代内容在文化遗迹、遗物上的统一。从时代特点中，我们可以看出它在创造、制作时代所处的位置、所占的地位。比如，商周青铜器充分反映了它在当时社会政治、经济生活中所占的重要位置，进而从其产生、发展变化中，了解它在社会发展过程中地位的变化，以至铁器出现之后，它从农具、兵器类中逐渐退出，在生活用具中，也随着瓷器的发展而被代替。即使在商周的不同时期，青铜器也有不少变化。这种变化就表现为青铜器风格的变化，而这种变化更深层的原因，则是社会、政治、经济发展和有关制度发展变化的结果。

从另一个角度来讲，历史遗迹、遗物是某个时代的人类社会活动的文化遗存，是由创造、制作它的那个时代的一定人群，根据当时的政治、经济、军事、文化等需要，运用当时所能得到的材料和掌握的技术创造、制作出来的。因此，它能从不同的侧面，反映当时的政治、经济、军事、科学技术、文化艺术、宗教信仰、风俗习惯，等等。这些则是构成文物时代特点的主要内容。这种时代特点，亦即历史性，是文物的最重要的特点。

时代特点，决定了文物不能再生产，这是文物的重要特点之一。它在当时的地位是客观存在的，不以后代人们的意志为转移。后代人们出于某种需要制作复制品或仿制品，无论技术多高，工艺多精，只能反映制作后者的社会条件、技术水平及工艺，而不能具有前者的功能和内涵，这一点是不言而喻的。

正由于文物所具有的时代特点，从而它能帮助人们去具体、形象地认识历史，帮助人们去恢复历史的本来面貌。以研究古人类、恢复古人类生活环境为例，就只有调查发现旧石器时代的遗址及发掘遗址所发现的遗迹或遗物，包括动物和植物标本等，舍此，别无它法。迄今，旧石器时代遗址在中国各省均有发现。从喜马拉雅山下到黑龙江畔广大地区，分布着数以百计的旧石器和人类化石地点，代表了人类本身发展变化和旧石器发展的各个阶段。在发掘、研究的基础上，发现了年代上早于北京人的元谋人和蓝田人。在华北地区，通过对遗址地层、人类化石、石器等的研究，已基本建立起旧石器文化的年代序列，进而根据遗址中出土的古脊椎动物化石，研究其种属及生存和消亡的变化；同时，根据植物遗存，研究其种类及变化。动植物的生存与气候和环境关系至为密切。从而采取各种手段恢复古人类的生活状况及其环境，勾画出古人类的社会生活面貌。

对新石器时代社会面貌的研究和恢复，固然可以参考民族志的材料，但最根本的仍然是根据这个时期的遗迹和遗物。迄今，中国已调查发现了数以千计的新石器时代遗址，遍布全国各地，充分说明当时人类活动的面貌。经过对发掘的遗址的研究，即对发掘中发现的遗迹和遗物的深入研究，已获得一大批重要成果。例如，从时代上讲，在黄河流域，由于发现了磁山、裴李岗、老官台等新石器时代中期文化遗存，距今7000～8000年，与较它晚的仰韶文化有着因袭关系，从而填补了年代上的重大缺环。在长江中游，发现了彭头山文化、皂市下层文化、城背溪文化等新石器时代早期遗存，其中彭头山文化距今8000～9000年，在该文化遗址中发现了迄今已知世界上最早的人工栽培水稻。在长江下游发现了河姆渡文化，在内蒙古发现了兴隆洼文化，在辽宁发现了查海文化，等等。这些新石器时代中期文化遗存的发现、发掘和研究，以事实纠正了只有黄河流域是中华民族发祥地的传统观点。而出土的多种遗迹和丰富遗物，则提供了探讨中国农业、畜牧业和制陶工艺起源的实物资料，也是探讨中国文明起源的重要资料。

在河北武安磁山遗址出土了大量粮食堆积，有些窖穴粮食堆积达2米以上，刚出土时部分颗粒尚清晰可辨，经研究，认定其中有粟。与此同时，在遗址内还出土大批石磨盘、石磨棒等粮食加工工具。在浙江余姚河姆渡遗址出土了稻谷遗存，有的地方稻谷、稻壳、茎叶等交互混杂，堆积厚0.2～0.5米，最厚处达1米。经鉴定，主要是栽培籼稻亚种晚稻型水稻。在磁山遗址中发现的狗、猪、鸡等家畜、家禽骨骼，在河姆渡遗址出土的家畜骨骼主要有猪和狗，也有可能经驯养的水牛骨骼。

仅从以上所述两处新石器时代中期遗址出土的有关农业和畜牧业遗存，就不难看出，它们是研究、探索中国原始农业、畜牧业起源与发展的无可替代的实物资料。新石器时代社会生产和社会生活面貌的复原，离开了已经发现和发掘的大量遗址，离开了已经发掘出土的有关居住地址、生产工具、生活用具等文物，离开了动植物遗存与有关埋葬和实物遗存，等等，是根本不可能的。一部内容丰富、翔实的原始社会史，除了文献所载远古传说故事和民族志材料可资参考外，最根本的是依靠发掘出土的遗迹和遗物的研究，才能编写出来。

第三节　文物的艺术价值

文物的艺术价值，内涵十分丰富，就其主要方面而言，有审美、欣赏、愉悦（消遣）、借鉴以及美术史料等价值。它们之间既相互渗透，又相互制约。

审美价值，主要是从美学的深层次给人以艺术启迪和美的享受。欣赏价值，主要是从观赏角度给人以精神作用，陶冶人的情操。愉悦价值，主要是给人以娱乐、消遣。借鉴作用，从中汲取精华，在表现形式、手法技巧等方面学习借鉴以创新。至于美术史料价值，是研究美术史的珍贵实物资料。

文物中，具有艺术价值的文化遗迹和遗物或者不可移动文物和可移动文物，从总的来说，主要分为三大类。

第一类是实用的遗迹和遗物，当时建造、制作的目的是为人们实用。如建造一座皇宫，是为最高统治者行使权力和生活起居之用，但为了使其建筑与权力、生活要求相一致，必然要从布局、形式、用材、装饰等方面加以处理，既要体现权力的威严，又要从艺术上加以表现，使二者寓于一个统一体之中。在这里建筑艺术是不可或缺的，它是建筑美学研究的重要内容之一。

又如，一些生活用具，诸如商周青铜器、唐宋以后的陶瓷用品等等，它的造型、纹饰等，都具有艺术价值。

第二类是作为美术品、工艺品等创作的艺术品，也就是专门创作的艺术品。该类品种繁多，丰富多彩。如书画，有释道、人物、宫室、番族、山水、花鸟、龙鱼、墨竹、蔬果及禽兽等绘画作品，有篆、隶、正、行、草等书法艺术品。如雕塑，仅塑造艺术以质地而论，即有泥塑、陶塑、瓷塑、铜塑等。雕刻艺术亦以质地而论，有骨雕、牙雕、石雕、玉雕、竹雕、木雕等，雕塑品内容十分广泛，艺术形象千姿百态，栩栩如生。

此类文物的艺术价值很高，艺术价值内涵的主要方面均有。其中许多当时即为陈列品，供欣赏，遗留至今，依然具有欣赏价值，并可资创作新的艺术品借鉴，即具有借鉴价值。

第三类是专为死者随葬而制作的一些器物，如人、家畜、家禽、鸟兽形象的器物，以及车船、建筑物等模型，还有仿礼器、生活器皿的器物。前者本身就是雕塑艺术品，后者从造型、纹饰方面具有艺术价值。具体来讲，从秦汉至宋代，墓葬中经常发现陶俑、瓷俑，最著名的有秦始皇陵兵马俑，陶俑、陶马与真人、真马等高，制作程序十分复杂。陶俑是根据不同身份、年龄设计制作的，其艺术形象力求与实物相似。彩绘色调明快、绚丽，对比强烈。陶马形象的塑造，准确生动，比例适度。秦始皇陵兵马俑坑堪称中国古代雕塑艺术宝库。又如战国中山银首人俑铜灯、汉代说书俑、西晋对坐书写俑等等，都是非常珍贵的雕塑艺术品。家畜、家禽、鸟兽形象的雕塑品，极其丰富，数量众多。汉代的陶鸡、陶鸭、陶猪、陶狗，唐代的三彩马、骆驼，都具有时代特色。汉代的铜奔马，塑造得栩栩如生，是艺术品中的瑰宝。在模型方面，如家具模型，战国中山王墓出土的金银镶嵌四龙四凤四鹿形铜方案，高 37.4 厘米，长 48 厘米，底部是四只梅花鹿承托一圆圈，上面站立四龙四凤盘绕成半球形，龙头凤首伸向四面八方，龙的鼻梁上置一斗拱，上承一方案架。四只梅花鹿表情温顺，四龙姿态雄健，四凤展翅引颈长鸣。整个器物构思巧妙，造型奇特，工艺精湛，具有很高的艺术价值。

第四节　文物的科学价值

科学价值主要包括知识、科学、技术内涵。历史遗迹和遗物或者不可移动文物和可移动文物，从不同的角度和侧面反映了它那个时代的科学技术水平和生产力水平，说明那个时代的社会经济、军事、文化状况。按照唯物史观来看，劳动生产者所创造的一切，都受到当时生产力水平的限制，超过当时科学技术水平的产品是制作不出来的。

古代各种文化遗迹、遗物的本身，都蕴藏着产生它的那个时代的科学技术信息，这一点应该首先确认，至于它说明的科学技术水平是新发明时期的技术水平（即在它以前尚未发现的），抑或是稳定发展阶段的技术水平，甚至是该种技术衰落阶段的水平等，那是另一个问题。它只有在生产力发展到一定水平，才能创造。在旧石器时代生产力水平极为低下的情况下，只能制作旧石器，不可能制作陶器，根本不可能制作瓷器，也就是说不可能产生这样的技术。铁器的发明，使人类历史产生划时代的进步。世界各地人工炼铁的时间很不一致，早晚差距较大。中国发现最早的铁器是西周晚期，在河南三门峡上村岭西周晚期虢国国君虢季墓（M2001）中发现一件玉柄铁剑和一件铜内铁援戈。玉柄铁剑由铁质剑身、铜质柄芯与玉质剑柄嵌接组合而成；铜内铁援戈已残，由铁援、铜内锻接组合而成。经北京科技大学冶金与材料史研究所鉴定，被认为是人工冶铁制品。玉柄铁剑“剑身是用块炼渗碳钢制作而成的”，铜内铁援戈的“铁质样品经检测为人工块炼铁制品”。“这是目前已知并经科学检测认定的我国人工冶铁的最早实例”[①]。春秋时期的铁器，多数发现于湖南长沙地区。战国中期以后，出土铁器遍及当时秦、齐、楚、燕、韩、赵、魏7国地区，在社

① 河南省文物考古研究所三门峡市文物工作队：《三门峡虢国墓》，第1卷（上），文物出版社，1999年第1版。

会生产和社会生活的各个方面都有铁器的应用，在农业和手工业生产中铁器的应用已占据主要地位，燕、楚军队的装备基本上也以铁制武器为主。

我们以楚和燕春秋、战国时期的一些铁器为例。在长沙春秋晚期楚墓中，出土了20余件铁器，其中杨家山65号墓的钢剑，是“退火中碳钢”制品，把中国出现钢的时间提前了。该墓出土的铁鼎（年代较杨家山15号墓稍晚）、窑岭15号墓出土的铁鼎、左家塘44号墓和砂子塘5号墓出土的铁口锄，分别用“白口铸铁”、“亚共晶铸铁”和“展性铸铁”制造。它证明了中国铸铁和锻铁出现的时间基本相同。在河北易县燕下都第44号墓中，出土剑、矛、戟、镦、刀、匕首等铁兵器6种62件，弩机、镞等铜铁合制兵器2种20件，还发现比较完整的铁盔。经过对其中剑、矛、戟等9件兵器的科学考察表明，其中6件为纯铁或钢制品，3件为经过柔化处理的生铁制品。由此得知，战国晚期块炼法已经流行，并创造了用此法得到海绵铁增碳来制造高碳钢的技术及淬火技术，把我国掌握淬火技术的年代提前了两个世纪。在河北兴隆出土的一批铁范，计有42副87件，包括农具、工具和车具的铸范。范分内范和外范，也有复合范，其本身均为白口铁铸件。有的铸范设有防止变形的加强结构和金属芯。这批铁范从设计到铸造都达到了相当高的水平。

如此众多的铁器发现，无疑是建立中国冶金体系的珍贵资料。有关部门对其中一些已做了金相检验，结果表明，我国的块炼铁和生铁有可能是同时产生的。春秋晚期到战国时期，冶铁技术有很大发展，是冶铁史上的重要发展阶段。早期的块炼铁已提高到块炼渗碳钢，白口生铁也已发展为展性铸铁。西汉中期，灰口铁、铸铁脱碳钢兴起。此后，生铁炒钢（包括熟铁）新工艺出现。南北朝时，又发明了杂铁生揉的灌钢工艺。中国古代冶铁技术体系至此基本建立，而且具有自己的传统特色。

瓷器是我国的伟大发明，在世界享有颇高的声誉，以至外国人把中国称为瓷国。中国的英文“China”，其本来含义即瓷器。烧造瓷器，有两个问题必须解决：一是瓷土或瓷石，即原料问题；二是温度，即火候问题。前者需要一定的知识和经验，才能辨识。后者需要一定的技术、燃料及设备，才能使温度达到1200℃以上。中国瓷器有原始瓷器和瓷器（真正瓷器）之分。

原始瓷器最早出现于商代。在郑州二里冈时期、郑州商代中期的遗址和墓葬中均有原始瓷器出土。商代晚期的原始瓷器出土地点分布很广，有安阳殷墟、辉县琉璃阁、藁城台西、济南大辛庄、益都、清江吴城等地的遗址和墓葬。原始瓷器选料不精，工艺粗陋，釉层厚度不一，容易脱落，与后来的真正瓷器尚有一定差距。

瓷器（真正瓷器）出现于东汉时期。瓷器选料比原始瓷器精细，胎釉配方、成型工具、窑炉结构等已有明显改进，烧造技术有了很大提高。而最早具备这些标准、最先出现的瓷器是青瓷。此后，从出土的大量瓷器说明，随着烧造技术的不断提高，相继烧造了白瓷、黑釉瓷、窑变瓷、白釉黑花瓷、影青瓷、青花瓷、釉里红瓷、“玳瑁”釉瓷、铜红釉瓷、斗彩瓷、五彩及青花彩瓷，以及釉上蓝彩、釉下五彩、金彩、粉彩、墨彩、珐琅彩瓷器，等等，品种繁多，釉彩缤纷，装饰题材丰富，极为富丽。每种瓷器的出现，都是技术进步、工艺提高、窑炉改进、温度增高的结果，充分反映了不同时期的科学技术水平。

从上述铁器、瓷器不难看出它们所具有的科学价值。其他遗物，如不同时期出土的纸质文物，反映了该时期造纸原料、技术、设备等状况。印刷术发明后，从遗物中可以分析它的技术不断发展变化、逐步提高的进程。其他种类遗物的例子毋庸赘举，已足以说明文物具有科学价值的客观性。

一处文化遗迹，或者一处古建筑、石窟寺，其科学价值往往表现在多方面，或者说在不同方面，有其科学技术内涵，包含了不同的科学技术信息。比如，湖北大冶铜绿山古矿冶遗址，经发掘发现了西周至汉代千余年间的采矿遗迹，有不同结构、不同支护方法的竖井、斜井、盲井数百口，以及平巷百余条。采用井巷结合结构采矿，在科学技术上解决了井巷支护、通风、排水、提升、照明等问题，提供了不同时期的科学技术信息，有重要的科学价值。又如，河北赵县隋代安济桥，是现存最早的敞肩拱式单孔石桥，其结构为主拱（大拱）与小拱相结合，主拱采取“切弧”原理，精巧的设计，既满足了荷载的要求，降低了桥面坡度，又扩大了流水面积，增大了泄洪能力。它的科学原理，为后代广泛采用。它们足以说明文化遗迹即文物科学价值的客观性。

第五节 对文物价值认识的深化

对文物价值的认识不是一次完成的，或者说，对文物价值的认识是不断深化的，是逐步揭示的。这是文物的又一重要特点。

文物价值内涵的复杂性和人们的价值观念不同，给评价文物价值带来了很大难处。人们不同的价值观念，又决定了他们对文物价值评价、认同的标准，这种价值取向也决定并调节着人们的行为。对同一处文化遗迹、同一件文化遗物的价值，或者同一处不可移动文物、同一件可移动文物的价值，常有不同的评价。这种情况在古代即已存在。在近代以至目前，对文物价值的评价、认同同样存在着差别，对某一具体文物价值的评价、认同甚至出现截然不同的结果。因此，如果没有一个能为人们所公认的价值尺度来规范人们对文物价值的评价，对文物价值做出科学的或者比较恰如其分的评价结果，将很难实现。

这种人们公认的价值尺度是什么？文物既有有形的物质形体，又有隐形的即无形的文化或文明内涵，即历史、艺术和科学价值。因此，它是人类社会发展、进步的见证，或称为标记。历史唯物主义和辩证唯物主义告诉我们，人类社会的发展、进步，是生产力发展和生产关系不断发展、变革的见证或标记。由此我们可以说，衡量和评价文物价值的尺度，只能是它证明生产力发展的水平和说明社会问题的程度。只有正确使用这一尺度，才能避免发生个人或社会团体在文物价值取向中的偏离现象，调整有损文物价值的行为，使文物价值取向沿着正确的方向发展。

在认识和评价文物价值方面，在具体进程中，也受到科学技术发展水平的制约。在许多新的科学技术未引入文物研究之前，对文物价值的认识和评价就只能按一般方法进行，受到很多限制。一旦将最新的科学技术如断代技术、分析鉴定技术等引入文物研究领域，许多文物的断代或者文物的物质成分以及制作工艺等问题就会迎刃而解，这必然就为我们提供了认识和评价文物价值的更加科学的依据。如我国湖北省随州曾侯乙墓出土了精美的铜编钟，经铸造学界专家学者研究，它是用失蜡法铸造的，在我国二千多年前已广泛使用，对发展今天的航天技术有很大启迪。又如，在河南省东汉时期的冶铁遗址出土的标本，经冶金学家研究，发现是球墨铸铁，与 1947 年英国人莫洛发明的铸造工艺所炼出的铁（即“莫洛”铁）相同。前者是掌握火候炼成的，后者是用镁做催化剂炼出的。

因此，文物本身储存着大量信息，对这种信息及其价值的认识不是一次完成的，随着研究的深入，科学技术的迅速发展所提供的技术手段愈多，我们对文物价值深层次的认识也会愈来愈多。这也就从另一个角度告诉我们，在文物价值的认识和评价过程中，不能企求一次完成，或者一次决定文物的保护与否的命运，要慎之又慎。

第六节　国际社会关于文物价值的规定

中国文物保护法律、法规明确规定，文物具有历史、艺术、科学价值，受国家法律保护。那么，国际社会关于文物价值是怎么规定的呢?

一、国际保护文物公约的规定

在联合国教科文组织制定的保护文化遗产和文化财产公约及有关规范性建议中，对文物价值一般都有规定。

联合国教科文组织 1970 年公约中规定，“‘文化财产’一词系指每个国家，根据宗教的或世俗的理由，明确指定为具有重要考古、史前史、历史、文学、艺术或科学价值的财产”，并进行了列举。从规定和列举各类文化财产看，文化财产（可移动文物）应具有“重要考古、史前史、历史、文学、艺术或科学价值”，从文字表述上，比中国对文物价值的法律规定多了“重要考古”、“史前史”、“文学”价值；从实质上讲，它们的价值也都包括在历史、艺术、科学价值范围之中。

联合国教科文组织1972年公约在列举文化遗产时，每一大类都用了一些定语，表明文化遗产应具有的价值，如“从历史、艺术或科学角度看具有突出的普遍价值的建筑物……”“从历史、审美、人种学或人类学角度看具有突出的普遍价值的……考古地址等地方”。作为不可移动文物的古建筑等，应具有历史、艺术、科学价值，和我国法律规定相同；但就不可移动文物中的遗址来说，重点是从“历史和人种学或人类学”方面确定它的价值。在一些国家，把考古归入人类学，在大学设立人类学系，而无考古学系；在中国，中山大学把考古专业放在了人类学系。考古学是研究人类活动的遗迹和遗物，从人类学角度看考古遗址的价值是有道理的，而它也是有历史、科学价值的。

联合国教科文组织1962年制定的《关于保护景观和遗址的风貌与特征的建议》，在定义中规定“保护景观和遗址的风貌与特征系指……具有文化或艺术价值”。①

联合国教科文组织1976年制定的《关于文化财产国际交流的建议》，在文化财产定义中规定：“‘文化财产’应被认为指各个国家主管机构认为具有或可能具有历史、艺术、科学或技术价值和意义的作为人类创造或自然进化表现和明证的实物。”②

上述两个《建议》中关于不可移动文物和可移动文物价值的规定，和中国法律、法规关于文物价值的规定基本相同。“文化”概念的内涵和外延更广，文化价值也如此。

二、其他国家的规定

埃及1983年8月12日起生效的《文物保护法》第一条规定：

---

① 《关于保护景观和遗址的风貌与特征的建议》，见国家文物局法制处：《国际保护文化遗产法律文件选编》，紫禁城出版社，1993年第1版。

② 《关于文化财产国际交流的建议》，见国家文物局法制处：《国际保护文化遗产法律文件选编》，紫禁城出版社，1993年第1版。

“凡史前、历史上各时代直至一百年前的与各种文化、艺术、科学、文学和宗教有关的一切具有考古价值或历史意义的动产和不动产均属文物。”对文物年限为100年做出规定，但同时在第二条中又规定：“任何具有历史、科学、宗教、艺术和文学价值的动产或不动产，当予以保护和维修，对国家有利时，可根据主管文化事务的部长的建议，经总理批准，将其视为文物，不受前条有关时代规定的限制，并根据本法规定予以登记注册。”①

意大利《关于保护艺术品和历史文化财产的法律》第一条规定：“下列具有艺术、历史、考古或民族学价值的不动物和可动物，系本法调整的对象”，其中“具有艺术或历史价值的别墅、公园和花园也包括在上述物品之列。”②

《西班牙历史遗产法》第一条规定：“西班牙历史遗产由具有艺术性、历史性、人种学、古生物学、科学和技术价值的可移动财产和不可移动财产组成。”“西班牙历史遗产中的最重要部分应根据本法列入清单，并应宣布为具有文化价值。”③

法国1913年12月31日关于历史文化遗产的法律规定：“无论是具有国家历史、艺术、科学、技术价值的可移动文化财产，还是具有此种价值的不可移动文化财产的附着物，都可经行政命令列表登记。”④

奥地利1923年9月25日《纪念物保护法》第一条规定：“本法的硬性限制适用于具有历史、艺术、文化价值的可移动文化财产和不可移动文化财产。”⑤

---

① 埃及《文物保护法》，见国家文物局法制处：《外国保护文化遗产法律文件选编》，紫禁城出版社，1995年第1版。

② 意大利《关于保护艺术品和历史文化财产的法律》，见国家文物局法制处：《外国保护文化遗产法律文件选编》，紫禁城出版社，1995年第1版。

③ 《西班牙历史遗产法》，见国家文物局法制处：《外国保护文化遗产法律文件选编》，紫禁城出版社，1995年第1版。

④ 国家文物局法制处：《外国保护文化遗产法律文件选编》，紫禁城出版社，1995年第1版，第256页。

⑤ 国家文物局法制处：《外国保护文化遗产法律文件选编》，紫禁城出版社，1995年第1版，第288页。

阿尔及利亚 1967 年 12 月 20 日法令，对历史纪念物做出规定：“具有历史、艺术、考古价值的一切可移动文化财产及不可移动文化财产的附着物，特别是在发掘期间发现的物品，根据本法第三条的规定，都是‘历史纪念物’。”同时对历史遗址和纪念物又规定：“……它包括从史前时期到现在这一历史时期的具有历史、艺术、考古价值的遗址、纪念物及可移动物品。”①

上述国家关于文物价值规定的表述不完全相同，可能是由于各自历史、文化发展的差异，或者关于文物价值取向的不同侧重点所致，因此，各自把诸如考古价值、民族学价值、人种学和古生物学价值，以及技术价值等，写入法律关于文物价值规定之中。尽管如此，在上述规定中，文物的历史、艺术及科学价值是基本的，大都写入法律条文之中。但在上述国家规定，以及在希腊、印度、巴基斯坦、日本、智利等国法律规定中，均未见有写入“经济价值”的，这一点都是共同的，是值得特别重视的一点。这应是各国都把文化遗产或文化财产定位为历史文化的结果，定位为精神文化财富的结果。

① 国家文物局法制处：《外国保护文化遗产法律文件选编》，紫禁城出版社，1995 年第 1 版，第 242 页。

第五章　文物作用与立法宗旨

文物是人类创造的物质文化遗存，凝聚着人类的智慧和创造力，具有历史、艺术和科学价值。它对当代社会发展和人类进步有着重要作用。这种作用是多方面的，在文物保护立法宗旨中写得十分清楚。2002年《文物保护法》第一条开宗明义地写道："为了加强对文物的保护，继承中华民族优秀的历史文化遗产，促进科学研究工作，进行爱国主义和革命传统教育，建设社会主义精神文明和物质文明，根据宪法，制定本法。"据此，概括地讲，立法的宗旨是为加强文物保护和发挥文物作用（加强保护后述）。文物的作用为：运用文物开展科学研究，促进科学技术发展；通过文物学习、继承、借鉴中华民族优秀文化，发展新的文化艺术；运用文物向群众进行爱国主义和革命传统教育，提高公民素质，建设社会主义物质文明和精神文明。近年来，有两种观点是违背上述宗旨的：一是把文物作用的着重点仅放在开放参观上，以此衡量文物"利用"得够与不够。这是一种以偏概全的观点，用来指导文物工作，不利于文物保护，不利于充分发挥文物的作用。二是把文物的作用仅仅局限在经济收益上，以经济收益的多少来衡量文物"利用"得好与不好。这种观点没有从文化的观点来理解和对待文物的作用，是错误的观点，在实践中是十分有害的。

第一节　促进科学研究

文物是不同历史时期产生的有形的物质文化遗存，是研究不同历史时期政治、经济、军事、科学技术、文化艺术、宗教信仰、民俗风情等的实物史料。文物作为实物史料，有其独特的功用，是文献资料无法替代的。

自有文字以来，在阶级社会，文化被统治阶级所垄断。由于阶级的偏见，当时所产生的文献多有局限性，对统治阶级的褒奖是情理之中的事，而对劳动人民的记载不仅少，而且歪曲、诬蔑之词颇多。

文献史料在漫长的历史长河中，由于自然的或者人为的原因，有些已散佚无存，有些残缺不全，有些经后人整理失实，有些经删改正误难辨，如此等等。

不可移动文物和可移动文物作为实物遗存，对产生它们的社会做了方方面面的真实“记录”，除个别种类的文物在流传过程中，有些被改变之外，从总体来说，不可移动文物和可移动文物能从各个角度、各个侧面如实地反映产生它的那个社会的各个方面。

因此，文物可以证实文献之记载，校正文献之谬误，补充文献记载之缺佚。对无文字记载的史前社会，史前不可移动文物和可移动文物则是研究、恢复其社会面貌的根本依据。

一、文物的证史作用

中国古文献浩如烟海，是十分重要的文化宝库。中国丰富多彩的文物，对古文献记载的证实，不仅增加了文献记载的真实性、可靠性与珍贵性，而且又增加了实物资料，成为文献记载的真实见证。从总体说，文物是历史的见证。

首先，文物的证史作用，表现为它是历史的见证。

我国有一部正史，即二十五史。它们产生于不同的历史时期，是中国几千年社会发展的记录。特别是记载了各个封建王朝的历史，从未中断，充分说明了中国历史发展的连续性，这在世界上是极为罕见的。

文献记载对研究历史的重要性是不言而喻的。文物作为具体、形象的物质实体，真实地记录了历史的发展，其本身储存了大量时代信息，能说明当时的社会经济和社会生活，不同历史时期的文物，就成为当时社会的见证；从另一个角度讲，它可以证明文献记载的历史。我们将文献和文物密切结合，对社会历史的各个方面进行深入的研究，一定会取得更好的成果。

同时，还要特别指出，史前社会的发展与各个阶段的面貌，除一些传说记载外，别无其他文字资料，要想研究和恢复原始社会的面貌，史前的文物就是最好的实物资料。也就是说，史前的文物是原始社会发展的实物见证。

其次，文物的证史作用，表现为对文献记载的证实。

从总体来看，文物和文献是相互印证的。这是由文物的历史见证作用所决定的。从某些或某类文物出发，看其具体的印证作用，不仅是研究文物的需要，而且也是研究文献的需要。总之，是研究历史的需要。

我国史书中，有符瑞志、郊祀志、礼志等等。在文物中有各种石刻，其资料可与上述记载印证。在地方志中，大都记录了名胜古迹，而当地某些文物可证地方志有关记载。文物与文献记载相吻合者比比皆是。

司马迁在《史记》中写了商王的世系。在河南安阳殷墟出土了大批甲骨文，对商王世系的记载，经考证与《史记》记载基本相符。在《史记·孙武吴起列传》中，记载了孙武仕吴，孙膑仕齐，各有兵法传世。《汉书·艺文志》中著录了《吴孙子》(即《孙子兵法》)和《齐孙子》(即《孙膑兵法》)。但《隋书·经籍志》中已不见《齐孙子》，及至唐宋以降，则认为《孙子兵法》是曹操“削其繁剩，笔其精粹”而成，甚至认为是后人伪托而成的，或认为历史上并无孙武其人，兵法为孙膑所著。隋唐以降的不同记载，孰是孰非呢？1972 年在山东临沂银雀山发掘了两座汉武帝时期的墓葬，出土了完整和残断竹简 4942 支，其内容包括同时出土的《孙子兵法》和《孙膑兵法》，证明《史记》和《汉书》的记载是正确的，历史上确有孙武其人，并存兵法传世。自隋代以来的疑问和误传得到了澄清。

史书记载，秦始皇翦灭六国，统一全国之后，在全国推行统一的度量衡制度，统一货币，统一文字，修驰道等，以加强和巩固中央政权。秦始皇实行这些重大措施的遗迹、遗物均已发现，证实了史书记载。如在陕西咸阳发现的秦诏版，即刻有秦始皇统一度量衡诏书的铜版；在山西左云、山东云登、河北围场等地发现的镶嵌于权身的秦始皇诏版，诏书内容是：“廿六年，皇帝尽并兼天下诸侯，黔首大安，立号为皇帝，乃诏丞相状、绾，法度量，则不壹，歉疑者，皆明壹之。”这些秦诏版的发现，证明了历史文献记载，秦始皇确实把统一度量衡制度有力地推向了全国各地。

在《后汉书·礼仪志》中，记载了汉代殓玉制度，帝、后等死后，使用玉衣（又称“玉匣”、“玉柙”）。它源于西周晚期，西汉时玉衣形制已趋完备。《后汉书》记载皇帝死后使用金缕玉衣，诸侯王、列侯、贵人、公主使用银缕玉衣，大贵人、长公主使用铜缕玉衣，说明东汉已确立了分级使用玉衣的制度。但在东汉以前，这种制度并不严格。在曹魏黄初三年（222 年），魏文帝曹丕吸取汉代诸陵由于殓以“金缕玉衣”而遭盗掘的教训，便废除了使用玉衣的制度。文献中所记的这些史实，在考古发掘中，已得到证实。在河北、江苏、安徽、山东、河南、广东、北京等地的考古发掘中，已发现完整的玉衣或玉衣上的玉片。如 1968 年，在河北满城西汉中山靖王刘胜及其妻窦绾的墓中，第一次发现了两套完整的金缕玉衣。刘胜玉衣长 1.88 米，由 2498 片玉片组成，编缀玉衣的金缕共重 1100 克左右。窦绾玉衣长 1.72 米，由 2160 片玉片连缀而成，共用金丝约 600 克。1973 年，在河北定县（今定州）八角廊西汉中山怀王刘脩墓中，又发现一套完整的金缕玉衣，由头罩、脸盖、上衣前片和后片、左右袖筒、左右手套、左右裤筒和左右脚套组成，共用玉片 1203 片，金缕共重约 2567 克。这些发现，同时证明此时对玉衣的使用，尚未形成像东汉那样的使用制度。在定县清理发掘的两座东汉墓中，出土了鎏金铜缕玉衣和银缕玉衣，均为散乱的玉片，前者出土于北庄汉墓，后者出自北陵头汉墓，墓主人可能分别是东汉中山简王刘焉和东汉中山穆王刘畅。出于某种缘故，刘焉使用了鎏金铜缕玉衣，刘畅使用了银缕玉衣，符合东汉规定的制度。迄今，尚未发现魏文帝曹丕废除使用玉衣制度后的玉衣。

二、文物的正史作用

中国文献浩繁，在古代，有些史籍在传抄过程中出现错误，有些在流传中缺佚；更有甚者，统治者为了巩固其统治，在编修或编纂史籍时，进行大量删改，如清朝纂修《四库全书》，变乱古书旧式，修改古书原文。拿一本书和“库本”核对一下，就会发现“库本”往往被改得面目全非了。文物的正史作用，就是校正古籍记载之谬误，订正史传，纠正错讹。这是文物所具有的重要价值和作用之一。

在金石研究中，利用金石文字订正史传已有悠久的历史。它大约始于两汉，至宋代发达，清代达到极盛。宋代金石学家赵明诚在《金石录》序中说：“诗书以后君臣行事之迹，悉载于史，虽是非褒贬，出于秉笔者私意，或失其实；然至于善恶大迹，有不可诬，而又传说既久，理当依据。若夫岁月地理官爵世次，以金石刻考之，其抵牾十常三四。盖史牒出于后人之手，不能无失；而刻辞当时所立，可信不疑。”

在古代，金石学家以金石文字正诸史之谬误，取得了很大成绩，但只限于利用金石。而今可利用各类文物中的资料或文物考古成果订正文献记载。这就使文物的作用在更大的范围内得以充分发挥，促进科学研究。

在地方志中对一些古迹的记载，由于时代的限制，缺乏资料，又未实地调查，往往以一些传说为据。随着文物考古工作的深入开展，不少已得以澄清，得到正确的解答。如河北磁县有众多的古墓封土堆，在地方志等记载中称为“曹操七十二疑冢”。实际并非如此，经实地调查，实际有一百多座古墓。有些大冢尚有墓碑，如刘庄北齐兰陵王高肃墓碑，东小屋村魏宜阳王元景植墓碑，八里冢村魏侍中高翻墓碑。从 1949 年以前被盗出的十余盒墓志和 1949 年以后清理发掘的十余座古墓来看，这些古墓为东魏、北齐皇室、王公贵族墓葬。东魏、北齐建都于邺（今临漳县西南），距邺城不远的磁县一带就成为皇室的墓地。1974 年发掘了东陈村“四美冢”中的两座，有墓志，1 号墓墓主人为尧赵氏，2 号墓墓主人为尧赵氏第三子尧俊夫妻。1975 年发掘东槐树村古墓，从墓志得知，该墓是北齐故侍中假黄钺左丞相文昭王高润墓，葬于武平七年（576 年）。此后，还发掘了大冢营村北的高澄妻茹茹公主墓，从墓志中得知高洋墓的方位。这些实物资料足以证明磁县众多的高大封土墓，是北朝墓群，并非曹操疑冢。1988

年已公布为全国重点文物保护单位。

中国漆器工艺历史悠久。但漆器出现于何时，在文献记载中并不清楚。在古籍《韩非子》和《周礼》中，有关于髹漆的记载。因此，一些人认为具有美观轻巧特点的薄板胎漆器出现于战国中期。实际上，我国漆器出现的时间，已由考古发掘证明在新石器时代。在浙江余姚河姆渡遗址发掘中，从第三文化层出土了一件木碗，内外均有朱红色涂料，色泽鲜艳，它的物理性能与漆相同。在内蒙古敖汉旗大甸子古墓发掘中，出土了觚形薄胎朱漆器，距今3400～3600年。商代遗址和墓葬中已有多处发现漆器，如河北藁城台西遗址中，出土一些漆器残片，据观察，有漆盘和漆盒，为薄板胎，朱红地，黑漆花。有的在雕花木胎上髹漆，使漆器表面呈现出浮雕式的美丽花纹。纹饰图案有饕餮纹、夔纹、雷纹和蕉叶纹等。有的花纹上镶嵌着磨制成圆形或三角形的嫩绿色松石，有的贴着不及0.1厘米厚的贴花金箔，绚丽多彩。这表明我国漆器工艺已达到了相当高的水平。而《韩非子》和《周礼》关于髹漆的记载要晚得多。

漆器工艺的历史，已为出土的漆器所改写。铁器、瓷器等器物的历史也同样如此。

三、文物的补史作用

文物的补史作用，主要表现为对无文字可考的历史提供实物资料，对有文字记载的历史，则补充记载的缺佚。

我国虽然有正史二十五史，以及浩繁的各种古籍等文献，但不可忽视的是，正史及其他一些史籍，受阶级局限和当时条件的限制，有大量史实特别是反映劳动群众的史实记载得较少或并未被记载，使为数众多的史实失传，鲜为人知；还有不少史籍在漫长的历史长河中，有些散佚不传，许多史实被湮没。所有这些，都给研究工作带来困难。

同时，还应看到，人类社会是一个极为复杂的整体，从社会生产到社会生活，从经济基础到上层建筑，从政治、经济、军事到科学技术、文化艺术，从衣、食、住、行到民间习俗，等等，无所不有，极为庞大而繁杂。文献记载的史实，特别是年代愈早的文献，记载的史实愈简略，甚或不予记载，这就使许多能说明社会各方面的史实缺载，对我们认识和研究复杂的社会无疑是十分不利的。

在这种情况下，我国各个历史时期丰富多彩的不可移动文物和可移动文物，包括有文字的文物，完全可以弥补文献记载的不足。不可移动文物和可移动文物本身储存的不同信息，可以为我们研究不同问题提供真实可靠的资料。而有文字的文物，如甲骨文、金文、竹木简牍、帛书、写本、刻版印刷品等，更是直接记载了历史的不同方面，保存了大量历史资料，从而使我们得以了解古代的某一事件或某些方面的真实情况。在这些方面的例子不胜枚举。

1942年，在湖南长沙子弹库楚墓盗掘出土了一幅楚帛书，以白色丝帛为书写材料，已流失国外，原件为美国私人收藏。经1973年对该墓清理发掘，判明其年代在战国中晚期之间。帛书宽38.7厘米，长47厘米，文字为墨书，计900余字，为楚国文字，图像彩绘。帛书四周有12个神的图形，其旁边题记神名，并附一段文字。对帛书的内容和性质，迄今学者见解不一。其中8行一段文字中提到“天棓”（一种彗星）、“侧匿”（月初而月见东方）等天象灾异。13行一段文字中，已考出有伏羲、炎帝、祝融、共工等名字。有学者认为还有女娲、帝俦、禹、契等名字，并涉及四时、昼夜形成的神话。对四周的12个神名，经考订，与《尔雅·释天》12个月名相合，图形旁附记的文字，是记12个月的宜忌。由此可见，帛书内容可能为战国数术性质的帛书。

1977年，在河北平山战国时期中山王譽墓发掘中，出土王譽所制作的铜鼎和铜方壶，以及蚉加刻铭文的铜圆壶，合称“中山三器”。“三器”均刻有长篇铭文。铁足铜鼎，通高51.5厘米，最大直径65.8厘米，鼎壁刻有铭文469字，是战国时期字数最多的一篇铭文。内容是燕国的国君哙，受其相邦子之的迷惑，把王位让予子之而遭到国破身亡的教训，颂扬自己的相邦司马赒辅佐少君，谦恭忠信的美德，以及率师伐燕，夺地数百里、城数十座的功绩；告诫嗣子记住吴败越、越又灭吴的教训，不要忘记敌国时刻威胁着自己的安全。铜方壶，通高36厘米，直径35厘米，盖饰云形钮，肩部饰四条夔龙。

腹部四周刻铭文450字，中心意思与鼎铭相同，是“警嗣王”的。铭文中有“皇祖文武，桓祖成考”。铜圆壶，通高44.5厘米，腹径32厘米，原制作于王嚳十三年。嚳死后，𡿨盗加刻一篇悼词，以悼念先王，共182字。内容中心是颂扬先王的慈爱贤明，表彰司马赒伐燕的战果。此外，器足上还有22字，记载制器时间、单位、负责官吏、工匠和器身重量等。

古文献对中山国的记载很少，且十分零碎。“中山三器”的长篇铭文，记载了中山国历史，补充了文献记载的缺佚，是研究战国时期中山国的重要资料。其中，特别是中山伐燕，夺地占城的史实。关于中山王系的资料，史籍均无记载。古文献曾记载在燕王哙让位子之时，齐国伐燕，并未记载中山伐燕。而据鼎、壶铭文记载，中山国相邦司马赒也率师参加了这次伐燕。中山王系，据铭文“皇祖文武，桓祖成考”，即记载了4位先王的庙号，连同作器者王嚳，以及嗣王𡿨蚉，使前后6代中山王的世系衔接起来，对文献所记武公前后的历史做了重要补充。

1974年，在湖北云梦县睡虎地发掘11号墓时，发现一批秦简，经整理编纂，分为《编年记》、《语书》、《秦律十八种》、《效律》、《秦律杂抄》、《法律答问》、《封诊式》、《为吏之道》和《日书》9种。简文内容反映了战国晚期至秦始皇时期的政治、经济、军事、文化、法律等方面的情况。其中《编年记》记述了从秦昭王元年（前306年）至秦始皇三十年（前217年）的历史，是继《竹书纪年》之后出土的又一部战国编年史。5种秦法律文书，其内容远远超出了李悝《法经》的范畴，已经具备刑法、诉讼法、民法、军法、行政法、经济法等方面的内容。诸如农田水利、牛马饲养、粮食贮存、徭役征发、刑徒服役、工商管理、官吏任免、军爵赏赐、物资账目、任免军官、军队训练、战场纪律、战勤供应、战后奖惩等等，都有比较详细、具体的规定，其中又以刑法最为成熟。这批竹简内容丰富，为研究秦及这一时期的历史提供了十分可贵的可信史料；同时，也是校勘古籍的重要依据。特别需要指出的是，我国唐律是保存完整的最早的古代律文，隋代以前的律文比较少，且多为断章零篇。这批竹简中的秦法律文书的发现，是中国法制史上的一件大事，其意义十分重大。

1973～1974年初，发掘了湖南长沙马王堆2、3号墓。在3号墓中，发现一个髹漆木匣，长60厘米，宽30厘米，高20余厘米，内盛大批帛书。出土时帛书破损严重，经专家精心拼接修复、整理和考订，已判明有28种，12万余字，多无书名或篇名，整理者根据内容确定了书名。依《汉书·艺文志》归类，共有6类，即：六艺类、诸子类、兵书类、数术类、方术类、地图类。帛书内容极其丰富，其中包括一些佚书，极为珍贵，是我国古代典籍的一次重大发现。如六艺类中的《周易》，内容包括两个部分：第一部分为《六十四卦》，约4900字，与已知各本对比，卦名不同，卦序、卦辞和爻辞也有差别，是一种较早的本子。第二部分为卷后佚书5篇，约9600字，除《要》部分内容见于今本《系辞下》外，《缪和》、《昭力》及2篇无篇名的内容，均为佚书，记述孔子和弟子讨论卦、爻辞含义的情况。方术类中的5种医书，成书年代都要早于《黄帝内经》，在内容上没有五行学说的痕迹，填补了我国早期医学史上的空白。其中《五十二病方》有283方，分别记载治疗各种疾病的医方，病名达103种，以药物治疗为主，也用灸法、砭石和割治手术。它是我国已发现的最古老的医方。在帛书的医方之前，有佚书4篇，根据内容分别定为：《足臂十一脉灸经》、《阴阳十一脉灸经》、《脉经》、《阴阳脉死候》，都是我国发现的最古老的医学理论著作。地图类有：《长沙国南部地形图》和《驻军图》，是西汉初绘制在缣帛上的地图。前者所绘范围为今湖南南部的潇水流域及其临近地区，比例为1∶170000至1∶190000，主区部分绘画得相当精确，一些水道的流向、曲折，大体接近于今日地图。图上还有统一图例；后者《驻军图》上东南部一隅即今湖南江华县的沱江流域，比例为1∶80000至1∶100000。这两幅地图是中国现存最早的地图之一。1986年6月，在甘肃天水放马滩5号墓出土了西汉初年纸质地图，绘有山脉、河流、断崖和道路。它们是世界上迄今所见最早的地图。

四、文物史料的功能

文物作为实物史料，并不是它的最终目的。证史、正史、补史是开展科学研究、发挥文物作用的第一步。在完成第一步工作之后，还要运用这可信而翔实的资料，研究历史，以促进科学文化的发展和促进经济建设。

运用文物史料和文献资料研究历史，即恢复历史的本来面貌，具有十分重要的意义。尤其西周以前的历史，基本上要依据文物考古资料来研究和撰写。研究历史，就要阐述社会发展的规律，使人们认识今天是历史发展的结果，并自觉地去创造明天。

文物史料对专门史的研究，有着极其重要的价值和作用。如农业史、畜牧业史、纺织史、陶瓷史、冶金史、建筑史、雕塑史、医药史、交通史、天文史、体育史、音乐史等等，都离不开文物史料，特别是原始社会无文字记载，只有依靠文物实物史料。有文字记载以后，或因条件所限，记载简单、疏漏，或因记载已佚，需要文物史料作补充。随着科学技术的发展，对文物的物质成分和所储存的信息，会了解得越来越清楚，可为专门史的研究和撰写提供更加详细和精确的资料。它比文献资料有更加特殊的价值，发挥着文献资料所无法发挥的特殊作用。

在研究中国传统文化的民族形式方面，文物同样具有特殊价值和作用。如果在研究中只依靠文献资料，在著作中只做文字描述，尽管文献可靠，描述精细，但不易给人一个形象的概念，不易被人所接受。如果增加文物史料，插图与文字配合，人们一看就清楚了。如从古代建筑、绘画、雕塑等形式上，就很容易了解中国传统文化的民族形式是什么。形象、具体、直观、多样，也是文物的特点之一。

第二节　促进文化艺术和科学技术发展

继承和发扬优秀文化遗产，是建设社会主义精神文明的一个重要方面。建设和发展需要借鉴。文物是珍贵文化遗产的重要组成部分，在发展新的科学技术和文化艺术时，需要从文物中不断吸收营养。割断历史，空谈发展，不在前人创造的文化财富的基础上去创新，不继承民族文化中的优秀传统去发展，那样的创新和发展就会成为空中楼阁。世界上没有无源之水，无本之木，要发展我国的科学技术和文化艺术，就需要继承，需要借鉴。当然，我们的继承，是要批判地继承历史文化遗产，决不是兼收并蓄。这是我们建设社会主义精神文明的必要条件之一。

一、借鉴与发展的见证

文物是一定历史时期的产物，是该时期科学技术和文化艺术发展水平的见证。从根本上来讲，人类社会是从低级阶段向高级阶段发展，科学技术和文化艺术也是由低水平向高水平发展，大凡世间一切事物莫不如此。不同历史时期的文物，是不同历史时期科学技术和文化艺术的结晶，后者总要借鉴前者，并在前者的基础上向前发展。如果把某类文物按时代顺序排列出来，研究分析它的形式、内涵、工艺，以及所储存的信息，就会发现后者必然是吸收了以前历史时期的优点，由当时科学技术和文化艺术所具有的水平创造出来的，因而具有当时时代的特点和风格。但它已经比前一个历史时期的水平提高了，向前发展了。不断继承，不断借鉴，不断发展。中国不同历史时期所产生的反映政治、经济、军事、科学技术、文化艺术等等的文物，从总体来说，其本身就是不断借鉴、发展的实物见证。

中国古代书法绘画、碑帖拓本，是文化遗产宝库中的重要组成部分。以书画发展为例，从东晋至清代的书画作品，就是不断借鉴、不断向前发展的。在书画家辞书中，这方面的材料比比皆是。如：东晋顾恺之是我国古代著名画家，著有《画论》、《魏晋胜流画赞》和《画云台山记》，提出了“迁想妙得”、“以形写神”等著名论点，对我国绘画的发展有很大影响。他的《女史箴图》和《洛神赋图》卷等名画成为传世杰作。这位古代绘画巨匠，师从卫协，正是在学习、借鉴的基础上，才创作出了千古名画。东晋王献之，师承其父王羲之，在家学的基础上，不断创新，其传世代表作为《中秋帖》卷，与其父在中国书史上并称“二王”。

唐代著名画家韩滉，工书画、草书及张旭笔法，绘画师南朝陆探微，擅长人物和农村风俗景物，画牛、羊等尤佳，传世名作仅见《五牛图》卷。周昉也是唐代著名画家，擅长画贵族妇女。他早年效仿张萱画法，后稍加变化，笔法劲简，用色柔丽。其传世代表作为《挥扇仕女图》卷。

五代著名书法家杨凝式，书法师欧阳询、颜真卿，是由唐入宋的过渡人物。传世的《神仙起居注》卷，是其代表墨迹之一。五代宋初著名山水画家巨然，师法董源，善画江南山水，其画风对后世有深远影响。他的《秋山问道图》轴是存世名作。

宋徽宗赵佶是位昏君，在书画方面却颇有成就。书法初学同时代书法家黄庭坚，后学唐人，在此基础上自创“瘦金书”，草书从张旭、怀素中来，更近于怀素。《草书千字文》卷是他的传世代表作。宋高宗赵构在政治上亦为昏君，却致力于书画。其书法初学黄庭坚，后学唐人，对虞世南、褚遂良、李邕等人及宋代米芾的书法刻苦学习，后又转师王羲之、王献之，心摹手追，终见成效。《洛神赋》卷是其草书传世佳作。宋代著名书法家米芾，得王羲之笔意，并广学诸家之长，融会贯通，终自成一体，与苏轼、黄庭坚、蔡襄合称北宋四大书法家，传世名作有《苕溪诗》卷等。南宋末年画家赵孟坚，善画水墨水仙、梅、兰、竹、石。梅学扬无咎，竹师文同，并用文同墨竹画墨兰，以书法入画，为后世画墨兰宗师，存世作品有《墨兰图》卷等。

元代画家黄公望工画山水，师法董源、巨然，并受赵孟頫指授及熏陶，晚年自成一家，与吴镇、倪瓒、王蒙合称“元四家”，《富春山居图》卷为其传世名画。元代著名书法家赵孟頫，早年师法王羲之、王献之，笔法秀媚，晚得李邕法，笔法遒劲浑厚，为独具风格的一代宗师。其传世名作之一为《帝师胆巴碑》卷，各地保存有赵孟頫书石刻。

明代书画家唐寅，书法师赵孟頫，《自书词》卷是其行楷书的代表作品之一。画家蓝瑛擅长山水、人物、花鸟、竹石，山水画继承宋元传统，学郭熙、李唐、马远、夏圭以至“二米”的水墨云山，尤致力于学黄公望，博采众家之长，并融会贯通，自成一家。《白云红树图》轴是其代表作品之一。

清代书法家王铎，法宗晋唐，尤受米芾书法影响，行、草书成就甚高，《游旷园诗》轴是其传世佳作之一。画家恽格，善画山水、花卉。山水画初承堂伯恽向指导，后追宗“元四家”，终自成一家。花鸟画学徐崇嗣，常对花临写，发展了徐氏“没骨花”法，在清初画坛独树一帜。其传世代表作有《山水花鸟》册。

二、借鉴与促进文化艺术发展

在前一部分，我们列举了自东晋迄于清代的一些书画家，说明他们的成就都是在学习、借鉴前代书画家的基础上，创作出具有时代风格和个人艺术风格的作品的。他们的书画佳品流传至今，均成为文物，成为宝贵的文化财富，同时也是书画艺术借鉴、发展的见证。

今天要建设新文化，必须继承优秀文化遗产，学习、借鉴一切对发展新的文化艺术有用的东西。从实际文化艺术活动中，也可以充分说明这一点。

当今的少年儿童，以至青年，甚或中老年，在学习书画之初，或相当时期内，总是要先临摹历史上或当代某位书画家的作品。临摹书法、绘画佳品，就是学习、借鉴前人的优长，使自己逐渐成熟起来，创作出具有时代风格和个人艺术风格的作品。而有无这一学习、借鉴，其结果是完全不同的。当代，我国书画艺术发展迅速，创作繁荣。在学习、借鉴中，古代流传下来的法书、绘画和碑刻拓本，占有十分重要的地位，发挥着极为重要的作用。书画艺术的发展是如此，其他文化艺术的发展也是如此。甘肃文化艺术部门对敦煌壁画进行了深入研究，吸收其艺术精华，经过再创造，创作出舞剧《丝路花雨》，在国内外演出中，深受观众好评。湖北随州曾侯乙墓出土了一套编钟，有 64 件，加上楚惠王赠送的镈 1 件，共计 65 件，依大小和音高为序编成 8 组，悬挂在三层钟架上。钟架为铜木结构，呈曲尺形，全长 10.79 米，高 2.67 米。利用这套编钟能演奏多种乐曲。它是我国迄今发现数量最多、保存最好的一套编钟。湖北文艺工作者在研究、借鉴的基础上，创作出编钟乐舞节目，同样受到观众的欢迎。

例子毋需赘列，举一反三，窥一斑而知全豹。当代以至后代，发展新的文化艺术，都需要学习、借鉴中国的优秀文化遗产。任何国家和民族莫不如此。文物以其所具有的特点，以其形象和生动的实体，展现它的文化艺术形式和内容，使观众和学习、借鉴者亲眼目睹，发挥着文献所无法起到的作用，收到了意想不到的艺术效果。

三、借鉴与发展科学技术

古代文物还可为发展科学技术和社会主义物质文明建设提供有益的借鉴。利用现代科学技术，分析研究古代文物所储存的科技信息是借鉴的重要内容，同时，对古代事物所具有的物质形式，也可以在研究其科学性的基础上，不断创新。

中国古代发明的火药、指南针、印刷术曾被马克思誉为预告资产阶级社会行将到来的三大发明。古代的土火箭（“起火”）的科学原理，孕育和发展到当代的火箭上天的科学原理。没有前者，也就不会逐渐发展到后者。

河北赵县安济桥，是1300多年前隋代工匠李春修造的。它那优美造型和科学结构，对中国后代的桥梁建筑产生了深远的影响。安济桥“敞肩”形式的结构设计，不仅为后世的石拱桥普遍继承，而且也为现代的混凝土桥梁所广泛应用（甚至在修建的大型渡槽上也予以应用），从而呈现出千姿百态的新发展。

中国还有许多先进的科学技术成果，在历史的长河中被湮没，早已失传，而且文献上也没有记载，因此，鲜为人知。所幸的是，古代人们用这些科学技术所创造的物质财富（物质遗存），有些被埋在地下，在当代文物考古工作中被发现。这些文物有的经整理、研究，用现代科学技术分析检测，已获得了储存在文物中的科技信息，作为发展今日科学技术的借鉴，为经济建设提供了科学依据。

在古代不可移动文物和可移动文物中，有大量文物本身就是当时科学技术发展的成果，是当时人们聪明才智的结晶，其本身蕴藏着当时的科学技术成果或信息。对这一类文物进行深入的研究，特别是用现代科学技术进行分析研究，会为发展今天的科学技术提供信息和珍贵资料。如在天文、冶金、水利等方面，均能找到有重大现实价值的文物史料。在春秋战国时期使用失蜡法制造精美的铜器，在汉代使用原始方法生产球墨铸铁，这两种技术（方法）对于发展现代尖端技术，都有重要的借鉴价值。

古代铜器、铁器等在各地都有发现，从矿石来源、冶炼制造等方面，同样可以找到了解铜矿、铁矿等矿产资源分布的信息。用现代科学技术，可以检验、分析出不同地区铜器所含的各种化学成分不同，说明了制造铜器的矿石来源于不同的地区，也说明了加铅、锡成分多少不同，以及获得它们的难易程度不同。这些信息对今天寻找矿石，无疑是有价值的。

文物考古成果，往往成为经济建设论证的重要依据，甚至成为建设项目选址的决定性依据。水文考古、地震考古等，在这方面已做出了重大贡献。如长江葛洲坝，在选址和确定坝址时，首先必须弄清江心洲的成陆年代。如果用地质学的研究方法，地质年代以亿年计，最少也要几十万年，几千年地质年代是很难确定的。但考古学方法则比较容易。长江流域规划办公室考古队对江心洲进行科学发掘，发现了战国时期的墓葬，还发现了6000年前的古树遗存，这就充分肯定了江心洲的成陆年代，说明它是完全可以利用的。葛洲坝的选址问题因此得到解决。

1976年唐山大地震后，国家文物主管部门组织文物考古工作者对京津唐地区许多古建筑进行了科学考察，发现一些古建筑抗震性能非常好。如天津蓟县独乐寺观音阁，是辽代建筑，最早人们主要从阁的造型美、时代早来研究、保护它。在唐山地震中，它岿然不动。经查考文献，在多次7级以上地震中均未被震垮，说明它不仅造型美，而且结构很科学，具有很强的抗震性能，有很高的科学价值，为现代新建筑的抗震设计提供了重要信息。

古代不可移动文物和可移动文物所提供的信息，作为发展现代科学技术的借鉴，促进经济建设，涉及面十分广阔。只要我们运用传统的和现代科技的方法，加强对文物多方位、多层次的研究，为发展科学技术和经济建设提供的科技信息就会越来越多，做出的贡献也会越来越大。

第三节 促进公民教育

中华民族是一个勤劳勇敢、富有革命传统的伟大民族。遍布全国各地丰富多彩的古代文物，是我们祖先聪明才智和创造才能的结果。近代现代文物，凝聚着人民群众艰苦奋斗、反对侵略、不怕牺牲的崇高精神。这是进行爱国主义教育、革命传统教育、历史唯物主义和辩证唯物主义教育，以及科普教育的形象、生动的教材。

一、文物教育的特点

文物作为教材，有自己独到的特点。它的教育作用是其他手段所不能代替的。首先，文物是人类社会生产和生活的物质文化遗存。它既是物质文化，又是精神文化，如书画、善本古籍，是以物质形式表现的精神物品。任何物质的遗存，同时也都是一种精神文明的表现。因此，它作为历史的见证，真实性强，具有很强的说服力。百闻不如一见，它以物质的形式展现在人们的面前，往往比文字的、书面的教育收效更大。如在抗日战争中，八路军在极其艰苦的环境里生活、战斗，功勋卓著。人们通过各种书籍的记载虽有一定了解和认识，但对生活和战斗的艰苦的记述，一般青少年不能或不易理解，如果到有关遗迹或博物馆、纪念馆去参观抗日军民的遗迹、遗物，这些直观的物证，形象、具体地再现了当时的情景，他们就会容易认识和理解。

其次，文物是直观的、形象的物质文化遗存，具有极大的感染力。这种直观的感染力和说服力，是别的任何教育手段不能代替的。如在进行历史唯物主义教育中，讲奴隶社会奴隶主怎么残酷地压榨奴隶和任意杀害奴隶，奴隶怎样如同牛马，等等。道理讲得很透彻，接受者从道理上接受了，如果再能到博物馆或某一商代墓葬发掘现场，亲眼目睹商代奴隶主用大批奴隶殉葬（杀殉或活埋），或用奴隶祭奠等，就会从这累累白骨的实物材料中，获得更多的感性认识，从而进一步加深对奴隶社会的认识。

在进行爱国主义教育中，一般都讲中国是世界上的文明古国之一，有悠久的历史和灿烂的文化。如何使群众更好地理解和接受这些道理，文物会发挥它独特的作用。所谓悠久的历史和灿烂的文化，不是空的，有遍布全国各地的古建筑、石窟寺、古石刻、古遗址和古墓葬以及发掘出土的不胜枚举的各类可移动文物作为例证。它们是悠久历史和灿烂文化的体现和见证。人们通过参观这些丰富多彩的文物，会从直观的、形象的感受中，了解中国古老的文明，学习中国悠久的历史和灿烂的文化，领悟中华民族的伟大，一种骄傲和自豪感会油然而生。文物在爱国主义教育中这种巨大的感染力是其特有的价值和作用。

二、文物教育的凝聚力

中华民族在历史的长河中，用聪明才智创造的物质文化和精神文化，蕴含着和体现着中华民族在形成和发展过程中凝结起来的思想感情和共同的心理素质。

中华民族的子孙，都热爱中华民族的悠久历史和优秀的传统文化，十分关心它们的存在和在新的历史条件下的继承和发展，这些表现即为民族的思想感情。在历史上，由于阶级的存在，民族思想感情中，必然渗透着不同阶级的意识因素，在文物的某些方面也必然会表现出来。对文化遗产采取批判继承的态度，就是要扬弃糟粕，继承精华。所谓民族思想感情，集中体现在优秀传统文化之中。

共同的心理素质，是中华民族在共同经济生活及历史发展的基础上形成的。在形成过程中，各个民族的人们逐渐意识到他们都属于中华民族。这种自我意识具有很强的生命力和很大的稳定性，成为凝聚中华民族的重要因素，也是文物具有的很强的凝聚力。不论在世界什么地方，只要讲到中国的长城、运河、丝绸之路、四大发明等等，凡是炎黄子孙、龙的传人，都会由衷地感到中华民族的伟大，感到骄傲和自豪。它可以潜移默化地影响和培养人们的爱国主义感情，成为团结中华民族各族群众的凝聚力量。

中国有 56 个民族，每个民族都是中华民族的一员。在近代和现代，民族文物所表现的民族共同心理素质也十分明显，如建筑艺术和风格、语言、文字、音乐、舞蹈、戏曲、饮食、服饰等遗迹、遗物所具有的特点，以及民俗、节日遗物等，都表现出该民族的性格、情操、爱好和愿望。

任何一个民族的共同心理素质，往往与该民族的历史发展、遭遇和所处的地位有着密切的关系。同时，随着各民族经济的发展、文化的提高，民族间经济、文化交流日益频繁和发展，民族的传统和生活习俗等也发生变化，即便是民族性格、情操、爱好也是如此。在民族文物中，反映上述关系和变化的文物就是很好的见证。

三、文物教育与参观场所

由于文物的存在形态不同，种类各异，因此，运用文物开展教育，要根据教育内容和对象，选择不同的教育场所。

文物教育的场所，总的来说有：博物馆和纪念馆，各个国家都有自己的博物馆；不可移动文物，有列入文物保护单位的，有列入世界遗产名录的；其他。

博物馆。它是收藏可移动文物的重要机构，也是研究和陈列展览（教育）机构。各个国家都设有博物馆，如：朝鲜国立中央历史博物馆、越南国立艺术博物馆、印度新德里国立博物馆、巴基斯坦拉合尔中央博物馆、泰国曼谷国立博物馆、伊朗古代博物馆、日本东京国立博物馆、埃及博物馆、肯尼亚国家博物馆、德国柏林国立博物馆、卡尔·马克思故居、瑞士国家博物馆、意大利国立罗马博物馆、英国大不列颠博物馆、希腊雅典国立考古博物馆、法国卢浮宫博物馆、澳大利亚博物馆、加拿大皇家安大略博物馆、国立美国历史博物馆、美国纽约大都会艺术博物馆、墨西哥国立人类学博物馆、秘鲁国立人类考古学博物馆等。它们展出文物，供人参观。

据2000年统计，中国文物系统博物馆有1384座，其中综合性博物馆828座，专门性博物馆281座，纪念性博物馆275座。它们中有国家级的博物馆故宫博物院、中国历史博物馆、中国革命博物馆等；有省、自治区、直辖市博物馆；有市、县级博物馆。其他系统和军队的博物馆有中国科学技术馆、中国航空博物馆、中国地质博物馆、中国农业博物馆、中国邮票博物馆、中国革命军事博物馆等。这些博物馆收藏着数以百万计的各类文物，是我国文物藏品的主要收藏机构。同时，各类博物馆根据自己的性质和任务，在对文物藏品进行研究的基础上，举办各种内容的展览，供人们参观、欣赏。据2000年统计，全国文物系统博物馆举办陈列、展览17752个，参观人次8540万人次。

文物保护单位。不可移动文物中，我国已有近7万处被公布为各级文物保护单位。其中，经国务院批准并公布的全国重点文物保护单位已达 1268 处。它们是我国不可移动文物中的精华，如南禅寺、佛光寺、隆兴寺、独乐寺、布达拉宫、故宫、莫高窟、云冈石窟、龙门石窟、北京猿人遗址、殷墟、秦始皇陵、万里长城、明十三陵等等。至 2001 年，我国已有 28 处文化和自然遗产列入《世界文化遗产名录》，其中文化遗产或文化、自然遗产兼备的达 25 处，如周口店北京人遗址、秦始皇陵、莫高窟、故宫、布达拉宫、长城、泰山、平遥古城等。这许许多多的文物保护单位，其中有为数众多的单位，可以作为人们参观游览、文化欣赏的场所。2002 年《文物保护法》第二十三条规定："核定为文物保护单位的属于国家所有的纪念建筑或者古建筑，可以辟为参观游览场所。"这些文物保护单位本身，都具有很高的历史、艺术和科学价值，开放供人们参观，使人们在这里学习各种知识，欣赏不同历史时期不同形式的文化艺术，接受这样或那样的陶冶、教育。

在文物教育场所，有许多已被命名为爱国主义、革命传统教育基地，或国际教育基地。它们根据各自的优势，充分发挥教育作用，提高公民素质。文物保护单位作为参观游览场所，有利于发挥文物形象、生动的特点，向人们宣传中国传统文化。近些年来，我国旅游事业有很大发展，国内外的游人参观游览的重要对象之一就是文物古迹或文物保护单位。其中万里长城、故宫、莫高窟、云冈石窟、龙门石窟、秦始皇陵及兵马俑等都是游览参观的热点。在这些地方，文物供人们参观，使人们在直观的、形象的观看中，了解中国古代文明，欣赏古代艺术，学习和借鉴自己需要的知识，或者休闲愉悦、陶冶情操等等。

第四节　文物参观游览场所的门票

不可移动文物，根据其价值，一部分被分别公布为不同级别的文物保护单位。按照 2002 年《文物保护法》第十五条规定，对文物保护单位应"区别情况分别设置专门机构或者专人负责管理"。我国全国重点文物保护单位和省文物保护单位大都设立文物保护管理机构，属于文物事业单位。它对国有文物保护单位具有保护管理和合理利用的职责。国有文物保护单位的所有者（主体）是国家，它对所有权客体（文物）行使占有、使用、处分等权能。对国有文物保护单位的处分权的行使，必须依法进行。2002 年《文物保护法》规定，国有文物保护单位，可以辟为参观游览场所。实际上许多文物保护单位可以开放但并不具备开放条件，因此，保护单位应在具备对游人开放参观条件时，经批准开放，才能接待参观游览者。文物保护单位辟为参观游览场所，是它的文化功能的要求和体现，是由不可移动文物的特性、价值和作用所决定的。

国家以法律形式授权设立机构，负责保护管理文物保护单位和文物保护单位辟为参观游览的场所；根据法律、法规的要求，保护文物原状和环境风貌，维护参观游览场所秩序，提供优质服务。文物参观游览场所管理机构所售的门票，是一种经济管理手段，是保护管理措施，是依法行使对文物保护单位和文物保护单位辟为参观游览场所的保护管理与合理利用职责时，应采取的合法手段和必要措施。因此，就门票而言，它不是“经营”问题。这是由文物事业单位的公益性所决定的，是由文物参观游览场所是公益性文化场所所决定的。

门票的性质是保护管理的手段和措施，它有三方面的作用：一是限制闲杂人员进入，限制小商小贩活动范围，创造优良的参观游览环境和秩序，使参观游览者在优美的环境中学习、欣赏传统文化以及休闲愉悦。二是为了保护文物，调控参观游览人员。北京故宫前些年提高门票价格，主要目的就是控制参观人数，保护故宫。敦煌莫高窟也是如此。经过实践，特别是近年来假日期间参观人数证明，仅靠提高门票价格控制参观人数是有限的。北京故宫最佳观众流量为每天 2～3 万人次，而在假日里，最高达每天 10 万人次。它必然对故宫建筑产生危害，如地面砖石磨损速度加快，御花园土地日趋板结，空气污浊，严重影响古树名木寿命。在敦煌莫高窟，过去的参观人数已严重损害石窟壁画等艺术瑰宝。因此，为了保护文物，使文物能为子孙后代共享，必须采取限制参观游览人数的办法，做出明确规定，公告施行。在国外，如埃及的国王谷吐特阿蒙法老墓，有精美壁画，恒温恒湿精心保护，限制开放时间和参观人数，每天 100 人次，执行严格，应学习借鉴。三是门票收入可以弥补经费之不足。

我国是发展中国家，处于社会主义初级阶段，各级财政拨给文物事业单位的经费不能完全满足工作需要。2002 年《文物保护法》第十条规定："县级以上人民政府应当将文物保护事业纳入本级国民经济和社会发展规划，所需经费列入本级财政预算。"但事业的发展和经费不足的矛盾会长期存在，在中国是如此，在外国的文化遗产保护和博物馆事业发展中也是如此。利用门票收入等弥补经费之不足是缓解矛盾的一种方法。国有文物保护单位管理机构和博物馆依法所得的门票收益，是履行职责、权利义务所得。对它的使用，应当全部用于文物事业，作为文物保护管理经费的补充，不能挪作他用。

归根结底，文物参观游览场所和博物馆是公益性文化场所，始终要把社会效益放在首位，把宣传教育放在第一位。门票只是一种管理手段和措施，门票不是"经营"问题，不能以赢利为目的；不是像经济企业那样为了获取利润或高额利润，而是为了保护文物、永续发挥它的思想文化等功能和作用。

第六章　文物所有权

文物所有权是一种物权。

所有权是由所有制形式所决定的，是一定历史时期所有制形式在法律上的体现。因此，按照民法体系的理论规范，所有权法律关系的构成，包括主体（所有人）、客体（物）和内容（占有、使用、收益、处分）三要素。其中所有权的权利主体是特定的，也就是说，所有权属于特定的所有人。文物所有权作为一种物权，确认和保护的是现代社会中国家和人们对文物的占有关系。我国文物所有权主体即所有人是国家，或者集体，或者公民个人。所有权客体的物，是所有人可以支配的，具有历史、艺术和科学价值的文物，即有形文化遗产。所有权内容主要是所有人对文物行使的占有、使用、收益、处分等权能。

我国所有权形式，是由我国所有权基本制度所决定的。2002 年《文物保护法》对我国文物所有权做出确认，并对保护文物所有权做出规定。我国文物所有权有三种形式：即国家所有、集体所有和公民个人所有。文物所有权问题，是文物工作的基本问题，依法保护文物所有权是文物工作的基本原则。

第一节　国家所有的文物

我国文物国家所有，是最主要的、最基本的文物所有权形式。国家所有的文物，范围极广，包括我国境内地下、内水和领海中遗存的一切文物，即地下文物和水下文物；古文化遗址、古墓葬、石窟寺，以及国家指定的纪念建筑物、古建筑、石刻、壁画、近代现代代表性建筑等；国家机关、部队、国有企业、事业组织等收藏、保管的文物和出土文物等。2002年《文物保护法》第五条规定："国有文物所有权受法律保护，不容侵犯。"

一、国有不可移动文物

2002年《文物保护法》对国家所有的文物做出了明确确认，第五条规定："中华人民共和国境内地下、内水和领海中遗存的一切文物，属于国家所有。""古文化遗址、古墓葬、石窟寺属于国家所有。国家指定保护的纪念建筑物、古建筑、石刻、壁画、近代现代代表性建筑等不可移动文物，除国家另有规定的外，属于国家所有。"

国家所有的不可移动文物所有权的取得，主要为原始取得，也有的为继受取得。文物所有权的原始取得，是由于一定的法律事实，法律确定文物所有权法律关系的最初发生，不是所有权主体即所有人的变更或取代，因此，不以他人的权力为前提或依据。上述2002年《文物保护法》规定的我国境内地下、内水、领海中遗存的一切文物和古文化遗址、古墓葬、石窟寺等，属于国家所有，是法律规定的国家所有文物所有权原始取得的重要形式。国家所有的不可移动文物中，也有的是继受取得。如一处古民居或纪念建筑物，基于一定的法律事实，导致所有权主体变更，新的所有人（国家）继原所有人（集体或个人）而取得该处古民居或纪念建筑物的所有权。

国家所有的不可移动文物的所有权，有其独特的法律特性。2002年《文物保护法》第五条规定："国有不可移动文物的所有权不因其所依附的土地所有权或者使用权的改变而改变。"这一规定，保证了国有不可移动文物所有权不受侵犯。不可移动文物都在一定环境中依附于土地，有的土地属于国家所有，有的土地属于集体所有。如依附于集体所有土地上的古文化遗址和古墓葬在集体所有土地被国家征用后，土地所有权改变了，而依附其上的古文化遗址和古墓葬的所有权依然属于国家。就土地的使用权而言，不论是由法人改变为自然人使用，还是由国有法人单位改变为集体所有法人单位使用，或者由外资企业法人单位使用等，这些都是依法获得了对国有土地或集体所有土地的使用权，对依附于这些土地上的国有不可移动文物的所有权来说，并没有改变，它们仍属于国家所有。

在现代中国，土地所有权和使用权的改变是经常发生的。2002年《文物保护法》做出“国有不可移动文物的所有权不因其所依附的土地所有权或者使用权的改变而改变”的规定，在当前和今后的社会发展中，有着极其重要的现实意义和深远的历史意义。它不仅保证国有重要历史文化遗产所有权不受侵犯，而且对这些国有不可移动文物的安全也是重要的法律保障。既有利于对其进行保护管理和合理利用，又有利于将其传给子孙后代。

例如，某外资企业组织依法取得了对某块土地的使用权，在该土地范围内有古遗址或古墓葬，或勘探后或施工中发现有古遗址或古墓葬及出土文物，它们都属于中国国家所有，不因该外资企业组织依法取得了该土地使用权而改变。换句话说，不能因为该外资企业组织依法取得了该土地使用权，也就同时拥有了依附于该土地范围内的古遗址或古墓葬的所有权。根据2002年《文物保护法》规定，在该外资企业组织进行建设工程时，必须由我国对古遗址或古墓葬进行发掘后才能由外资企业组织施工建设，如果发现了重要遗迹而必须原地保护时，可纳入该企业整体建设规划中。如在整体建设中建造保护古遗迹的设施，不仅保护了中国文物，同时也增加了该企业组织的文化品味。这处原地保护的古遗迹仍属于中国所有。在发掘中出土的文物，无论是否与遗迹一起原地保护，也都属于中国所有。

再如，在某外资企业组织依法取得使用权的土地范围内，有一处属于中国国家所有的古建筑或纪念建筑物，它并不因为依附的土地使用权由外资企业组织依法取得，也随之改变其所有权。同时，不论外资企业组织依据该企业建设规划原地保护，还是依法经中国文物部门迁移，它都属于中国国家所有。如原地保护，该外资企业组织应依法负责保护、维修。

为了保障国有不可移动文物所有权不受侵犯，2002年《文物保护法》在第二章不可移动文物和第三章考古发掘中，做出了明确规定。对侵犯国有不可移动文物所有权行为和违反保护管理规定的，在第十章规定了应承担的法律责任。

二、国有可移动文物

可移动文物有历代重要实物、艺术品、文献、手稿、图书资料、代表性实物等。国有可移动文物，2002 年《文物保护法》第五条规定："下列可移动文物，属于国家所有：

"(一)中国境内出土的文物,国家另有规定的除外;

"(二)国有文物收藏单位以及其他国家机关、部队和国有企业、事业组织等收藏、保管的文物;

"(三)国家征集、购买的文物;

"(四)公民、法人和其他组织捐赠给国家的文物;

"(五)法律规定属于国家所有的其他文物。

"属于国家所有的可移动文物的所有权不因其收藏、保管单位的终止或者变更而改变。"

上述法律规定，不仅明确了国有可移动文物的组成部分，确认了其合法的来源，同时也为国有可移动文物所有权不受侵犯和文物保护，提供了法律保障。

国有可移动文物的组成和来源之一，是"中国境内出土的文物"，其中有考古发掘出土的，也有在建设工程和生产劳动中发现的。它源于我国"境内地下、内水和领海中遗存的一切文物……属于国家所有"和"古文化遗址、古墓葬……属于国家所有"的规定。出土文物是地下和水下文化遗存的组成部分，就古文化遗址和古墓葬而言，它们是由遗迹和遗物组成的，出土文物就是其中的文化遗物。出土文物属国家所有，不论近代和现代都有规定。1930 年国民政府公布的《古物保存法》第七条明确规定："埋藏地下及由地下暴露地面之古物概归国有。"在 1950 年 5 月 24 日中央人民政府政务院颁发的《古文化遗址及古墓葬之调查发掘暂行办法》中明确规定："凡地下埋藏及发掘所得之古物、标本概为国有。"1961 年 3 月 4 日，国务院颁布的新中国第一个综合性文物行政法规《文物保护管理暂行条例》中明确规定："一切现在地下遗存的文物，都属于国家所有。"在以后的文物法律和法规中，进一步完善，做出了明确规定。

为了确保在建设工程或农业生产等活动中发现的文物不致破坏、

流失，由国家收藏、保管。2002年《文物保护法》第三十二条规定："在进行建设工程或者在农业生产中，任何单位或者个人发现文物，应当保护现场，立即报告当地文物行政部门。""发现的文物属于国家所有，任何单位或者个人不得哄抢、私分、藏匿。"同时在法律责任中也做出了相应规定。

国有可移动文物的组成和来源之二，是国有文物收藏单位以及其他国家机关、部队和国有企业、事业组织等收藏、保管的文物。其中国家设立的博物馆、纪念馆、图书馆等是文物收藏单位，他们收藏的文物属于国家所有。其文物的具体来源有拨交、征集、购买、接受捐赠等，包括上述规定中的（三）和（四）项所规定的文物。其他单位虽不是专门收藏文物的机构，但基于一定的法律事实，他们所取得并保管的文物，属于国家所有，负有保管责任。

国有可移动文物的组成和来源之三，是征集、购买的文物。就国有博物馆、纪念馆等文物收藏单位而言，有些单位有文物征集、购买经费，用于征集、购买需要的文物。

故宫博物院50年来购藏的文物总数达53951件（截至1999年5月），其中有清乾隆皇帝赞为三件稀世珍宝的晋王献之《中秋帖》和王珣《伯远帖》。二帖"曾被溥仪夹带出宫，抵押给了一家日本银行，因期满未赎，而为一古董商所得，流入香港，又典当给一家英国银行，意欲出售。周恩来总理得到报告后，于1951年11月5日批示给当时的文物局王冶秋副局长：'同意购回王献之《中秋帖》及王珣《伯远帖》，唯须派人员及识者前往鉴别真伪。'12月，王冶秋副局长亲率专家赴香港将二帖赎回。同一时期，经周恩来总理批准从香港购回的还有唐韩滉《五牛图》、五代顾闳中《韩熙载夜宴图》"[①] 等极其珍贵的文物瑰宝。

中央财政每年安排的文物保护专项补助经费中，就有文物征集费的项目，有一定数量的经费用于文物收藏单位的珍贵文物征集。凡用

---

① 杨新等：《故宫博物院50年入藏文物概况》，见《故宫博物院50年入藏文物精品集》，紫禁城出版社，1999年第1版。

国家各级财政拨付的经费征集、购买的文物，其所有权已转移为国家所有。

国有可移动文物的组成和来源之四，是接受捐赠的文物。

国有可移动文物的组成和来源之五，是“法律规定属于国家所有的其他文物”。国有可移动文物来源、取得方式，除（一）至（四）项外，其他来源、取得方式，均包括在该项规定之内。如《中华人民共和国民法通则》（以下称《民法通则》）第七十九条规定：“所有人不明的埋藏物、隐藏物，归国家所有。”又如2002年《文物保护法》第五十九条规定，从掺杂在金银器和废旧物资中拣选出的文物，属于无主文物，或作为废品卖掉的文物等，其中既有古代文物，也有近代现代文物；移交文物行政部门的，属于国家所有。再如，第七十九条规定的执法机关依法没收的文物，由国有文物收藏单位收藏的，为国家所有。它们的来源比较复杂，其中有的文物原来就属于国家所有，有的原来并非国家所有。

关于国有可移动文物所有权，不因其收藏、保管单位的终止或者变更而改变的规定，是一条重要的原则。它是国有可移动文物所有权不受侵犯的法律保障，保证国有可移动文物不受收藏、保管单位变化的影响，不致因收藏、保管单位变化而被出卖、转让，或者私分、流失等。某一保管或收藏单位终止，收藏、保管的国有可移动文物，应依法移交有关单位；虽然收藏、保管单位改变了，但属于国家所有的可移动文物的所有权并没有因此而改变，仍属于国家所有。新的收藏、保管单位应负责收藏、保管好接收的国有可移动文物。

至于国有可移动文物收藏、保管单位的变更，情况则比较复杂。

一是国有可移动文物由一个国有收藏、保管单位转移到另一个国有收藏、保管单位，没有改变其国家所有权。如国有博物馆、纪念馆等文物收藏单位之间的文物藏品的依法调拨、交换、借用等。又如，文物行政部门把接收的拣选文物或罚没文物拨交国有博物馆、纪念馆等文物单位收藏。

二是国有可移动文物由国有独资企业组织保管，它实行股份制后，成为国有控股企业组织，从企业资产所有权来讲，它已不全是国家所有，这是一种所有权性质上的重大变化。原先由国有独资企业组织保管的国有可移动文物，因此改由国有控股企业组织保管。这种保管单位的更改，是否改变国有可移动文物所有权？回答是不改变。国有可移动文物所有权仍属于国家所有。换言之，国有独资企业组织在改为国有控股企业时，不得把属于国家所有的可移动文物作为企业资产入股，不得改变国有可移动文物的国家所有权。

国有可移动文物的收藏、保管单位，应建立文物账和文物档案，对文物账和文物档案要妥善保管。2002 年《文物保护法》关于国有可移动文物所有权等规定，为国有可移动文物贴上了“国有”标签，铃盖了“国有”印记，带上了“国有”护身符，使国有可移动文物所有权不受侵犯，国有可移动文物不致被出卖、流失。

三、国家所有文物所有权特征

国家所有文物是有形的文化遗产，是国家重要的文化财产，是社会主义国家财产的重要组成部分。《民法通则》第七十三条规定：“国家财产神圣不可侵犯，禁止任何组织或者个人侵占、哄抢、私分、截留、破坏。”保护国家所有的文物是一切机关、部队、组织和公民的职责和应尽的义务。

国家所有文物，就其所有权性质而言，与集体所有文物和个人所有的文物相比，有其自身的特殊性，具有四个主要法律特征。

1. 所有权主体的惟一性

国家所有的不可移动文物和可移动文物属于全民所有，是全民的文化财产，只有中华人民共和国国家作为国家所有权的惟一主体，由中央人民政府代表国家。中央其他国家机关或地方国家机关，以及企业、事业组织等都不能作为国家所有文物所有权的主体，也不能同中央人民政府共同作为所有权的主体。

2. 所有权主体的统一性

国家所有的不可移动文物和可移动文物，是一个统一的整体，各级文物行政部门依法保护管理全国和一定行政区域内的国有文物，其所有权统一属于国家，即中央人民政府。2002 年《文物保护法》规定：“国务院文物行政部门主管全国文物保护工作。”“地方各级人民政府负责本行政区域内的文物保护工作。”其中也包括保护集体所有的文物和个人所有的文物，这是不言而喻的。在国务院统一领导下，国务院文物行政部门对全国文物保护工作实行管理、监督和指导。

3. 所有权客体的广泛性

如2002年《文物保护法》第五条规定，国家所有的文物，包括不可移动文物和可移动文物，从范围、种类和内容都充分表明了文物的广泛性。这是集体所有文物和私人所有文物所远远不可及的。

4. 受国家法律特殊保护

如前所述，国家所有的文物和其他国家财产一样，受国家法律保护。遵照《宪法》规定的“社会主义的公共财产神圣不可侵犯”的原则，我国《刑法》、《民法》和《行政法》对国家所有的文物（文化财产）实行特殊保护。侵犯国有文物所有权和破坏国有文物行为的要承担法律责任，要受到刑事的、民事的或行政的制裁。

我国《民法通则》对国家所有权实行特殊保护的规定，同样适用于国有文物的所有权，其中主要包括：①返还被不法占有的国家所有的文物，不受时效限制。文物是有形文化财产，在国家所有的财产中，国有文物又是一种特殊的财产，这是它的特殊性。《民法通则》规定，侵占国家财产的，应当返还财产。关于诉讼时效，在第一百三十七条规定：“诉讼时效期间从知道或者应当知道权利被侵害时起计算。但是，从权利被侵害之日起超过二十年的，人民法院不予保护。有特殊情况的，人民法院可以延长诉讼时效期间。”对国有文物被非法占有，要求返还的诉讼时效期间，不受二十年的时效限制。我国参加的国际保护文物公约也有这方面的规定。②返还被不法占有的国有文物，无论不法占有人是直接得到还是几经转手后得到的，国家都有权追索。③国家与集体、个人对文物所有权的归属发生争议，事实上无法确定时，推为国家所有。如所有人不明的埋藏文物、隐藏文物、漂流文物，以及无人认领的遗失文物等，根据《民法》规定，归国家所有或推为国家所有。

第二节 集体所有的文物

我国劳动群众集体所有权，是社会主义劳动群众集体所有制在法律上的体现。《民法通则》第七十四条规定："劳动群众集体组织的财产属于劳动群众集体所有。""集体所有的财产受法律保护，禁止任何组织或者个人侵占、哄抢、私分、破坏或者非法查封、扣押、冻结、没收。"集体所有的文物，是集体财产的一部分，受国家法律保护。

集体所有的文物在2002年《文物保护法》第五条规定："国家指定保护的纪念建筑物、古建筑、石刻、壁画、近代现代代表性建筑等不可移动文物，除国家另有规定的以外，属于国家所有。"换言之，国家对纪念建筑物、古建筑、石刻、近代现代代表性建筑等不可移动文物所有权另有规定的，不属于国家所有。因此，在第六条规定中确定集体所有的文物包括纪念建筑物、古建筑和传世文物以及依法取得的其他文物。就纪念建筑物而言，如在近代以来的长期革命斗争中，中国共产党领导机关、政府机关和军队领导机关，以及群众团体等，在不同时期、不同地区住过地主、资本家的房舍，其中许多在机关转移和全国解放后，根据政策分配给了群众，有的属集体所有，有的属个人所有。这些在特定的历史条件下形成的纪念建筑物，属于集体所有的，就成为集体所有的文物。

集体所有文物中的不可移动文物，有解放后归集体的祠堂、古民居，还有少数民族聚居村落的公共建筑物，如鼓楼等。

集体所有文物中的可移动文物，有集体组织依法购买的传世文物，如瓷器、书画等，或者依法购买的近代现代艺术品文物。

集体所有的文物，其所有权的主体为法定的群众集体组织。在法律允许的范围内，有权独立自主地施行占有、使用、收益和处分的权利。其所有权受法律保护，任何个人和组织不得侵犯。但在行使权利时，不是集体组织的每个成员，而只能是集体组织的法人代表。只有集体组织的法人代表，才能代表集体组织行使全体成员授予他的并经法律确认的权力。法人代表行使权利时，必须遵守国家文物法律、法规的规定，接受文物行政部门的指导、监督，接受文物行政部门的管理，保护好该组织所有的文物。如在维修纪念建筑物或古建筑时，不得添改，要遵守不得改变文物原状的原则。

集体所有的文物所有权客体，不能包括国家所有的文物，如法律、法规没有明确规定纪念建筑物和古建筑等为集体所有或个人所有的，均为国家所有。因此，集体的文物所有权客体远远没有国家的文物所有权客体广泛。在农村，属于集体所有的土地，有许多地方保留有古文化遗址和古墓葬等，属于国家所有。如何确认它们的法律关系？土地是集体所有的财产，作为所有权客体的物，是权利主体可以支配的自然资源。古文化遗址和古墓葬及地下文物是国家所有的文物，是权利主体保护的文化财产。两者是一种相邻关系，在法律上是分属于不同所有权的客体。所有权主体对各自所有权的行使，不能损害相邻方的权益，绝不能混为一谈。集体所有土地无论由谁使用，如实行以家庭联产承包为主的责任制，或者其他形式的承包经营，土地使用人有权在土地上因时因地制宜进行生产、经营，但无权占有、处分保留在土地使用范围内的古文化遗址和古墓葬及地下文物。它们属于国家所有，其所有权不容侵犯。作为土地使用人，对土地使用范围内的古文化遗址和古墓葬及地下文物，负有保护的义务。

从法律关于集体所有文物的规定，可以清楚地看出，集体所有的文物取得的方式较少，一般限于历史上某些特殊的原因或民事流转方式。同时，集体的文物所有权的行使也受到法律较多的限制，2002年《文物保护法》第六条规定："文物的所有者必须遵守国家有关文物保护的法律、法规的规定。"

第三节　私人所有的文物

我国民间私人收藏文物有悠久的历史。在现代，民间公民个人收藏、保管的文物为私人所有。私人所有的文物既有不可移动文物，又有可移动文物。2002年《文物保护法》第六条规定，属于私人所有的文物包括纪念建筑物、古建筑和祖传文物以及依法取得的其他文物，其所有权受法律保护。

私人所有的纪念建筑物，有名人故居或旧址，还有在我国近代特殊历史条件下形成的纪念建筑物等。古建筑有古民居，在我国各地的古民居中，有许多属于私人所有，所有者仍居住在里面，继续使用着。

私人所有的可移动文物，既有传世文物，又有从合法的文物购销经营单位购买的，或从具有拍卖文物资格的拍卖企业竞买的，其中，传世文物中有古器物，如铜器、瓷器、玉器、金银器等；有法书、绘画和碑帖；有古文献，如古籍善本及手稿等资料。近代现代文物有艺术品和工艺美术品等。

私人所有的文物，所有权受法律保护。《民法通则》第七十五条规定的公民个人财产中，包括文物和图书资料，“禁止任何组织或者个人侵占、哄抢、破坏或者非法查封、扣押、冻结、没收”。根据第七十六条“公民依法享有财产继承权”的规定，私人所有的文物，可以由继承人依法继承。

私人所有文物的主体是公民个人本身。《民法通则》第一百一十七条规定，凡一切公民，无论是否成年，是否具有行为能力，均具有公民个人的文物所有权主体的资格。文物的所有人，对其所有的文物依法享有占有、使用、收益和处分的权利。公民个人所有的文物受到侵犯，如被侵占、哄抢、破坏或者非法扣押、没收等，可向人民法院提起诉讼，请求保护、返还，如造成破坏，或者不能返还的，应当折价赔偿。

私人所有文物的所有人，在行使其所有权时，不是无限制的、绝对的，必须符合法律规定，在法律规定的范围内行使其权利。任何私人文物的所有人，不得借口拥有文物所有权，在行使其所有权时违反2002年《文物保护法》的规定。文物行政部门及有关部门在保护私人所有文物的所有权不受侵犯的同时，负有指导、监督私人文物所有人履行保护文物义务的职责。

第四节 国际社会关于文物所有权的规定

国际社会对保护人类文化遗产十分重视。为保护各国文化财产，防止非法进口、出口，保护文化财产所有权不受侵害，制定了相应的公约。联合国教科文组织制定的《关于禁止和防止非法进出口文化财产和非法转让其所有权的方法的公约》，就是一个保护各国文化财产所有权不受侵犯，文化财产免遭偷盗、盗掘和非法进出口的公约。公约第三条规定："本公约缔约国违反本公约所列的规定而造成的文化财产之进出口或所有权转让均属非法。"保护文化财产所有权是公约的出发点和归宿，一切保护文化财产措施的规定，都基于此。如公约在第七条对非法出口和非法转让所有权的文化财产，做出了应归还和免征关税等规定："本公约对两个国家生效后，根据两国中的原主缔约国的要求，采取适当措施收回并归还进口的此类文化财产，但要求国须向不知情的买主或对该财产具有合法权利者给予公平的赔偿。要求收回和归还失物必须通过外交部门进行。提出要求一方应提供使确定其收回或归还失物的要求的必要文物及其证据，费用自理。各方不得对遵照本条规定而归还的文化财产征收关税或其他费用。归还和运送文化财产过程中所需的一切费用均由提出要求一方负担。"又如公约对缔约国在禁止和防止文化财产非法进出口和所有权非法转让以及归还等方面应承担的义务做出明确规定："本公约缔约国还应在符合其本国法律的情况下承担：

"1. 通过一切适当手段防止可能引起文化财产非法进出口的这一类财产的所有权转让；

"2. 保证本国的主管机关进行合作，使非法出口的文化财产尽早归还其合法所有者；

"3. 受理合法所有者或其代表提出的关于找回失落的或失窃的文化财产的诉讼；

"4. 承认本公约缔约国有不可取消的权利规定并宣布某些文化财产是不能让与的，因而据此也不能出口，若此类财产已经出口务须促使这类财产归还给有关国家。”①

联合国教科文组织制定的《保护世界文化和自然遗产公约》，在第六条对文化遗产所在国主权及文化遗产财产权等做出了明确规定：“本公约缔约国，在充分尊重第一条和第二条提及的文化和自然遗产的所在国的主权，并不使国家立法规定的财产权受到损害的同时，承认这类遗产是世界遗产的一部分，因此，整个国际社会有责任合作予以保护。”②

这条规定十分明确，承认缔约国文化遗产是世界文化遗产的一部分的前提：第一，充分尊重文化遗产所在国主权；第二，不使文化遗产所在国立法规定的文化遗产所有权受到损害。

有的人认为，中国文物是世界人类文化遗产，保存在中国或外国都一样。这种观点是十分错误的。它不仅违反我国法律关于文物所有权和保护文物的规定，也与联合国教科文组织大会通过的上述两个国际保护文化遗产公约的规定相悖。同时，在实践中，要不要对盗掘、走私文物或非法出口文物依法进行追索，要不要依照国际公约规定要求进行返还，都容易造成模糊认识，以致延误追索、返还的时机，对我国文物造成不可挽回的损失。因此，上述观点在理论上、法律上是错误的，在实践中是十分有害的。它有碍于依法保护我国文物的所有权，淡化人们在文物保护工作中的主权意识，削弱人们的法制观念。同时，不利于开展正常的国际合作，不利于共同保护人类文化遗产，不利于共享人类文化财富。

联合国教科文组织 1970 年公约确立了非法出口的文化财产应当归还的原则，但没有就有关程序和诉讼时效等做出规定。为了更好地贯彻实施 1970 年公约，使被盗或非法出口的文物返还原主国，在联合国教科文组织大力支持下，国际统一私法协会制定了《关于被盗或者非法出口文物的公约》。公约第一条规定：“返还被盗文物，归还非

---

① 《关于禁止和防止非法进出口文化财产和非法转让其所有权的方法的公约》，见国家文物局法制处：《国际保护文化遗产法律文件选编》，紫禁城出版社，1993 年第 1 版。

② 《保护世界文化和自然遗产公约》，见国家文物局法制处：《国际保护文化遗产法律文件选编》，紫禁城出版社，1993 年第 1 版。

法出口文物。”关于请求返还的时效，第三条规定：“应自请求者知道该文物的所在地及该文物拥有者的身份之时起，在三年期限内提出，并在任何情况下自被盗时起五十年以内提出。”但是，对某一特定纪念地或考古遗址组成部分的文物，或者属于公共收藏的文物返还的请求，则不受三年内提出请求的时效限制，“任何缔约国可以声明一项请求应受七十五年的时效限制，或者受到该国法律所规定的更长时效的限制。”①

我国在加入该公约时声明，请求受七十五年的时效限制。如今后我国法律规定有更长时效的限制，则受此时效限制。现在我国《民法通则》规定的诉讼时效期间为二十年，特殊情况的，人民法院可以延长诉讼时效期间。公约关于请求返还文物的时效规定，有利于我国追索被盗、非法出口的文物。

埃及《文物保护法》第六条规定：“一切文物属公共财产。只有在本法规定的条件和情况下以及本法实施细则允许范围内，才能占有、收藏和处理文物。”第十八条规定：“属个人所有的土地如具有文物考古价值，可以征用其所有权……自临时占有之日起，土地属文物区域，被征用的土地下如有文物，不再作价。”②

阿尔及利亚《关于发掘并保护历史及天然遗址纪念物的法令》第一条规定：“一切可移动的、不可移动的，具有历史、艺术、考古价值的文化财产及不可移动文化财产上的附着物，无论是属于国家、集体还是属于私人所有，也不管在这方面曾作过何种让步，都应认为是国家财产。”③

① 《关于被盗或者非法出口文物的公约》，见国家文物局文物保护司社会文物管理处：《文物鉴定、出境管理法规选编》（内部），1999 年 12 月。

② 埃及《文物保护法》，见国家文物局法制处：《外国保护文化遗产法律文件选编》，紫禁城出版社，1995 年第 1 版。

③ 国家文物局法制处：《外国保护文化遗产法律文件选编》，紫禁城出版社，1995 年第 1 版，第 242 页。

第五节 出让国有文物保护单位经营权的问题

近些年来，有的地方把国有文物保护单位出租给企业组织，甚至三产公司经营；有的地方把国有文物保护单位承包给个人经营；有的地方把国有文物保护单位门票划给旅游企业经营；有的地方甚至把国有文物保护单位和博物馆置于旅游公司领导之下，等等。对这些出让国有文物保护单位经营权的做法，应该如何看待呢？它们符合不符合法律规定呢？这些问题的实质是什么？让我们从所有权和文物特性等出发做一些分析。

第一，国家对国有文物保护单位依法设立了保护管理机构，它的首要职责是保障国家所有的文物保护单位所有权的完整性，负责国有文物保护单位的完整性和真实性，负责对文物保护单位的保护管理和合理利用。国家所有的文物保护单位的所有权属于国家，只有中央人民政府代表国家行使对文物的所有权。所有权的主要内容包括占有、使用、收益和处分权能。“在资源不进行改变形态和实质、不进行转让的情况下，所有权的主要内涵就是使用和收益。因此，对于自然文化遗产资源而言，在较长时间内（如 50 年）、较大范围内（在具有完整遗产资源特性的区域内，如 10～100 平方公里），一旦取得了公共资源的使用权和收益权便就是取得了其所有权。以整片风景区域、较长时间的开发经营权为特征的私人自然文化遗产资源的占有或使用，其实质是改变了资源公有产权的性质。”“通过出让经营权，遗产资源的部分或全部私用实际上就成为一种事实所有。所谓经营者在相当长的时间里（例如，已有 50 年经营权的先例），在遗产资源地的部分范围内不仅有资源使用权，而且获得了收益权。这时，使用权本身也成为所有权的一种标记。于是，原来的资源公有就变相为私有了。”①张晓在这里讲的主要指国有的自然遗产，但对国有文化遗产来说也同

① 张晓：《遗产资源所有与占有：从出让景区开发经营权谈起（几段笔记）》，见“改进中国自然文化遗产资源管理”国际会议论文，2001 年 12 月 4 日至 12 月 5 日。

样如此。将国有文物保护单位出租、承包给企业组织或个人，承租人或承包人就取得了国有文化遗产资源的使用权和收益权。在合同规定的年限内和文物保护单位范围内也就在事实上取得了占有权。进而言之，在事实上或实质上也就取得了所有权。在一定年限和范围内，以承租人或承包人开发经营为特征的对国有文物保护单位文化资源的占有、使用和由此获得收益，事实上已改变了国有文物保护单位的所有权性质；原来的国有文物保护单位也就改变为企业组织所有或个人所有了。

第二，文物是有形的民族文化遗产，它的特性有物质性、时代性、不可再生性、不可替代性、价值的客观性和作用的永续性。它是先辈赠与的文化财富，由人们共享。因此，作为文化遗产的文物，也就具有公共性和公益性特性。国有文物保护单位等文化遗产，不是一般的物质财富、自然资源，是一种保护性文化资源；不是经济资源，不能作为企业资产经营。2002 年《文物保护法》第二十四条规定："国有不可移动文物不得转让、抵押。建立博物馆、保管所或者辟为参观游览场所的国有文物保护单位，不得作为企业资产经营。"国有文物保护单位作为公益性文物参观游览场所，是为了供人民群众参观欣赏、学习借鉴、休闲愉悦、陶冶情操，促进人民群众身心健康，提高人民群众科学文化素质。作为有形文化遗产的文物，不仅供现代、当代人享有，也要为后代人享有。把国有文物保护单位作为所谓经济资源出租给企业组织或承包给个人经营，他们必然要以赢利、获取高额利润为目的，这是企业的性质所决定的。由此，必然要改变国有文物保护单位的公共性和公益性。这个改变，也就从事实上和实质上违背了法律关于国有文物保护单位用途的规定，使其成为企业组织经营的资产，而不是供人民群众参观游览的场所了。

第三，把国有文物保护单位门票划给旅游企业组织经营，也就是把门票收入作为重点，把门票的所谓经营权划给旅游企业组织。如上所述，国家以法律形式授权设立文物保护单位，负责保护管理文物，保护文物原状和环境风貌，保护文物的真实性和完整性，维护参观游览场所的秩序，提供优质服务。文物保护单位的管理机构出售的门票，是一种经济管理手段，是保护管理的措施，是保护管理和合理利用文物时所采取的合法手段和必要措施。换言之，门票权是管理权的重要组成部分，因此，门票不是什么经营问题，这是文物参观游览场所为公益性文化场所所决定的。进而言之，门票权是管理权的重要组成部分，国有文物保护单位的管理权是国家法律授予的。因此，它是不能出租、承包、划给企业组织或个人的。从实质和法律上来说，管理权是不能出让、转让的。同时，国有文物保护单位管理权的行使，是国家所有的文物所有权的重要体现，也是其所有权不受侵犯的保障。

第四，把国有文物保护单位出租、承包给企业组织或个人，或者把门票所谓经营权划给旅游企业组织，会造成国家收入的流失。他们的收入，一部分按合同交给文物部门外，均归经营者支配，成为企业组织或承包人的财产。文物行政部门和文物保护管理机构不能依法全部用于文物保护。2002 年《文物保护法》第二十四条规定："国有不可移动文物不得转让、抵押。建立博物馆、保管所或者辟为参观游览场所的国有文物保护单位，不得作为企业资产经营。"第十条规定："国有博物馆、纪念馆、文物保护单位等的事业性收入，专门用于文物保护，任何单位或者个人不得侵占、挪用。"它的收入是文物保护管理机构履行权利义务所得，应依法用于文物保护，包括文物保养、维修、研究、展示等，使国有文物保护单位更好地发挥作用，并传给后代，永续发挥作用。从这一点出发，也是国家投入保护文物经费后产生收益并增值的一种形式。而把门票所谓经营权划给旅游企业组织或把国有文物保护单位出租、承包给企业组织或个人，门票收入归企业组织或个人，成为企业组织或个人财产，由企业组织或个人支配，从而造成国有资产的流失。

第五，把国有文物保护单位出租给企业组织或承包给个人，或者把门票的所谓经营权划给旅游企业组织等，都是从事实上和本质上改变了国有文物保护单位的用途，违背了 1982 年《文物保护法》的规定。在这样做时，大都没有履行法定的报批程序，特别是国有的全国重点文物保护单位均未报请国务院批准。为了保障国有文物保护单位所有权不受侵犯，不被作为企业资产经营，不改变其用途，2002 年《文物保护法》第二十三条进一步做出明确规定：国有不可移动文物核定公布为文物保护单位的，“除可以建立博物馆、保管所或者辟为参观游览场所外，如果必须作其他用途的，应当经核定公布该文物保护单位的人民政府文物行政部门征得上一级文物行政部门同意后，报核定公布该文物保护单位的人民政府批准；全国重点文物保护单位作其他用途的，应当由省、自治区、直辖市人民政府报国务院批准。”应以法律为准绳，对出让国有不可移动文物及文物保护单位经营权加以认定。

在这里需要说明的是，上述几点是相互联系的，不是彼此孤立的。在分析出让国有文物保护单位经营权问题时，应根据实际情况，综合研究，指出其实质，保护国有文物保护单位所有权不受侵犯，维护国家利益。

第七章 文物分类原则和方法

分类是进行科学研究时首先要进行的工作。不同学科，由于学科研究对象不同，分类的原则和方法也不同。分类既是进行科学研究的方法，其本身也是一门科学，即分类学。

文物分类是研究文物的基本方法之一，同时也是文物分类保护管理的基础之一。2002 年《文物保护法》将文物区分为不可移动文物和可移动文物，在以后几章中分别确立保护管理原则和措施。

第一节 文物分类的原则

文物分类应遵循一定原则，在研究文物特性的基础上进行。

一、文物的复杂性与可分性

文物是人类社会活动的物质文化遗存。不同历史时期人类社会生产和社会生活的各个方面的物体或物品，都有可能以不同的形式保存和流传至今。如人类生产所使用的工具，在古代遗址以及一些墓葬中都有或多或少的发现。人类社会生活用具和物品，在遗址或墓葬中也都有发现，所不同之处是墓葬内的物品为有意埋入的。又如不同历史时期创作的艺术品，其中书法、绘画作品等，大都是由于宫廷内府和民间鉴藏家收藏而流传下来的。

在这里，这些古代文物如何保存和流传至今不是主要的，我们只强调说明一点：人类社会是不断向前发展的，不同历史时期社会生产和社会生活的各个方面的物体或物品，都可能保留至今，而成为文物(不可移动文物和可移动文物)，这就构成了文物的复杂性。今天存在于地球上的文物，可移动的收藏于博物馆等机构内，其品类极为庞杂，内容极其广泛，可谓无所不包，无所不有。

不可移动文物和可移动文物的复杂性表现为：时代或年代不同，地域区别，质地不一，种类众多，功能各异。如质地，既有单一的质地，又有复合的质地。又如种类，某一类文物，又会有若干种，如地面古建筑，包括砖石结构和木结构建筑等。木结构建筑再细分，又可分为若干小类，如按性质可分为宫殿、坛庙、寺院、衙署、学宫、藏书楼、店肆、会馆、宅第、陵墓等建筑。再以农具为例，有锼、锄、铲、镐、锹、犁、耙耧、镰等。不仅如此，同一种器物，往往由不同材料制作而成，如手工工具，既有铜斧、锛、凿、钻、锯等，又有铁斧、锛、凿、钻、锯等。两种不同质地的手工工具，又往往表明其生产和使用的时代不同。还有因工艺、习俗等等的不同，也使文物呈现五花八门、千姿百态的状况，如此等等，都反映了文物的复杂性。

文物虽然十分复杂，但像世间其他事物一样，仍然是可分的。这是因为，第一，文物有其产生的时代或具体年代，也就是它的历史性；第二，文物有其产生的地点或地域；第三，文物是由一定的物质构成的，即用不同的物质材料制造或创作的；第四，文物在它产生的时代，都是为了一定的目的创制的，也就是各有自己的一定功用；第五，文物是有形的，是以一定的形态出现的，这与文物的物质性和功用是密不可分的。

因此，我们可以把复杂的可移动文物和不可移动文物按照不同的标准区分开来，以利于进一步研究、保护管理和宣传。

二、“物以类聚”

“物以类聚”是一种形象的说法。我们在文物研究中对其进行分类，就是聚类。按照一定的标准，把它们分别聚集到一起，就形成不同的类别。文物的分类是多层次的，也就是说，文物的不同类别是分层次的。如中国文物，又可分为各个省、自治区、直辖市文物，再分为市、县文物。所有这些层次，都是按照同一标准确定的，即依据地域标准划分的，并把各地的文物分别集合于各个层次内，使它们各得其所。这就形成了一个宝塔形关系：中国文物——省、自治区、直辖市文物——市、县文物。

在文物分类中，同类相聚是一个重要原则。只有按照不同的标准，把复杂的文物分开；又根据是否同类，分别集合，使它们先分后合，形成新的类别关系。这样，复杂的文物，就被划分为比较清楚的类群。

同类相聚的“同类”，因标准不同，其内容也不尽相同。如按质地聚类，铁器类中只有铁制作的器物，不会出现别的质地的文物；当然这里说的铁器是广义的，其中也包括了用现代科学技术检测出的钢制品。如按功用分，炊器中的鼎，就有陶鼎、铜鼎和铁鼎，分属于三种材料制作而成，是三种质地的器物，若按质地聚类时就要分别归入陶器、铜器、铁器类中。

由此，我们不难看出，无论用哪一种标准聚类，同类文物都有内在的联系。这种联系由聚类标准决定，同时又受聚类标准的制约。如果发现有的器物与其他器物在同一聚类标准内并无内在联系，就要检查一下是否采用了不同的聚类标准。如在铁兵器类中，出现了铜矛、铜刀、铜剑等，它们在质地上与铁质无干，这显然是加进了功用的聚类标准；如果因其均为兵器，有功用上的内在联系，那只能在以功用为标准聚类时加以肯定，否则是不能成立的。因此，同类文物的内在联系，其前提是同一聚类标准。

三、一个标准与一种方法

在文物分类或称为归类、聚类的时候，首先要确定以什么作为分类的标准。这是因为，标准是衡量事物的准则，有了明确的准则，对事物才有衡量的出发点和要求。凡是符合该标准的文物，就可以归纳到一起；取舍均从标准出发，归类的要求不仅可以达到，而且科学性较强。

方法是伴随标准而来的。有什么样的标准，就有什么样的方法。在分类标准确定之后，用它去衡量复杂的文物，把符合该标准的文物筛选出来，集合成类，从而达到归类的目的。这种归类办法，亦称为分类法。简言之，确定标准，根据标准把相同或相异的文物分别开来，集合成类的方法，称为分类法。由此可见，标准与分类法在实质上是相通的。

在文物的分类过程中，确定一种分类标准之后，只能按它的界定筛选文物，集合文物，不属于该标准规定范围之内的文物，都要剔除出去。这是属于工作过程中必须遵守的规则，不能违反。

同时，需要进一步指出的是，在根据某一标准对文物的同与异实行归类时，不允许同时又增加另一标准，把后加标准规定范围内的文物归入前一标准的归类文物中去。简言之，在文物分类时，不能同时使用两个标准对文物进行归类，也不允许交叉使用两个标准。只能用一个标准、一种方法。这是文物分类中必须遵守的原则，否则就会出现混乱。

在同一类文物中，为了保护、研究、宣传的需要，再进一步分类，即更细的归类，可根据实际需要，确定合理的方法。如按质地对馆藏文物分类，有陶器、铜器、铁器、瓷器等。在铜器下边再分红铜、青铜、黄铜和白铜器。如再对青铜器细分，可分为青铜礼器、青铜乐器、青铜兵器等；青铜礼器之下又可分鼎、簋、敦等，青铜乐器之下又可分编钟、铎、铙等，青铜兵器之下又可分戈、矛、剑、戟等。

先按质地的标准统一划分文物的大类（即归类），在大类的范围内，再按它们的用途分小类，不致把其他质地的文物归并进去。这种分类是允许的。之所以允许，实际是对某一质地文物的再分类。它和按质地分类的同时又按功用分类，即交叉分类是有区别的。

四、复合体文物归类与约定俗成

不可移动文物和可移动文物中有大批文物不是用同一种物质材料建造、制作的，这也是文物的复杂性之一。用不同材料制作的文物，一般称为复合体文物。所谓金、银、铜、铁、陶、瓷等质地文物，一般也是以其主要材料或决定其性质的材料制作而成。如铜中加适量锡，即为锡青铜，通称青铜；铜中加一定比例的锌，为黄铜；铜中加一定比例的镍，为白铜。如果用现代科学技术进行检测，绝对的或纯粹的一种物质材料制作的器物实际上是极少极少的。在可移动文物即馆藏文物或传世文物中是如此，在不可移动文物中更是如此。前者只要用现代科学技术进行检测，就可明显看出其成分的不同，有的甚至可以直观看出；后者大都可以观察出来。

这里所指的复合体文物，不是如上所述从不同物理和化学成分构成上的复合质地文物，而是指明显的不同质地材料制成的器物。如河北平山战国中山王譻墓中，出土一件铁足铜鼎，腹壁镌刻着大量铭文，极其珍贵。像这种明显地用两种金属材料制作的鼎，即为复合体文物。又如，古代漆器，是用漆涂在各种器物的表面上所制成的日用器具及工艺品、美术品等。各种器物的质地可能不同，一般有木质(木胎)、竹胎、夹纻胎等。这就是说，漆器胎骨质地是不同的，再涂上漆，它的物理和化学成分显然是多样的。如果再加上漆器上的各种镶嵌，其材料质地更加复杂，因此，以质地而论，应算是复合体的文物。

对复合体文物，在根据质地标准分类时，应如何归类？重要的原则就是约定俗成。如：上述铁足铜鼎，其主体是铜，则归入铜器类。漆器的胎骨质地尽管各异，但之所以涂漆，是因为它耐潮、耐高温、耐腐蚀，这些特殊功能使器物价值大增，且漆又涂在器物表面，故以漆作为此类器物的质地归类，称为漆器。鎏金铜器，如鎏金铜造像、鎏金铜缸等，与漆器在以质地标准归类上却相反，一般归入铜器类，而不归入金器类。铜器、铁器等往往镶嵌金银纹饰，使器物更加美观，更加华贵，但这都属于器物主体之附加装饰，所以仍旧归入铜器和铁器。这方面的例子还可列举许多。复合体的文物在归类上，往往是采用约定俗成的方法。

约定俗成的方法，不是主观臆造的，而是在长期的分类实践中形成的，有其科学依据：其一视器物的主要质地而定；其二视复合材料中某种材料对器物功能起决定作用。

第二节　文物分类的方法

文物分类的标准不同，对文物归类的方法也不同。分类是根据不同标准，把文物的同与异集合成类的过程，亦称归类。其方法有所不同。

文物的分类方法较多，主要的有：时代分类法、区域分类法、存在形态分类法、质地分类法、功用分类法、属性（性质）分类法、来源分类法、价值分类法等。

一、时代分类法

时代分类法是以文物建造、制作的时代为标准，对文物进行分类的方法。任何不可移动文物和可移动文物都建造、制作于一定的时代（或年代）；没有时代的文物是不存在的。

文物均有建造、制作的时代，这是文物按时代分类的依据。把同一时代的文物集合到一起，把不属于该时代的文物剔出去，分别集合到与其时代相同的组内，从而将不同时代的众多文物，以其建造、制作的时代区别开来，达到归类的目的，为进一步研究各个时代的文物打下基础。

在按文物时代分类时，要注意各国在时代划分方面的情况。如中国历史时期的文物，在古代一般按朝代划分，不是按纪年划分。当然，在研究某一件文物时，要尽可能了解它的绝对年代，在分类中，一般只考虑它的相对年代。因此，历史时期的古代文物，一般分为夏代文物、商代文物、周代文物、秦代文物、汉代文物、魏晋南北朝文物、隋代文物、唐代文物、五代十国文物、宋代文物、辽代文物、金代文物、元代文物、明代文物、清代文物。其中，周、汉、魏晋南北朝、宋等时代的文物，还可以按历史朝代详细划分。

在历史时期之前的文物，即史前文物，一般分为旧石器时代文物和新石器时代文物。如果再细分，均可再划分出早、中、晚期文物，从研究角度来说，这自然是有利于研究工作的。

古代以后的文物，一般分为近代现代文物。

二、区域分类法

区域分类法是以文物所在地点为标准，对文物进行分类的方法。文物有建造它的地点，或有出土地点，或有收藏地点，或有埋藏地点等，总之，都有它的所在位置。离开了具体地点，文物是无法存在的。区域分类法就是以此为根据，按照可移动文物和不可移动文物所在的区域实行归类。它的优点是，依据区域对文物归类，使人们对某个区域的文物有比较全面的了解，对研究该地区的历史提供比较全面的资料，特别是有利于加强对文物实行分区域的保护管理。

以区域分类法对文物进行归类，首先对区域要有个范围界定。一般来说，有以行政区划为范围的区域，即国家权力机关或行政机关批准划定的行政区域，它有严格的区划界线。还有以地理自然位置为范围的区域，即地理（自然）区域，这个区域没有严格界线。

行政区域以中国为例，分为省、自治区、直辖市和特别行政区。它的下边再划分为市、州、区、县、旗级行政区。以此对不可移动文物和可移动文物进行归类，只要是省、自治区、直辖市和特别行政区范围内的不可移动文物和可移动文物，都应分别归入各省、自治区、直辖市和特别行政区，即一般所称的河北文物、陕西文物、山西文物、内蒙古文物、北京文物、香港文物，等等。如进一步区分不可移动文物与馆藏文物，可分为河北不可移动文物、河北馆藏文物；内蒙古不可移动文物、内蒙古馆藏文物；北京不可移动文物、北京馆藏文物；香港不可移动文物、香港馆藏文物，等等，依此类推，其他省、自治区、直辖市亦然。

这种区域分类法在文物调查、保护管理、研究工作中，早已存在，并不陌生。如省、市、县级文物部门编写文物志，就是根据该行政区域的不可移动文物和馆藏文物等资料编写的，因此，称为《××省文物志》、《××县文物志》，等等。

还有一种依自然地理的相对位置来划分的区域，如中原与边疆，南方与北方，长江三峡地区，等等。因此，曾有中原文物和边疆文物之说。由于它没有明确的界线，在实际归类中很难掌握，一般并不使用它。在文物研究或考古研究中为了对比，使用该概念是另一回事。

三、存在形态分类法

历史上遗留至今的文物，都以一定的形态存在于某个地方，这一点与文物都存在于一定的地区有相似之处。这里的所谓存在形态，是指文物体量的动与静，文物本身与环境关系，直观的存在与隐蔽的存在，存在于收藏处所与散存于社会等。

存在形态分类法的含义，是指在对文物进行归类时，以具体划分方法为依据对文物体量的动与静分类。据此，我们可以把文物划分为不可移动文物和可移动文物。这种分类是分大类，它在欧洲一些国家早已存在。如法国1913年关于历史文化遗产的法律第一条就把文物分为“可移动文化财产”和“不可移动文化财产”。希腊1932年《古物法》第一条把古物分为“可移动的”和“不可移动的”。意大利1939年关于保护艺术品和历史文化财产的法律第一条把文化财产分为“不动物和可动物”。

在中国，郑振铎在20世纪50年代初，就把文物分为“可移动的和不可移动的”，“可移动的：绘画、图书、雕刻、瓷、铜、玉、石、泥、墨迹、货币、舆服、器具、乐器、戏曲砌末、宗教用具、日用品、文具、生产工具”；“不可移动的：革命遗迹、纪念物、古城、宫阙、关塞、堡垒、陵墓、庙宇、园林、碑塔、摩岩石刻、楼台、书院（建筑物、纪念物、石窟）”。①

1. 不可移动文物

此类文物基本上是文化史迹，如古建筑、石窟寺、古遗址、古墓葬、石刻、壁画、纪念性建筑、故居或旧居、中国各民族风格建筑、外国风格建筑，等等。这些文化史迹一般体量大，不能或不宜于整体移动，特别是不能与其周围人文的或自然的环境一起移动。它也不能像馆藏文物那样，可以收藏于馆内，并根据需要进行移动。

上述不可移动文物不能或不宜于整体移动，是从不可移动文物整体而言，至于个别不可移动文物因特殊情况，必须迁移并已迁移的也有。如一通石碑，原处已无其他建筑物，又与周围环境无关，且在原地不便保护，迁移之后不影响它的价值，又便于保护，经批准后可以移动，迁往他处。又如，一座殿宇，独立于某地，其他建筑物已无存，不便保护，本身又有价值，亦可经批准后迁移。河北正定隆兴寺北部的毗卢殿原是城内崇因寺一座主殿，寺内其他建筑物无存，该殿

① 郑振铎：《祖国文物的科学价值（提纲）》，见国家文物局编：《郑振铎文博文集》，文物出版社，1998年第1版。

于1959年迁此。再如，在基本建设工程范围内，因工程建设的特殊需要，而必须把一处古建筑或纪念建筑物迁走时，经批准后同样可以用科学的办法进行拆迁，按原状复建。位于黄河三门峡水库淹没区的永乐宫，就是因此迁至芮城县城北的。

即使有个别迁移的文物，也不能改变从整体而言文化史迹不可移动的特性，如果移动了，其价值必然受到很大影响，有的甚至变成了大模型。因此，一般说来，文化史迹如古遗址、古城址、古窑址、古地道、古墓葬、古建筑群、石窟寺、壁画等，是无法整体移动的。

2．可移动文物

主要是指馆藏文物和传世文物。它们体量小（与文化史迹的体量无法相比），种类多。根据它们体量的大小和珍贵程度，分别收藏于文物库房，甚至文物柜或文物囊匣内。同时，可根据保管、研究、陈列的需要移动，变换地点，这对其本身的价值不仅没有影响，而且有利于保管、研究，更好地发挥其作用。

可移动文物主要有：石器、陶器、铜器、铁器、金银器、玉器、漆器、瓷器、书法、绘画、古文献，等等。

四、质地分类法

质地分类法是以制作文物的材料为标准，对文物进行归类的方法。文物是由一定的物质材料制作而成的文化遗物。由于所用物质材料的多样性，根据不同质地材料进行文物归类，是质地分类法的出发点和归宿。

质地分类法主要用于对古器物的归类。这种方法有着悠久的历史。古代的金石学家在其著录中已开始采用。如宋代金石著作《考古图》，是现存最早的较有系统的古器物图录。撰著者吕大临对古器物收录时，除铜器外，把玉器单作一卷（第八卷），就是从质地不同而分别归类，再行著录的。还有许多金石著作，专门著录某一类（某一质地）古器物，或以著录某一类（某一质地）古器物为主，附录其他质地的古器物。如《古玉图》，是元代朱德润专录玉器的金石著作。又如清代冯云鹏、冯云鹓兄弟撰著的《金石索》共12卷，其中6卷收录商、周到汉和宋、元的钟鼎、兵器、权量杂器，以及历代钱币、玺印和铜镜等；另 6 卷收录历代石刻，以及带文字的砖和瓦当。前者为金索，后者为石索。当今我国博物馆古代文物藏品，大都采用按质地分类，即按制成器物的物质材料进行归类。不仅中国如此，外国博物馆也大都是采用这种方法对古代文物藏品进行分类。

对古代文物藏品按质地分类优越性很大，但也存在着许多判明质地的困难。主要是有些文物并非由单一的材料制成，金属制品往往是合金的，成分不纯的金属制品为数众多；还有复合质地（复合体）的文物。遇到这种情况，在用直观的方法可以确定其主要材料时，即按约定俗成的办法进行分类。随着现代科学技术引入文物鉴定、检测，对古器物进行物理鉴定或化学定量、定性分析，对文物质地的判定将更加科学，为按质地对古代文物藏品进行分类提供了更加科学的依据。

文物藏品中的古代文物，依其质地分类主要有：石器、玉器、陶器、骨器（含角器、牙器）、竹木器、铜器（含红铜、青铜、黄铜、白铜）、铁器、金银器、铅锌器、瓷器、漆器、玻璃器、珐琅器、纺织品（包括罗类和绫类织物、锦类织物等）和纸质文物等。

五、功用分类法

功用分类法是以文物的功用为标准，对文物进行归类的方法。文物作为社会生产和社会生活的历史遗存，在建造、制作时，是为了达到一定的目的，或者说，任何一种文物，都有它的用途。人们不会去制作毫无用处的物品，不会去建造没有具体用途的建筑物，这是显而易见的。正由于此，在对文物分类时，通过对其功用的研究，可以把功用相同或基本相同的文物聚为一类，形成不同的类别。

文物的功用与其形制是分不开的。形制是文物的外形，可以看得见，摸得着，形象、具体。而功用是内涵，附着于文物的形体之中，并通过形体发挥其作用。

这种以功用对文物分类的方法，在古代已萌生。金石学家在研究和著录古器物时，已从器物的功用出发，按不同的功用归类。如宋代金石著作《宣和博古图》，著录了当时皇室在宣和殿所藏的自商至唐的铜器 839 件，集中了宋代所藏青铜器的精华。全书共 30 卷，细分为鼎、尊、罍、彝、舟、卣、瓶、壶、爵、斝、觯、敦、簠、簋、鬲、锼及盘、钟、罄、錞于、杂器、镜鉴等22类。这22类虽以文物的器形划分，但实质上是以器物的功用区分的。它把始于商、迄于唐的上述各种器物，按种类著录，就说明每一种器物具有相同的功用，尽管不同时代的具体形制不同，并不影响把它们归入一类。当然，也必须指出，它与我们所说的按文物功用分类，仍有一定区别。

按文物功用分类，有某一功用的文物，其时代、质地并不完全相同，这是不言而喻的。如农具中，既有石质农具、木质农具，又有青铜农具和铁制农具，农具中的镰有石镰、蚌镰、铁镰，铲有石铲、青铜铲、铁铲，犁有石犁、木犁、青铜犁、铁犁，等等。兵器中的镞有石镞、骨镞、铜镞、铁镞，矛有石矛、铜矛、铁矛，戈有玉戈、铜戈、铁戈，等等。这些不同质地的农具和兵器，其时代也不完全相同。

此种分类法，可以把某一功用的各种质地的文物，按时代从早到晚聚集在一起，这对研究其产生、发展、变化以及在不同历史时期所处的地位与所起的作用等，十分有利，对研究专门史有重要价值。

现以不可移动文物中的古建筑和可移动文物中的古器物为例，以功用进行分类。

古建筑分类：城市建筑、宫殿建筑、衙署建筑、园林建筑、宗教建筑（包括佛教建筑、道教建筑、伊斯兰教建筑等）、馆堂建筑、坛庙建筑、书院建筑、民居建筑、纪念建筑、交通建筑、水利设施等。古器物分类：农具（镰、铲、锄、镬、锹、锸、犁等）、手工工具（斧、锛、凿、钻、锯、锥、削、锉）、兵器（镞、戈、矛、剑、戟、刀、弩机等）、炊器（鼎、鬲、甗、釜、刀、俎）、盛器（簋、簠、盨、敦、豆、盂、盆）、酒器（爵、觚、角、斝、觯、觥、杯、盉、尊、卣、方彝、瓿、罍、壶、缶等）、水器（盘、匜、鉴、洗）、乐器（铙、钲、钟、编钟、甬钟、纽钟、镈、鼓、錞于等）、计量器（权、天平）、杂项（镜、带钩等）。

六、属性分类法

属性分类法是以文物的社会属性和科学文化属性为标准，对文物进行分类的方法。也可以说，它是以文物的性质为标准的分类方法。文物是人类社会活动的遗存，人们的任何活动，都不是孤立的、无意识的或无目的的。这种社会性和目的性，使制作的生产工具和生活用具、文化艺术品以及建造的建筑物等，都打上了一定的烙印，作为遗存具有文化的属性。在运用属性分类法时，必须首先研究文物的用途及深层含义，只有这样，才能够比较准确地确认它的性质。

在古器物中有礼器，供大典、祭祀等使用，这就是一种属性。还有明器，是我国古代专为随葬而制作的各种器物，因此又称“冥器”或“盟器”，常模仿种种礼器、日用器皿、工具、兵器等形状制作而成，也有人、家畜、禽兽的形象，以及车船、家具、建筑物等模型。明器有陶质、瓷质、木质、石质等，也有用金属材料制作的，自新石器时代开始，迄于宋代，历代墓葬中均有发现。生产工具和日常生活用具，也是它的属性。

科技文物是以直接表现科学技术为内容的器物，不是泛指包含于一般文物中的科学技术。如天文图、圭表、漏壶、日晷、浑天仪、简仪、古地图、砭镰、金医针、银医针、帛画导引图、《灸法图》、针灸铜人、医疗器械等。

宗教文物是指供宗教活动的场所、用具及表现宗教内容的物品，如宗教寺庙、道观、法器、绘画等。这类文物是宗教性质的遗存。

民族文物是近代现代文物的组成部分，是反映某一民族物质文明和精神文明的并具有该民族特色的遗存。它从不同侧面反映了该民族的社会发展、社会生产和社会生活，是研究该民族政治、经济、文化的实物资料。

民俗文物也是近代现代文物的组成部分，是反映民间不同风俗习惯等民俗现象的实物。它的范围很广，涉及到全部社会生活及文化活动。它既反映社会经济活动和相应的社会关系，又反映社会上层建筑的各种制度和意识形态。一事一物，可表现生活习俗、文化风尚。因此，它对了解各地人民习俗的发展、变化和社会生活及文化状况，都是重要的实物资料。

七、来源分类法

来源分类法是以文物来源为标准，对文物进行分类的方法。此法仅适用于国有博物馆、纪念馆或文物保管机构等文物收藏单位文物藏品的分类。这些单位的文物藏品，都应有来源。来源可以不同，但没有来源的藏品是没有的。这是来源分类法的依据。2002 年《文物保护法》第三十七条规定了文物收藏单位获得文物的方式，有购买、依法交换、接受捐赠及其他方式。实际也是指馆藏文物来源。

国有博物馆等文物收藏单位的文物藏品来源，有地区、单位和个人之分，就其形式而论，大体有：

1. 拨交

一个单位建立伊始，收集藏品是一件大事。拨交的文物，或者说，文物行政部门指定保管或者调拨的文物是其重要来源之一。不论是老馆、新馆，在建馆之初，或多或少都接收了拨交的文物，所谓的“旧藏”，严格说是不存在的。至于拨交文物的来源，具体情况十分复杂，只能在该文物的账目与卡片上反映出来。

2. 征集或购买

它是文物收藏单位丰富馆藏的主要渠道之一。许多单位为了增加、丰富馆藏，加强征集工作，设立了文物征集部门。

3. 拣选

在废旧物资和金银器中，都掺杂有文物。文物部门与银行、冶炼厂、造纸厂和废旧物资回收部门共同负责拣选，会为文物收藏单位提供一些藏品，甚至是重要藏品。

4. 交换

文物收藏单位根据国家文物法规，经批准开展馆际之间的文物藏品的交换，是调节余缺、互通有无、丰富藏品的办法之一。

5. 捐赠

文物收藏单位接受文物鉴藏家或文物收藏者等的捐赠。

6. 发掘

考古发掘获得的大批出土文物，为博物馆等文物收藏单位提供了丰富多彩的藏品。它是增加、丰富历史类博物馆馆藏的重要途径。

文物收藏单位的文物藏品，如以来源分类，可分为：拨交文物、征集或购买文物、拣选文物、交换文物、捐赠文物和发掘出土文物。

八、价值分类法

价值分类法是以文物价值为标准，对文物进行分类的方法。文物有历史、艺术、科学价值。按照文物价值分类，主要是根据文物价值的高低来区分。至于价值高低的确认，需要鉴定。

根据文物法律、法规，对文物价值高低的区分，采取两种办法：其一，对不可移动文物，即古遗址、古墓葬、古建筑、石窟寺、壁画、纪念建筑、民族风格建筑等，依据其价值的高低，分为全国重点文物保护单位，省、自治区、直辖市文物保护单位，市、县级文物保护单位。其二，对可移动文物中的文物藏品，如陶瓷器、青铜器、铁器、金银器、玉器、漆器、骨器、书画等，依其价值高低，分为珍贵文物和一般文物。珍贵文物分为一、二、三级。

第三节　文物分类法的局限性与发展

文物分类法作为对文物进行归类的方法，如前所述，都有其科学依据。但它也如同其他研究方法一样，有其不足和局限性。运用上述分类方法，对极为繁杂的文物进行归类，有的分类方法十分明显地表现出一定局限性，有的分类方法随着现代科学技术的发展，并引入文物研究领域，将不断发展与完善。

一、某些分类法的局限性

在上述分类法中，局限性表现比较明显的是质地分类法和来源分类法。

质地分类法，主要适用于对博物馆等文物收藏单位文物藏品的分类。文物藏品中古代文物绝大部分都可以按质地分类法对其进行归类，不宜于用此法进行归类的只是一小部分。

但是，如果采用质地分类法对不可移动文物进行归类，基本上就行不通。实际上，对古建筑，有的根据其所用主要材料，称为石塔、砖塔、木塔、铁塔、石桥、铁桥等，这只是不可移动文物中的一小部分，但从一处不可移动文物单位来讲，往往又难以区分。如一座庙宇，有砖木结构，有砖塔，有石刻，有些建筑内有木雕像、泥塑像或铜像等。由如此内容众多、材料质地复杂的单体建筑与附属物构成一处不可移动文物单位，是质地分类法根本无法进行归类的。

不可移动文物中的古遗址和古墓葬，显而易见，亦无法用质地分类法进行归类。古墓葬发掘之后，根据墓室构造形状和构筑的材料，固然可分为土坑墓、土洞墓、砖室墓、石室墓等，但仍然只是墓葬的一部分，墓葬的另一部分重要内容棺椁、随葬品等，却不可能是一种质地的。因此，古墓葬作为一个整体，也不宜用质地分类法归类。何况大量的古墓尚未发掘，不可能知道它的质地，怎么能预先进行分类呢？

至于来源分类法，只适用于对博物馆等文物收藏单位文物藏品的分类，不能用它来对不可移动文物进行归类。

二、文物分类法的发展

对文物分类法的研究，是和对文物的认识深度密切相关的。这一点除了研究水平等因素外，更重要的是与科学技术发展水平以及把现代科学技术引入文物分类研究的程度有关。随着现代科学技术的发展，以及在文物研究领域的应用，对文物质地，特别是对馆藏文物质地的认识，将会日益清晰，也可能在将来的某个时候，以新的检测成果，推翻了某些现在以质地为标准的归类，从而产生出新的分类法。

做这样的推测是有根据的。在生物学研究中已有先例：“不仅动物和植物的个别的种类日益无可挽救地相互融合起来，而且出现了像文昌鱼和南美肺鱼这样的动物，这种动物嘲笑了以往的一切分类方法。”①

在文物研究中也提出此类问题。过去未采用现代科学技术对出土铁器进行检测，在按质地分类时，一律归入铁器类。当用现代科学技

---

① 恩格斯：《自然辩证法·导言》，见《马克思恩格斯选集》，第3卷，人民出版社，1972年第1版。

术对铁器检测之后，发现有些器物不是一般铁制造的，而是用钢制造的，笼统称铁器尚可，认真对待，则应是钢制品。因此，有的学者主张把“铁器”改称为“钢铁器”是有道理的，在科学上是成立的，这实际是对按质地分类法的发展。过去按质地分类的陶器、瓷器、砖瓦、玻璃器等，经现代科学技术检测，均为硅酸盐质地，因此，应统称为硅酸盐质地文物。这无疑也是对文物按质地分类法的发展。同时，在未对瓷器进行科学检测之前，确定是否瓷器的主要依据是以瓷土和瓷石为原料，胎质致密，釉透明，火候高，不吸水或吸水率低等。至于它的化学成分如何，则无从谈起。用现代科学技术对瓷器检测后，得知其化学组成主要是氧化硅（SiO_2）和氧化铝（Al_2O_3），并含10%以下的氧化铁（Fe_2O_3）、氧化钛（TiO_2）、氧化钙（CaO）、氧化镁（MeO）、氧化钾（K_2O）、氧化钠（Na_2O）、氧化锰（MnO）等。这个分析结果，是否预示了今后对不同质地的文物进行物理和化学成分检测后，提出更详细的成分呢？如果是这样，文物按质地分类法必将继续向前发展。

第四节　文物分类与文物收藏和保管

文物分类是文物研究首先要进行的工作。没有分类，对庞杂的文物进行研究便无从进行。但是，文物分类对文物保护管理的重要性需要做一些阐述，同时也能更进一步证明文物分类的重要作用。

各种分类方法中，按文物质地分类，是博物馆等文物收藏单位普遍采用的对古代文物的分类方法，它也适用于对私人收藏文物中古代文物的分类与分类收藏和保管。之所以如此，原因很多，其中重要的一点，以质地对文物藏品进行归类，有利于不同质地文物分别存放、保管。

文物的质地不同，其物理性能和化学成分亦不相同。它们对温湿度、光线、生物（微生物）等的反应和要求各异。例如：纺织品类文物是有机质地，其强度的降低和褪色，除纺织品原材料、染料结构和性质不稳定外，还受到自然光线、温湿度、微生物等影响。因此，对纺织品类文物藏品的保管，主要是控制温湿度，避免光线直射，防止虫、菌损害，以及防止机械损伤等。显而易见，对此类质地文物的保护，主要是有效控制保存环境，延缓自然老化。

骨、角、牙器对温湿度和风吹日晒的反映也很明显。温湿度大幅度的剧烈变化，会使骨、角、牙器发生翘曲或开裂，而风吹日晒和空气污染，则促使骨、角、牙器质地老化、变脆等。在保护中，同样要调节温湿度，避免温湿度大起大落；对光线的照射、环境的污染也都要加以治理。

纸质文物能否比较长久地保存，与酸度、微生物、温湿度、气体等均有密切的关系。在保护方面，除脱酸和防霉菌、防虫害技术处理外，还应控制温湿度，创造、保持一个适于纸质文物长久保存的环境。

金属质地的文物，如青铜器，它的化学成分主要是铜、锡、铅及少量的铁、镍、锌、硅等杂质。中国青铜器主要制作于商周，几千年来，都有不同程度的腐蚀。稳定的腐蚀物，对保护内部金属免遭腐蚀有一定作用，不稳定的腐蚀物对青铜器的危害甚大。这种有害的腐蚀物呈淡绿色粉状锈，一般称青铜病。对青铜病的防治，是将氯化物封固起来，与空气中的氧气、水分隔绝。防治的具体方法除技术处理外，同样要注意保证它有一个适宜的保存环境。

陶器、瓷器、砖瓦、玻璃等质地的文物，在环境因素的影响下，会发生机械性、化学性的损坏。

上述例子已足以说明，不同质地的文物，对保护的要求既有相同之处，又有不同之处。这就给保护工作带来了难度。由此也可以看出，按质地对文物藏品进行分类的优点。对文物藏品按质地分类，可以根据文物质地对保管的要求，设置专门文物库房，在建筑上对库房设置提出相应要求，在保管上采取不同设施，制定不同的保管措施和制度。如把同一质地的文物保存在同一库房之内，在温湿度等方面按保管要求控制。如果不是按质地对文物藏品分类，把不同质地的文物混放于同一库房内保存，由于它们各自对温湿度等环境要求不同，就无法调整温湿度；某个温湿度对甲种质地文物的保存是必须的，而对乙种质地的文物就可能使其损坏。如保存漆器环境的相对湿度，最好控制在50%～60%之间，环境温度一般控制在15℃～25℃为宜。这个温湿度与保护纺织品文物的温湿度大体相同。但这个温湿度对纸质文物的保存却大为不利。

文物分为不可移动文物和可移动文物，分别采取保护管理的措施，将在其他章节阐述。

第八章　文物鉴定

文物鉴定是运用科学的方法来分析、辨识文物的年代、真伪、质地、用途、价值等，为文物研究或其他学科利用文物研究某一问题（或专门史）打下比较科学的材料基础。同时，文物鉴定又是收藏、保护的基础，其道理很简单，不辨明真伪，或把假文物当成真的收藏、保护，就失去了收藏、保护文物的价值和意义。依据 2002 年《文物保护法》的有关规定，文物价值认定、区分文物等级、公布文物保护单位、文物经营单位销售文物、拍卖企业拍卖文物和出境文物审核等都需要对文物进行鉴定。

第一节　文物鉴定的目的

任何一件（或一处）文物，都产生于一定的历史时代和环境，说明某个问题，成为历史真实的、形象的见证。这是文物重要的特征之一。

但是，文物在自然的和历史的发展中，都有这样或那样的变化，有些甚至难识真面目，给人们认识它的年代与价值造成很大困难。特别是在历史上，一些人出于赢利等不同的目的，采取各种手段大量制造假古董，鱼目混珠，使人们对文物真假难辨。这就需要对文物进行鉴定。

我国早在春秋时期，就有对历史遗物真伪的不同看法。《韩非子·说林下》记载："齐伐鲁，索谗鼎，鲁以其雁往。齐人曰：'雁也。'鲁人曰：'真也'。"此处"雁"即伪也。清代黄生《义府》卷下："雁当读作伪，古字音近而借用也。古伪读如讹。又古文所谓雁，即今所谓鹅，疑古雁正作鹅音，则雁、伪之声，可通转矣。”当今称伪造的文物为“赝品”即源于此。

一、辨明真品与赝品

古代文物作伪十分盛行，它伴随着古物经营利润的出现而出现。特别是出现古董买卖市场后，文物作伪日益兴盛。在宋代，文物作伪主要是铜器和书画两大类。赵希鹄《洞天清录·古钟鼎彝器辨》中，对铜器作伪记述道：“伪者以漆调朱为之……”“以水银调锡末在新铜器上令匀，然后以酽醋调细硇砂末，笔蘸匀上，候干如蜡茶色……”明代《宣德鼎彝谱》卷二记载了各种点染铜器的材料。高濂《遵生八笺·新铸伪造》对铜器作伪的方法，如纹饰、颜色的作伪等做了详细的记载。这些记载充分说明了当时铜器作伪已达到较高水平，也反映了当时伪造古物之风盛行。古铜器作伪，主要在着色、纹饰、铭文和形制等方面下功夫，其中着色是作伪铜器的基本手段。上述宋人、明人的记载也说明了这一点。作伪者希图通过上述几个方面，制造假古董，充真品，以牟利。

历代作伪器物、书画甚多，不鉴定，难以辨真伪。真伪之所以能辨别，是因为在一定历史条件下产生的文物，都不能离开时间形式而存在。如果超时间、超空间再制作一件与某件文物完全相同的物品，则是根本不可能的。因此，文物不能再生产。任何时期制作的假文物(赝品)，既不具备历史文化遗物所具有的特征，又在形制、花纹、工艺等方面根本不可能与原文物完全相同，它可以一时混杂于文物之中，欺骗某些人，最终还是要被辨识出来，还其赝品的本来面目。

二、判明年代和揭示价值

在历史的长河中，由于自然和人为的原因，许多文物年代不明，其真正价值未能揭示出来，对今天研究文物，或向其他学科提供研究资料，发挥文物的作用，都缺乏科学依据。对此类文物，只有通过鉴定，才能判明年代，确定价值。这是对文物进行鉴定的重要原因之一。

我国国有博物馆等文物收藏单位，收藏了大量文物藏品，其中有相当数量的传世文物；有些传世文物往往没有确定年代。文物年代不定，就不能将其置于产生它的年代，以及判明它在那个时代所处的地位和所起的作用。对年代不明的文物，识别年代是文物鉴定首先要解决的问题。否则，其他均无从谈起。

文物作为历史文化的载体，其价值并不都是直观的。许多文物的价值，隐藏于实物遗存的深层结构之中。对文物价值的揭示，只有通过对文物的深入研究。鉴定就是揭示文物价值的重要手段之一。

古代金石学家和书画鉴藏家，在考订、判明文物年代方面做出了卓有成效的努力。但由于时代的局限或条件所限，往往不免疏漏或误断。当年没有科学的考古发掘，没有明确的地层内出土的器物做标准器，以资比较，出现误断文物年代的事是完全可以理解的。

至于对古代金石学家和书画鉴藏家所持的确认文物价值的标准，当然不能用今天的观点去苛求。但必须指出，其中许多评价，如证经、补史等对今天仍是适用的。当今我们要充分发挥文物的作用，就必须用历史唯物主义观点对文物的价值做出鉴别。

第二节　文物鉴定的主要对象

文物鉴定的主要目的之一，是揭示文物的内涵与价值。由此出发，可以说一切文物都需要鉴定。对文物的鉴定，由于具体对象不同，鉴定内容的差别，以及鉴定手段不尽相同，等等，又形成了一些以某一类文物为鉴定对象的专门鉴定，如书画鉴定、青铜器鉴定、陶瓷鉴定、玉器鉴定、古建筑鉴定等。

鉴定文物自然以研究文物为对象，这是不言自明的。作为鉴定学来说，这无疑是正确的。但文物种类异常复杂，有些文物在一定的环境下是无法鉴定的。如古墓葬，有文献记载或碑石记载的仅是极少数，绝大多数没有记载。后者不论是有封土的或无封土的，在考古发掘之前，对其内容均无法判定。道理很简单，它们均埋入地下，在常规下是无法确知其具体内容的。具体来说，对这类墓葬，一无法确定年代（或只知道相对年代）；二无法确知墓主人；三无法得知随葬器物种类及其多寡。因此，无法评定它的价值。如河北平山战国中山王墓，在发掘之前，对其时代意见不一，不知墓内情况亦无法评论。待发掘之后，证实为战国时期中山国王墓葬，特别是王譽墓出土大量带铭文器物，如“中山三器”，使中山国许多鲜为人知的史料被发现了。此时对其价值的评定才有依据。即使有文献或碑石记载的古墓，如一些帝王陵墓，也只能是根据记载及存在于地面上的遗存，评定其价值。在未考古发掘之前，对墓内情况不得而知，其价值的评定也是相对的。如秦始皇陵，据《史记·秦始皇本纪》记载，秦始皇即位之后，便开始在骊山营造自己的陵墓。在他统一中国以后，工程更加扩大，征调劳力达七十多万人，前后延续三十余年，直至秦亡，陵园尚未全部竣工。作为统一中国的第一位秦始皇帝的陵墓，依文献记载，规模庞大，现存有封土高 43 米，其陵园制度对后代陵园建筑影响颇大，因此，秦始皇陵的评价自然是很高的。

但是，对秦始皇陵的进一步评价，只有在秦始皇陵随葬陶兵马俑的地下坑道建筑和随葬铜车马等发现与科学发掘之后，才能进行。现已发现 3 个兵马俑坑，总面积 19540 平方米。迄今仍在进行发掘，已出土陶俑 3000 余件。其中 13020 平方米，埋兵马俑近 6000 件，经局部发掘，出土陶俑 2000 余件，木质战车 10 余乘，陶马 32 件。陶俑和陶马与真人、真马大小相等。在坟丘西边墓道过洞中，发现彩绘铜车马 2 乘，每乘铜马 4 匹，车上各有 1 铜御马俑。铜车马俑约为真车、真马、真人的 1/2。这些重大发现，不仅对秦代军队编制、作战方式、甲骑、步卒装备等的研究提供了重要的最具形象的资料，也是研究秦代雕塑艺术的宝库，而且对秦始皇陵价值的研究，同样是重要的极其形象的资料。近年来的发掘，又有一些重大发现，如 2001 年 8 月 8 日对陵园 K007 陪葬坑 I 区进行了局部发掘，除清理出重要木结构遗迹外，还出土了 10 多件青铜禽类文物，对了解陵园陪葬坑内涵和木结构建筑提供了新的丰富资料。尽管这些并不是秦始皇陵的全部内容，但已经充分说明，它的价值之高在帝王陵墓中是无与伦比的。联合国教科文组织已将秦始皇陵列入世界遗产名录。

古遗址的鉴定，也有类似的问题。一处古遗址，特别是无文献记载的古遗址，固然能以暴露在地面或断崖上的遗迹、遗物，或通过铲探、试掘来初步判断其时代及内涵，但在科学发掘之前，其时代和价值的评定，往往受到诸多因素的限制。因此，在科学发掘之前，对古遗址的鉴定只能是相对的。

文物鉴定从总体上说，其对象是所有的文物。但上述情况表明，对某些文化史迹的鉴定，明显地受到条件的限制。在这些条件未变化之前，鉴定只能是局部的，评定的价值也是相对的、有限的。

文物鉴定研究的主要对象，一是可移动文物，即文物藏品和传世文物；二是部分不可移动文物。

对文物藏品和传世文物（未入馆藏的传世文物）的鉴定，自古以来就是鉴定的重点。古代金石学家和书画鉴藏家，在鉴定、著录方面做了大量工作。博物馆等文物收藏单位的文物藏品，如古代的石器、玉器、陶器、铜器、金器、银器、铁器、铅锌器、瓷器、珐琅器、漆器、竹木器、骨角牙器、书画、古籍善本，等等，都是文物鉴定的主要对象。

在不可移动文物中，古建筑、石窟寺、纪念建筑、石刻等是文物鉴定的主要对象。

对这些鉴定主要对象的专门研究，特别是其中主要种类文物的研究，是文物鉴定的重点。

第三节　文物鉴定的主要内容

文物鉴定的主要内容，包括辨别文物真伪、判明文物年代、评定文物价值和等级几个方面。它们之间有着密不可分的内在联系。在鉴定过程中，应辩证地对待，不可将它们孤立起来。不辨明文物的真伪，就匆忙判定年代，有可能以假当真，其价值的评定也可能谬之千里。反之，如将文物真品定为赝品，判明年代自然谬误，价值自不必说，很可能将珍贵文物处理掉，造成无法弥补的损失。

一、辨伪

在文物藏品中，特别是其中的传世文物，往往夹杂着伪品（赝品），即假古董。由于历史上作伪之风盛行，一些收藏家在作伪技术甚高的物品面前，往往以为是真品，购买收藏，以至流传至今，有些还被博物馆收藏。在保管、研究、陈列、宣传时，首先要把混入文物中的假文物（即伪品）辨别出来。这是文物鉴定的重要内容，也是保管、研究、陈列、宣传文物的科学基础。

辨别真伪，主要是对可移动文物（馆藏文物）而言。对不可移动文物（文化史迹）来说，只是其中一部分需要辨伪。如石刻，可以按某名碑制作假碑，以假冒某名家书法，捶拓后高价出售。假碑流传下来，就有个辨伪问题。石雕、木雕等作为某建筑物的附属品，毁坏之后，又按原来形象及大小重新雕刻，虽像一个，但与建筑物并非同时之物。其他构件的更换亦如此。如不辨别，把它定为原件，自然出现混乱。

在古建筑中，有后代重建前代已毁的建筑物，有乙地仿建甲地的某一建筑物。对此类建筑物主要是判明修建年代，与辨别真假文物既有联系，又有区别。至于当今按照某小说的描述，新修建的“古代园林”、“古代建筑”，或按宋代《营造法式》、清代《工部工程做法则例》修建的“古代建筑”，均不是文物，统属仿古建筑。

二、断代

辨别文物的年代，是文物鉴定的主要内容之一，在文物鉴定中占有十分重要的地位。确定文物产生的年代，就可将其置于当时的时空环境中进行研究。文物的真伪，最根本的是时代不同。不同的时代，不可能制作出完全相同的物品。此外，还有所用材料、工艺的差别。即使复制、仿造得惟妙惟肖，也是假的；特别是仿制品，其内涵也是相异的。

文物断代，对一切文物来说，都是必须的，极其重要的。它是文物研究的前提。如果前提错了，即文物时代判定错了，其结论也必然是错误的。如以前国内外往往把传世的良渚玉器定为汉玉，待经正规考古发掘发现、出土了大批良渚文化玉器后，方得以纠正。

对文物的断代研究中，除由于作伪而造成的一些文物年代混乱，需要鉴定、辨别外，还有大量文物本身并无纪年，需要鉴定，以判明年代。文物藏品中的传世文物等流传过程中，由于自然损坏、有意挖损等原因，给确定年代带来重重困难。一些不可移动文物，如一些古建筑物具有多时代的构件，一些碑石的纪年或关键字被砸去，给断代造成困难，等等。对这些不可移动文物只有通过鉴定，才能判明年代，即使对无文字记载的古遗址和古墓葬，也要通过调查，在现有材料的基础上，对其年代做出初步判断。总之，通过文物鉴定判明文物年代，是对所有文物而言，绝不可将其局限于某一类文物，或只认为是辨别伪品。

三、评定价值

文物是具有历史、艺术、科学价值的文化遗存。这就是说，在对历史上的遗存确定为文物之前，就需要对其进行研究，评定其是否具有一定的价值。当已确定某历史遗存为文物之后，就要进一步研究其价值的高低。

在研究文物价值过程中，毫无疑问应将其置于一定的历史环境中，分析它的内容，鉴定它建造、制作的工艺，揭示它的内涵，以及在历史上的地位和作用。在此基础上，研究、评定它价值的高低和作用的大小。比如，对文物历史价值的鉴定，包括对其时代（或年代），或者用途、作用，或者产地等进行的鉴别；对文物艺术价值的鉴定，包括对其艺术上的优劣、粗精，艺术水平高低及在艺术史上所占的地位等进行鉴别；对文物科学价值的鉴定，包括对其科技内涵、科技发展水平和在科技史上的地位等进行鉴别。

四、评定文物等级

它是鉴定的主要内容之一。根据对文物价值高低的评定，区分等级。不可移动文物根据不同价值区分为全国重点文物保护单位，省、自治区、直辖市文物保护单位，市、县级文物保护单位，推荐给各级人民政府，经核定后予以公布。可移动文物的文物藏品划分为珍贵文物和一般文物，珍贵文物分为一、二、三级。

此外，对出境文物、查获的盗掘文物和走私文物等可移动文物的鉴定，也要辨伪、断代、评定价值、评定等级。

第四节 文物鉴定的基本要求

文物鉴定本身，是一种科学研究工作。它的研究对象，又是形态各异、内涵复杂、时代不同的各类文物。这就决定了文物鉴定具有的特点：具体、细致、严密、科学、求实。

文物鉴定的基本要求是：

（1）要用历史唯物主义和辩证唯物主义的观点和方法，对不可移动文物和可移动文物进行认真的而不是敷衍的调查研究；对一件器物（文物）仔细观察，从造型、质地、纹饰、工艺等方面深入考察，去伪存真，去粗取精，对文物的真实性、科学性做出正确鉴定。

（2）通过鉴定，力求准确地判明文物的真伪、年代，以及它的内涵和作用。对一时难以断定的，应本着实事求是的原则存疑，决不可贸然下结论，引起混乱。

（3）通过对文物的综合研究，分析和揭示文物的形式和内涵，力求准确地评定其历史、艺术、科学价值的高低，为划分文物等级和分级保管打下科学基础。

（4）文物鉴定者应具备广博的历史知识、文物知识、自然科学知识、现代科学技术知识，以及文物作假知识等，并多观察实物（文物），对比分析真品与赝品的区别，掌握和了解传统的鉴定方法及现代科学技术分析鉴定方法，力求对文物做出准确的鉴定。

（5）文物鉴定必须坚持实事求是，鉴定人员必须具有很强的法律观念和敬业精神，必须具有良好的职业道德和对国家文化财产高度负责的崇高品德。

（6）认真做好鉴定的各项资料工作，包括文物本身鉴定资料和鉴定工作资料等，写出鉴定意见，作为完整的资料档案，由单位妥善保存。

上述要求，既适用于文物、博物馆单位鉴定工作，也同样适用于私人文物收藏者对收藏品的鉴定。

第五节 文物鉴定方法

文物的类别不同，要求采取不同的方法进行鉴定。文物鉴定研究的对象是文物，因此，关于文物研究的基本方法也同样适用于文物鉴定。

在鉴定文物之前，必须对文物分类，以便根据不同类别的文物采取不同的方法进行鉴定。分类亦需鉴定，对文物的辨伪、断代、评定价值等鉴定，更需要分类。在文物藏品鉴定中，古代文物一般以质地分类，更有利于排比、辨别。在不可移动文物鉴定中，一般按性质分类，以便于对不同种类的文物（文化史迹）采取不同方法进行鉴定。

文物种类众多，文物鉴定方法也必然多种多样。每一种类的文物鉴定，都是一门专门学问。这里对文物鉴定的基本方法归纳为传统鉴定方法和现代科学技术鉴定方法。

一、传统鉴定方法

传统鉴定文物方法，是自古代以来，人们在研究、鉴定文物中不断探索、总结、发展、再总结提高的科学成果。近代以来，文物专家学者运用传统鉴定方法，在文物鉴定实践中，不断探索，总结规律，撰写出版了重要专著，如张珩《怎样鉴定书画》、耿宝昌《明清瓷器鉴定》、祁英涛《怎样鉴定古建筑》等。

传统鉴定文物方法的基本内容是，在对文物分类的基础上，对同类文物进行比较辨别和综合考察。

1. 比较

没有比较，就没有鉴别。在古代和现代，都采用比较的方法鉴别文物。以文物藏品为例，对真伪、年代和价值未做出辨识的文物，鉴定时，选取已知真伪文物的标准器，将两者对比，进行分析，找出辨识真伪、年代的文物与标准器之间在形制、质地、纹饰、工艺等方面的相同与相异之处，分析它们的矛盾和联系。在比较、鉴别的过程中，经过系统分析研究，做出科学的判断。

2. 综合考察

通过对文物本身的调查了解、文献记载的考证和鉴定同类文物一般规律的总结，对鉴定对象（文物）进行综合考察、分析、判断，以达到鉴别文物的目的。此法对鉴定不可移动文物（文化史迹）尤为适用。不可移动文物一般形体大，内容多，涉及面广，采用综合分析方法鉴定，容易取得比较科学的鉴定结果。

运用传统方法鉴定文物，除上述基本方法外，还有根据不同鉴定对象，所采用的不尽相同的具体方法。这是由不同种类文物的性质所决定的。以下就瓷器、古书画、古建筑为例，略做说明。

瓷器在中国文物藏品中占有很大比重。其中传世瓷器为数众多，是瓷器鉴定的重点。鉴定时，一要借助考古发掘获得的有明确地点、地层的瓷器标准器；二要对传世瓷器从典型风格和基本特征入手，两者相互印证，分析研究，做出科学鉴别。

20 世纪 50 年代以来，中国文物考古工作者对不同时代的瓷窑址进行了大量调查，对不少瓷窑址进行了科学发掘，获得了大量瓷器及重要标本，对深入了解瓷窑址历史、瓷窑的结构、瓷器的发展变化等，提供了十分丰富的实物资料。出土的瓷器，出土地点、地层明确，以此可判定其相对年代或历史年代。同时，出土的不同种类的瓷器，说明了它们的共存关系及其变化。因此，经科学发掘所获得的瓷器，特别是其中的一些标准器，可作为鉴定传世瓷器时对比、分析的重要依据之一。

传世瓷器本身的时代风格、基本特征等是鉴定的又一重要依据。而瓷器的时代风格和基本特征，主要表现在它的造型、纹饰、胎釉和款式几个方面。在鉴定时应从这些地方入手，与标准器认真对比它的造型、胎釉、纹饰、款识，细心揣摩它的异同，综合分析，在辨明真伪和时代等方面做出鉴定结论。

古法书、绘画是重要的文化遗产。在书画鉴定中，辨明真伪是第一关，而后，再评价作品的艺术高低和精粗、美恶。对书画的鉴定，要以实物和文献相结合，比较研究。一般分为主要依据和辅助依据。“主要依据应该看书画的时代风格和书画家的个人风格；辅助依据，方面很多，最常关涉到的是：印章、纸绢、题跋、收藏印、著录、装潢，等等。”①

古建筑鉴定，首先是鉴定年代。对古建筑进行鉴定，要根据古建筑的特点进行。比较可行的方法是“两查”、“两比”。“两查”即“一、调查建筑物的现存结构情况；二、查找有关的文字记录材料”。“两比”是“一、将现存结构与已知年代的建筑或‘法式’进行对比；二、将现存结构与文献资料对比”。②

二、现代科学技术鉴定方法

运用现代科学技术鉴定文物，是研究和复原古代人类生产和生活面貌以及社会历史面貌不可缺少的手段。主要有两个方面：一是利用现代科学技术对文物年代进行测定；二是对文物成分进行分析鉴定。

文物保护科学技术研究的任务，就是要针对不同种类、不同保存状况的文物，将现代科学技术应用于文物保护和研究领域。20 世纪 40 年代后期，自然科学和技术科学迅速发展，在文物研究领域逐渐地应用，日渐广泛，日益重要。如用 X 射线荧光分析法、电子探针法、中子活化法等分析古代遗物成分，用放射性碳素法、钾－氩法、热释光测定法等测定古代遗迹和遗物的年代，使文物保护、研究取得了很大的进展，获得了重大成果。

1. 分析鉴定技术

用现代科学技术手段分析鉴定古代文物，为保护古器物等提供了科学依据。同时，又为研究古器物提供了科学数据、科学资料，使科学研究深入下去，更有利于恢复古代人类社会生产和社会生活面貌。

利用分析鉴定技术分析鉴定古器物，可以究明它们的质地、工艺、材料来源、真伪等。

（1）确切区分古器物的质地

古器物质地的成分复杂，以往是以直观观察作为依据进行区分，如铜器、铁器……不可能深入了解其构成成分。如古代的铜器，有纯

---

① 张珩：《怎样鉴定书画》，文物出版社，1966 年第 1 版。
② 祁英涛：《怎样鉴定古建筑》，文物出版社，1981 年第 1 版。

铜，有铜锡、铜铅或铜锡铅等合金，用分析鉴定技术，则可以进行确切区分。再如古代的铁器，有的为陨铁制造，有的为人工锻制，以后者为最多。但用直观的方法，则不可能区分出来。陨铁含镍量高，用分析鉴定技术则很容易鉴别，河北藁城台西商代遗址出土的铁刃铜钺之铁刃，就是经过分析鉴定而确定为陨铁的。

(2) 探明古器物的质地材料来源

出土古器物是本地制造，还是贸易往来输入的，仅凭对古器物的直观观察很难得出科学的结论。金属材料制品为铜器，硅酸盐材料制品如瓷器、玻璃，等等，地区不同，所用材料或物质成分也有区别。如中国古代玻璃以铅玻璃为主，而西方则一直以钠钙玻璃为主。通过对古器物质地成分分析，尤其是对照特征元素谱，可以为确定物质的材料来源提供重要线索。这对说明古代交通运输、贸易往来、生产水平、文化交流等，无疑都是十分重要的科学资料。

(3) 究明古器物的制造工艺

古器物的制造工艺，储存了大量的科技信息，但用直观的方法是无法获得的。用分析鉴定技术，则可获得最佳效果。如中国古代铁器制造工艺，经过金相考察分析，确知在春秋晚期和战国早期已制造白口铁，并经过长时间柔化处理得到展性铸铁；战国后期燕国不仅掌握了将块炼铁增碳制造高碳钢工艺，而且掌握了淬火技术。在汉代以前，就已经掌握了炒钢、百炼钢和铸铁脱碳钢等制钢工艺。

(4) 鉴别古器物的真伪

古器物，特别是传世文物中存在一定的赝品，有些作假技术很高，造成真伪难辨。以往鉴别真伪都是凭鉴定者的经验，对古器物造型、质地、花纹、风格等进行观察，并结合文献记载加以判断。他们在这方面积累的经验很丰富，不少方面已加以系统整理，并已出版。但不可否认，单凭这一点是不够的，借助分析鉴定技术，使鉴别古器物真伪有了可靠的科学依据。如使用热释光方法鉴别古陶瓷，真品会有明显的热释光现象，而近代现代陶瓷则极少。

(5) 检验古器物损坏的自然因素

不同质地的古器物，在不同的环境和条件下，会由于自然因素造成损坏，但靠直观是无法说明损坏的自然因素与损害物质的。如青铜器的腐蚀有十多种，其中氯化亚铜为“粉状锈”，呈绿色粉面状，不结体，由于氯离子的作用，会使铜器全部毁坏。因此，检验确定腐蚀物的成分，对采取相应措施进行保护，至关重要。

分析鉴定技术应用范围极为广泛，几乎每一种新型的分析鉴定技术都能在文物保护研究中发挥作用。主要方法有：发射光谱分析、原子吸收光谱分析、X 射线荧光分析、中子活化分析、电子探针显微分析、β射线反向散射分析、X 射线衍射分析、红外吸收谱分析、穆斯堡尔谱分析、热分析、同位素质谱分析等。

2. 文物年代测定技术

自然科学方法在文物年代学上的应用及不断发展，使我们越出以往文物多以相对年代断代的局限，而能确知其绝对年代，从而可以确定它们年代之间的先后序列。放射性碳素法断代等方法应用于史前文物考古，出现了重大突破，使年代上限大大提前了。如云南元谋发现的元谋人牙齿化石，经古地磁法测定，其年代为距今 170 万年左右；陕西蓝田发现的蓝田人头盖骨化石和石器，经古地磁法测定，陈家窝的年代距今 65～60 万年，公王岭的年代距今 85～75 万年，比周口店北京人要早。放射性碳素法断代等方法，对新石器时代文物、标本的年代测定，为新石器时代文物考古研究提供了大量的、科学的年代数据。

现代科学技术测定文物年代的方法有：古地磁法断代、放射性碳素法断代、热释光法断代、管化石含氟量法断代、钾－氩法断代、裂变径迹法断代、树木年轮法断代、氨基酸外消失法断代、黑曜岩水合法断代、铀系法断代，等等。

上述断代方法各有优长，其中广泛应用的是放射性碳素法断代，其次是热释光法断代、古地磁法断代和钾－氩法断代等。运用某种方法断代，亦可用另一种方法校正，如碳－14 测定后，还可用树木年轮法校正，这样更增加了它的准确程度。

同时应该指出，上述断代方法，对年代距今较近的文物，适用性较差。

第六节　文物定级和保护管理

文物定级和保护管理需要科学依据。可移动文物的文物藏品区分等级，不可移动文物分级核定公布为文物保护单位，都需要通过文物鉴定，确定年代（或时代），评定价值。不仅如此，文物出口、打击文物走私等，也都需要对文物进行鉴定。

文物的等级是根据文物的价值与作用确定的。历史遗留下来的不可移动文物和可移动文物十分丰富，种类繁多，价值不一。根据文物价值和作用的大小确定它们的级别，既有利于充分发挥其作用，又有利于保护。中国文物法律、法规规定，可移动文物（文物藏品）分为珍贵文物和一般文物，珍贵文物分为一、二、三级；不可移动文物分为全国重点文物保护单位，省、自治区、直辖市文物保护单位，市、县级文物保护单位（详见第九章“文物定级”）。

在文物藏品定级时，需要在文物年代明确的前提下，评定它的价值，确定它的级别。等级的确定与采取什么保管措施有直接关系。分级保管是文物藏品保管中的一条重要原则。

不可移动文物能否都公布为文物保护单位呢？显然不可能，能核定公布为文物保护单位的只是少数。能否公布为文物保护单位，关键是它的价值。其中价值重大者，即成为全国重点文物保护单位提名的对象。各级人民政府公布的文物保护单位，由于级别不同，根据文物法律、法规的规定，实行分级管理，采取不同的措施，加强保护。

文物是重要的文化财产，除文物法律、法规规定可以出口的外，严禁出境。那么什么年代的文物、什么种类的文物可以出口，什么年代的文物及其种类严禁出口？无疑要做出具体规定，制定出具体鉴定标准，此不待言。关键是如何做好鉴定？鉴定标准本身要体现保护文化遗产的原则，要以我国不同种类的文物价值作为科学依据。在具体鉴定中，要根据每件文物的情况做出评价。从器物的年代、形制、花纹、工艺以至价值，均做出鉴定；以出口鉴定标准及有关规定，判定该文物可否出口。不如此，则无法保证国家文化遗产不外流。

第九章 文物定级

区分文物等级，即给文物定级，是文物收藏、展示、保护管理的需要。文物价值高低和作用大小不同，是客观存在的，需要人们去研究和认识。不可移动文物和可移动文物因其存在形态、体量、质地(材料)、与周围环境的关系等各不相同，在定级时依据的标准和区分的等级也不同，在收藏、保护管理等方面也有不同的要求。

第一节 可移动文物定级

可移动文物，古代的有：石器、陶器、玉器、铜器、铁器、瓷器、漆器、骨角牙器、竹木器、纺织品和书法、绘画、简牍等；近代现代的有：生产工具、生活用品、艺术品、工艺品、手稿等实物。1992 年颁布实施的 1982 年《文物保护法》实施细则中规定："纪念品、艺术品、工艺美术品、革命文献资料、手稿、古旧图书资料以及代表性实物等文物，分为珍贵文物和一般文物，珍贵文物分为一、二、三级。"2002 年《文物保护法》第三条规定："历史上各时代重要实物、艺术品、文献、手稿、图书资料、代表性实物等可移动文物，分为珍贵文物和一般文物；珍贵文物分为一级文物、二级文物、三级文物。"法律对可移动文物区分等级做出了明确规定。

根据法律规定，如何确定可移动文物级别，不仅需要对可移动文物的价值做深入研究，而且需要一个统一的定级标准。研究可移动文物价值，加深认识，使定级时有科学的依据，可以说是文物定级的科学基础。定级标准是在对可移动文物定级时，根据文物价值掌握的尺度，一则便于定级时掌握，二则使我国可移动文物的定级不致悬殊太大，三则有利于今后的科学管理。

可移动文物中大部分为博物馆、纪念馆和图书馆等收藏，因而称为文物藏品。为了做好这一部分可移动文物定级，1987 年，文化部以文件形式颁发了《文物藏品定级标准》。经过十多年的实践，证明它是科学的、可行的，在馆藏文物定级和保护管理中发挥了重要作用。同时，在实践中也发现一些不足之处，如对近代现代可移动文物或文物藏品某些方面的内容未包含进去，没有对一般文物藏品定级标准做出规定。作为博物馆文物藏品，不只是一、二、三级的珍贵文物，还有一般文物。把一般文物藏品排除在博物馆文物藏品之外，既不符合实际，也不符合法律、法规规定。

为了弥补上述不足，经过专家学者多次研究讨论，对定级标准进行了修订。2001 年 4 月 9 日，文化部第十九号令发布施行新的《文物藏品定级标准》（以下简称新《标准》）。新《标准》在内容方面增加了近代现代文物藏品定级标准和一般文物藏品定级标准，在形式上是以文化部令发布，更加规范，是正式的行政规章，在法规效力和约束力上都得到加强，是对文物藏品定级的重要依据。为了便于理解和掌握新《标准》，还附有一级文物定级标准举例。新《标准》同时规定："社会上其他散存的文物，需要定级时，可照此执行。"这说明，它对民间收藏文物定级，也是一个依据。民间收藏的可移动文物，种类众多，价值高低各不相同，有些可能差别很大，如能通过研究，对其定级，显示其价值，可为保管提供科学依据。

一、一级文物定级标准

新《标准》规定："具有特别重要历史、艺术、科学价值的代表性文物，为一级文物。"一级文物定级标准共 14 项内容，全文如下：

①反映中国各个历史时期的生产关系及其经济制度、政治制度，以及有关社会历史发展的特别重要的代表性文物；

②反映历代生产力的发展、生产技术的进步和科学发明创造的特别重要的代表性文物；

③反映各民族社会历史发展和促进民族团结、维护祖国统一的特别重要的代表性文物；

④反映历代劳动人民反抗剥削、压迫和著名起义领袖的特别重要的代表性文物；

⑤反映历代中外关系和在政治、经济、军事、科技、教育、文化、艺术、宗教、卫生、体育等方面相互交流的特别重要的代表性文物；

⑥反映中华民族抗御外侮、反抗侵略的历史事件和重要历史人物的特别重要的代表性文物；

⑦反映历代著名的思想家、政治家、军事家、科学家、发明家、教育家、文学家、艺术家等特别重要的代表性文物，著名工匠的特别重要的代表性作品；

⑧反映各民族生活习俗、文化艺术、工艺美术、宗教信仰的具有特别重要价值的代表性文物；

⑨中国古旧图书中具有特别重要价值的代表性的善本；

⑩反映有关国际共产主义运动中的重大事件和杰出领袖人物的革命实践活动，以及为中国革命做出重大贡献的国际主义战士的特别重要的代表性文物；

⑪与中国近代（1840～1949 年）历史上的重大事件、重要人物、著名烈士、著名英雄模范有关的特别重要的代表性文物；

⑫与中华人民共和国成立以来的重大历史事件、重大建设成就、重要领袖人物、著名烈士、著名英雄模范有关的特别重要的代表性文物；

⑬与中国共产党和近代其他党派、团体的重大事件、重要人物、爱国侨胞及其他社会知名人士有关的特别重要的代表性文物；

⑭其他具有特别重要历史、艺术、科学价值的代表性文物。

可移动文物中的一级文物，是具有特别重要历史、艺术、科学价值的文物。在一级文物定级标准举例中，列出了 28 种文物。如铜器，“造型、纹饰精美，能代表某个时期工艺铸造技术水平的；有确切出土地点可作为断代标准的；铭文反映重大历史事件、重要历史人物的或书法艺术水平高的；在工艺发展史上具有特别重要价值的”，应定为一级文物。又如瓷器，“时代确切，在艺术上或工艺上有特别重要价值的；有纪年或确切出土地点可作为断代标准的；造型、纹饰、釉色等能反映时代风格和浓郁民族色彩的；有文献记载的名瓷、历代官窑及民窑的代表作”，应定为一级文物。

二、二级文物定级标准

新《标准》规定，在可移动文物中“具有重要历史、艺术、科学价值的为二级文物”。二级文物定级标准共12项内容，全文如下：

①反映中国各个历史时期的生产力和生产关系及其经济制度、政治制度，以及有关社会历史发展的具有重要价值的文物；

②反映一个地区、一个民族或某一个时代的具有重要价值的文物；

③反映某一历史人物、历史事件或对研究某一历史问题有重要价值的文物；

④反映某种考古学文化类型和文化特征，能说明某一历史问题的成组文物；

⑤历史、艺术、科学价值一般，但材质贵重的文物；

⑥反映各地区、各民族的重要民俗文物；

⑦历代著名艺术家或著名工匠的重要作品；

⑧古旧图书中具有重要价值的善本；

⑨反映中国近代（1840～1949年）历史上的重大事件、重要人物、著名烈士、著名英雄模范的具有重要价值的文物；

⑩反映中华人民共和国成立以来的重大历史事件、重大建设成就、重要领袖人物、著名烈士、著名英雄模范的具有重要价值的文物；

⑪反映中国共产党和近代其他各党派、团体的重大事件、重要人物、爱国侨胞及其他社会知名人士的具有重要价值的文物；

⑫其他具有重要历史、艺术、科学价值的文物。

二级文物定级标准与一级文物定级标准相比较，在价值重要程度上有明显区别：一级文物具有特别重要价值，二级文物具有重要价值，没有“特别”二字。在定级中，如铜器“有确切出土地点可作为断代标准的”，应定为一级文物；有确切出土地点，器形完整，价值重要，但不能作为断代标准的，可定为二级文物。

三、三级文物定级标准

新《标准》规定，在可移动文物中“具有比较重要历史、艺术、科学价值的为三级文物”。三级文物定级标准共 11 项内容，全文如下：

①反映中国各个历史时期的生产力和生产关系及其经济制度、政治制度，以及有关社会历史发展的比较重要的文物；

②反映一个地区、一个民族或某一时代的具有比较重要价值的文物；

③反映某一历史事件或人物，对研究某一历史问题有比较重要价值的文物；

④反映某种考古学文化类型和文化特征的具有比较重要价值的文物；

⑤具有比较重要价值的民族、民俗文物；

⑥某一历史时期艺术水平和工艺水平较高，但有损伤的作品；

⑦古旧图书中具有比较重要价值的善本；

⑧反映中国近代（1840～1949 年）历史上的重大事件、重要人物、著名烈士、著名英雄模范的具有比较重要价值的文物；

⑨反映中华人民共和国成立以来的重大历史事件、重大建设成就、重要领袖人物、著名烈士、著名英雄模范的具有比较重要价值的文物；

⑩反映中国共产党和近代其他各党派、团体的重大事件、重要人物、爱国侨胞及其他社会知名人士的具有比较重要价值的文物；

⑪其他具有比较重要的历史、艺术、科学价值的文物。

三级文物定级标准与二级文物定级标准相比较，在价值重要程度上，由“重要价值”降为“比较重要价值”，幅度又放宽了一些。在定级实践中，三级文物在数量上比二级文物要多许多。

四、一般文物定级标准

一般文物定级标准，是新《标准》中增加的内容，共 7 项，全文如下：

①反映中国各个历史时期的生产力和生产关系及其经济制度、政治制度，以及有关社会历史发展的具有一定价值的文物；

②具有一定价值的民族、民俗文物；

③反映某一历史事件、历史人物，具有一定价值的文物；

④具有一定价值的古旧图书、资料等；

⑤具有一定价值的历代生产、生活用具等；

⑥具有一定价值的历代艺术品、工艺品等；

⑦其他具有一定历史、艺术、科学价值的文物。

一般文物定级标准与珍贵文物一、二、三级定级标准相比，明显要低，它反映了可移动文物的客观情况。在可移动文物中，大量的是一般文物。

第二节　定级与收藏

可移动文物定级的基础是对文物进行研究、鉴定、认识和确定文物的价值。在对文物的真伪、年代进行辨别、判明的前提下，评定文物的等级。对文物藏品的定级，一般来说，是文物收藏单位的任务，2002 年《文物保护法》规定："博物馆、图书馆和其他文物收藏单位对收藏的文物，必须区分等级。"但由于文物定级需要评定文物价值，难度比较大，相当一部分文物收藏单位专业人员不足，基层文物收藏单位更不可能具有各方面的文物专业人才，特别是文物鉴定专家更少。在这种情况下，要做好文物藏品鉴定和定级是很困难的，一些省为此采取了相应措施。

文物藏品定级是文物收藏单位重要的基础工作之一。为了做好这项工作，有些省成立了由本省文物考古专家组成的文物鉴定组织，统一对该省各文物收藏单位文物藏品进行鉴定和定级，或者协助一些文物收藏单位做好文物鉴定和定级工作。这些措施有利于掌握文物藏品定级标准，有利于完成文物收藏单位文物鉴定和定级工作，从而有利于对文物藏品实行分级科学管理。

以上是对文物收藏单位已收藏的文物藏品定级而言，对于博物馆、纪念馆等文物收藏单位征集、购买文物来说，有无级别意识也十分重要。比如在购买某件文物时，不仅要考虑它是否能充实本单位收藏品种类，还要考虑它的级别，即从文物价值高低衡量它是否会提高本单位该类文物收藏品的档次。至于某件文物级别高，又是本单位所缺的文物藏品，更是购买的主要对象。

文物藏品区分等级，不仅对文物收藏单位十分重要，而且对民间收藏也有重要意义。第一，要有文物级别意识，也就是文物历史、艺术、科学价值高低意识。作为收藏者，都希望收藏价值高的文物，这是不言而喻的。但实际上又不可能，一是文物价值高低不同，价值一般的文物是大多数；二是文物历史、艺术、科学价值的高低，大都与文物的价格相关，收藏者一般要根据自己的经济实力，选购文物；三是不会受外界影响，去购买文物价值低而价格又偏高的文物。这些方面都与文物区分等级密切相关。第二，区别文物等级与收藏者文物收藏品定位和更换有密切关系。民间收藏者，从对文物价值的认识出发，选择自己的收藏品。许多收藏者开始时，可能把收藏品定位在一般文物，随着对文物研究的深入，对某些文物价值认识和鉴别力的不断提高，加之经济上承受能力的增强，可能就会问鼎历史、艺术、科学价值高的文物。同时，又把价值低、级别相应低的文物转让，更换价值、级别相应高的文物。实际上，这也是收藏者收藏文物的一般规律。这样，逐步达到收藏的文物成系列，品格高，研究有成果，成为真正的收藏家。第三，民间收藏文物定级。新《标准》规定：“社会上其他散存的文物，需要定级时，可照此执行。”民间收藏者收藏的文物，种类不同，价值高低不同，可以根据新《标准》的规定，对自己收藏的文物进行鉴定，确定级别，以利于科学保管。收藏文物已成系列、数量较多的收藏者，对藏品定级，更有利于对藏品分级保管和深入研究。同时，又可了解自己收藏的文物中各个级别文物的情况，为继续丰富自己的收藏确定方向，进一步提高收藏文物的总体档次。

民间文物收藏者自己鉴定、定级有困难的，可以要求文物行政部门提供鉴定、定级咨询，文物行政部门应给予帮助。

第三节　不可移动文物区分级别

我国有30多万处不可移动文物，如何区分级别？简言之，就是根据不可移动文物价值的高低，分别确定不同级别的文物保护单位。每一处不可移动文物，不论是单个个体，还是群体，都可以构成一处文物保护单位。但是否被确定为文物保护单位，或者确定为哪一级文物保护单位，主要是看它的历史、艺术、科学价值。文物保护单位一般面积、形体大，与周围环境有密切的联系。不可移动文物中被公布为文物保护单位的，即纳入国家有计划的、科学的和法制的管理之中。

不可移动文物区分级别，在2002年《文物保护法》第三条做出明确规定："古文化遗址、古墓葬、古建筑、石窟寺、石刻、壁画、近代现代重要史迹和代表性建筑等不可移动文物，根据它们的历史、艺术、科学价值，可以分别确定为全国重点文物保护单位，省级文物保护单位，市、县级文物保护单位。"从总体来说，文物保护单位分为三级，即：全国重点文物保护单位，它是由国务院公布的最高级别的文物保护单位；省级文物保护单位，也就是省、自治区、直辖市人民政府公布的文物保护单位；市、县级文物保护单位，包括设区的市、自治州、县、自治县人民政府公布的文物保护单位。

我国不可移动文物保护管理实行文物保护单位体系模式，根据其价值公布文物保护单位，始于20世纪50年代中期。1956年，国务院发出《关于在农业生产建设中保护文物的通知》，要求在全国范围内开展文物普查工作，首先对已知的重要的古文化遗址、古墓葬、革命遗址、纪念建筑物、古建筑、碑碣等，由省、自治区、直辖市人民委员会公布为文物保护单位，做出标志。各省、自治区、直辖市人民委员会据此公布了一批文物保护单位。1961年，国务院颁布了《文物保护管理暂行条例》，规定各级文化行政管理部门必须进行经常性的文物调查工作，并选择重要文物，根据其价值大小，报人民政府核定公布为文物保护单位。同时，国务院公布了第一批全国重点文物保护单位180处。

1963年，文化部根据《条例》规定，制定颁发了《文物保护单位保护管理暂行办法》。1982年，《文物保护法》公布实施，成为公布文物保护单位和对其保护管理的法律依据。1991年，国家文物局制定颁发了《全国重点文物保护单位保护范围、标志说明、记录档案和保管机构工作规范（试行）》，在文物工作中，人们称之为有保护范围、有标志说明、有记录档案、有机构或专人保管，即简称为“四有”工作。自1956年以来，国务院和地方各级人民政府公布的文物保护单位近7万处，其中全国重点文物保护单位1268处，省级文物保护单位7000处，市、县级文物保护单位约6万处。

区分不可移动文物的级别，应由文物行政部门在文物调查、普查的基础上，进一步研究文物价值，从中选出具有一定历史、艺术、科学价值的不可移动文物，根据其价值高低和作用（影响）大小，提出文物保护单位建议名单，报人民政府核定公布。

文物行政部门在研究省级和市、县级文物保护单位建议名单时，应从本地区不可移动文物保存情况和价值出发，拟定评审原则和标准，在组织专家评审时共同掌握。国家文物局2000年11月在组织各方面专家评审向国务院申报第五批全国重点文物保护单位时，在专家学者反复讨论修订的基础上，通过了评审原则和标准。

一、评审原则

①评审对象为具有重大历史、艺术、科学价值的不可移动文物。

②历史上遗留下来的真实的实物（现代重建和严重改建的不在此列），时代、性质、特征基本明确，学术界对其价值的认识比较一致。

③具有代表性、典型性或者独特价值。

④能够实施有效保护管理，“四有”工作完成得较好。

二、评审标准

①古遗址：具有重大学术价值的人类化石和旧石器文化遗址，及可能与人类起源有关的第三纪化石地点；新石器时代不同文化、类型的重要遗址；历史时期不同朝代、不同地域、不同类型、不同规格的

保存基本完好的重要遗址。

②古墓葬：保存较好的帝王陵墓、重要的大型墓葬、墓地以及其他具有特殊意义的墓葬。

③古建筑：历史、艺术及科学价值突出的各类建筑及建筑组群；具有时代特征、地域特征、民族特征等方面的代表性和典型性的其他建筑及建筑组群。

④石窟寺及石刻：具有重要历史、艺术、科学价值的石窟寺和石刻。

⑤近代现代重要史迹及代表性建筑：在政治、军事、经济、教育、科技、文化等方面对中国近代现代历史进程起过重大作用、产生过重大影响的事件与人物的重要史迹和建筑物、建筑组群。在建筑科学和建筑艺术方面独具特色的近代现代建筑物或建筑组群。

⑥其他：特殊品类的文物。

2001 年，国务院公布的第五批全国重点文物保护单位，就是国家文物局组织各方面专家学者依据上述评审原则和标准评审后，报国务院核定公布的。这些原则和标准，是从全国重点文物保护单位应具有的历史、艺术、科学价值和应具备的保护条件出发的，各省、自治区、直辖市和市、县文物行政部门在评审申报文物保护单位时，可从本地区不可移动文物实际情况出发，制定评审标准，也可参照上述标准执行。就评审原则来说，评审的对象：一是不可移动文物，二是具有真实性和完整性，三是具有代表性或典型性，应是普遍的原则。

不可移动文物可以根据其历史、艺术、科学价值，分别确定为不同级别的文物保护单位，并不是所有的不可移动文物都能被确定为文物保护单位。我国有 30 多万处不可移动文物，至今公布为文物保护单位的仅有 7 万处，只是一小部分。大部分不可移动文物由于历史、艺术、科学价值未进一步显露，或者它的价值未被认识，或者它的真正价值还需要随着工作和研究的不断深入，才被逐渐揭示，被人们所认识，那时，就可报请人民政府核定公布为文物保护单位。此外，还有的不可移动文物因保存状况差等原因，未被公布为文物保护单位，但并不等于没有价值。我们不能认为不可移动文物尚未被公布为文物保护单位，就不重要，就可以不保护，那是错误的。那会使许许多多尚未公布为文物保护单位的、有价值的不可移动文物遭到毁坏，渐渐消失，将造成我国文化遗产无法弥补的巨大损失。

为了保护尚未公布为文物保护单位的不可移动文物，为它提供重要法律保障，2002 年《文物保护法》吸收了 1982 年《文物保护法》实施细则内容，在第十三条规定："尚未核定公布为文物保护单位的不可移动文物，由县级人民政府文物行政部门予以登记并公布。"我们应该执行这一规定，认真做好登记、公布和保护工作。

第十章 文物保护单位和历史文化名城保护制度

不可移动文物依照法定程序公布为文物保护单位，实行文物保护单位体系模式，作为保护的重点，纳入国家有计划的、科学的和法制的管理之中。在2002年《文物保护法》第二章不可移动文物中，对文物保护单位保护管理工作做出了一系列规定，其中包括：文物保护单位的公布；划定保护范围，树立标志说明，建立记录档案，设立保管机构；划出建设控制地带；把文物保护单位纳入城乡建设规划，在保护范围内不得进行其他建设工程，在保护范围和建设控制地带不得建设污染文物保护单位及其环境的设施；在建设工程选址时，应尽可能避开文物保护单位，实施原址保护；无法避开的，要采取保护措施，列入设计任务书；因建设工程需要迁移的，应依法定程序批准；文物保护单位修缮、保养、迁移必须遵守不改变原状的原则，国有不可移动文物不得转让、抵押，不得作为企业资产经营；国有文物保护单位辟为参观游览场所及不改变文化用途，等等。

第一节 公布文物保护单位

文物保护单位是由人民政府按照法律程序核定公布的。分级核定文物保护单位，主要是根据它本身历史、艺术、科学价值的高低和作用（影响）的大小来确定。因此，在公布之前，应对本行政区域内的不可移动文物的存在和分布情况进行调查或进行文物普查，了解文物底码，研究它们的历史、艺术、科学价值。既要了解当地的历史和文物情况，也要了解中国历史和全国文物的概况，以及当地文物在全省、全国所占的位置。这样，才能比较文物的价值和重要性，提出它相应的文物保护单位级别的建议。

文物保护单位分为六大类，即：古文化遗址、古墓葬、古建筑、石窟寺及石刻、近代现代重要史迹及代表性建筑、其他。此前，对文物保护单位所分的六大类是：革命遗址及革命纪念建筑、石窟寺、古建筑及历史纪念建筑、石刻及其他、古遗址、古墓葬。各地不可移动文物保存的情况不同，在公布文物保护单位时，可能在类别上不尽相同，或某一类别文物空缺，因此，可从本地区实际情况出发，做出分类。

2002 年《文物保护法》第十三条规定："国务院文物行政部门在省级和市、县级文物保护单位中，选择具有重大历史、艺术、科学价值的确定为全国重点文物保护单位，或者直接确定为全国重点文物保护单位，报国务院核定公布。

"省级文物保护单位，由省、自治区、直辖市人民政府核定公布，并报国务院备案。

"市级和县级文物保护单位，分别由设区的市、自治州和县级人民政府核定公布，并报省、自治区、直辖市人民政府备案。"

市、县级文物保护单位是省级文物保护单位和全国重点文物保护单位的基础。省级文物保护单位和全国重点文物保护单位，分别从市、县级和各级文物保护单位中选择价值重大者。因此，凡是全国重点文物保护单位，同时也是省级和市、县级文物保护单位，在保护管理的要求上，应按照该不可移动文物最高的保护单位级别进行保护管理。

市、县级文物保护单位由设区的市、自治州和县、自治县文物行政部门在文物调查的基础上，选择具有比较重要历史、艺术、科学价值的不可移动文物，提出建议名单，报市级和县级人民政府核定公布，报省级人民政府备案。

省级文物保护单位由省级文物行政部门从市、县级文物保护单位中选择具有重要历史、艺术、科学价值的不可移动文物，以及文物普查中新发现的重要文物，一并进行研究、比较、平衡，提出省级文物保护单位初步建议名单，征求有关方面意见，组织专家学者进行评审，最后形成正式名单，报省级人民政府核定公布，并报国务院备案。

全国重点文物保护单位由国家文物行政部门在省级文物保护单位中选择具有特别重要历史、艺术、科学价值的不可移动文物，拟出名单，征求有关部门意见，组织有关专家学者评审，经调整后形成正式名单，连同直接指定的全国重点文物保护单位，报国务院核定公布。如北京宋庆龄故居和上海市万国公墓的宋庆龄墓，就是先报批后直接指定，1982 年国务院公布第二批全国重点文物保护单位时又将其列入，统一公布的。

第二节 划定保护范围、做出标志说明、建立记录档案、设立保管机构

划定保护范围、做出标志说明、建立记录档案、设立保管机构或专人保管，是保护管理好文物保护单位的基础。2002 年《文物保护法》第十五条规定："各级文物保护单位，分别由省、自治区、直辖市人民政府和市、县级人民政府划定必要的保护范围，做出标志说明，建立记录档案，并区别情况分别设置专门机构或者专人负责管理。全国重点文物保护单位的保护范围和记录档案，由省、自治区、直辖市人民政府文物行政部门报国务院文物行政部门备案。"国家文物局为了贯彻执行 1982 年《文物保护法》，曾于 1991 年 3 月颁发了《全国重点文物保护单位保护范围、标志说明、记录档案和保管机构工作规范（试行）》（以下简称"四有"规范），现在基本上仍是适用的，是加强文物保护单位基础工作的重要规范标准。

一、划定保护范围

保护范围是在文物保护单位之外划出的一定区域，以保护文物保护单位的安全和它周围的环境风貌（人文和自然环境风貌）不受破坏。文物保护范围的大小，根据文物保护单位形成的历史以及类别、

规模（或体量）、地理位置、周围环境等情况，从实际出发，因地制宜而划定。一般分为重点保护区和一般保护区。

重点保护区也称安全保护区，是为保护一处不可移动文物本身安全而划定的。一般保护区，也可称影响范围，大于重点保护区。划定一般保护区的目的是为了保护古遗址和古墓葬的一般遗存；保护古建筑、石窟寺、纪念建筑、近代现代代表性建筑和民族风格建筑等的环境风貌，以及重点保护区之外的文化史迹，以利于保护、研究、游览或观赏。

单体文物的保护范围，如独立存在的石碑、经幢等，也可只划一个，应注意保护环境风貌。

划定保护范围的原则，是保证不可移动文物的完整性，并在保护单位之外留出一定的安全距离。所谓保证不可移动文物的完整性，是指古建筑、石窟寺、纪念建筑、近代现代代表性建筑和民族风格建筑等不可移动文物的单体、群体及其附属建筑；是指古遗址的文化堆积和相关的遗迹现象，古墓葬封土或者已经探明的古墓葬、古墓群及陵园、其他地面建筑等；是指石刻、碑碣、经幢及其他文物的单体、群体和相关的遗迹等的完整性。

法律规定，文物保护单位保护范围是政府划定，实际上具体工作由文物行政部门和文物机构负责，进行调查研究，征求有关部门意见，待划定保护范围方案成熟后，报人民政府审批并公布。全国重点文物保护单位和省级文物保护单位的保护范围，由省、自治区、直辖市人民政府批准，由其文物行政部门报国家文物行政部门备案。经批准划定的保护范围，具有法律效力，是保护管理的重要依据，任何单位和个人都应执行，遵守保护要求，违反者要承担法律责任。

二、树立保护标志和说明牌

文物保护单位应树立保护标志和说明牌，使人们从标志内容中了解该处文物保护单位的级别、名称、公布机关等，从而明了该处文物受国家保护；从说明牌内容了解该处文物建造形成的时代，以及它的历史、艺术、科学等方面的价值。

“四有”规范对保护标志内容、形式、大小、质地和书写字体等做出了明确规定。

保护标志内容为：文物保护单位级别、名称、公布机关、公布日期、树标单位。其中全国重点文物保护单位的标志应由省、自治区、直辖市人民政府树立。

保护标志形式为长方形，横匾式，横竖比例一般为3:2，最大者为1.5米×1米，最小者为0.6米×0.4米。标志牌尺寸的大小，可根据文物保护单位具体情况确定。

保护标志书写字体，文物保护单位名称一般用仿宋字体，或用楷书、隶书，其他内容一律用仿宋字体。不要用行书、草书和篆书，以便人们识读。所有文字均用规范简化汉字，从左到右横排。

保护标志的质地，应采用石质等坚固的材料，大型标志置于野外，容易损坏，不应用木制。标志一般应树立在人们易见处。范围较大的文物保护单位，或一处文物保护单位文物点多、线长，可树立若干分标志；也可根据实际需要，树立若干坚固耐久的保护范围界桩。树立标志的形式可因地制宜，有立柱式、坐式、镶嵌式等，以坚固为原则，高度以适合一般人的视线为宜。

文物保护单位的说明，可以书写在保护标志的背面，也可以另立说明牌。说明文字，主要介绍文物保护单位的名称、时代、性质、内容、价值、保护范围等。全国重点文物保护单位的说明内容，应经省级文物行政部门审定。

三、建立记录档案

建立记录档案是对文物保护单位所做的重要基础工作之一。记录档案是用各种方式或手段记载文物保护单位的科学资料，主要包括对文物保护单位本身的记录和有关文献史料。根据“四有”规范，记录档案从性质和内容上，可分为科学技术资料和行政管理文件；从时间上，可分为当代和历史两部分；从形式上，有文字、绘图、拓片、摹本、摄影（照片、幻灯片、影视胶片等）、计算机磁盘以及其他信息载体。记录档案，必须科学、准确、翔实。它包括主卷、副卷和参考卷。

记录档案主卷，以记录保护管理工作和科学资料为主。“四有”

规范中，规定了主卷第一部分是文字记录，内容有：全国重点文物保护单位登记表、地理位置和自然环境、历史沿革、保存现状、三个价值（历史、艺术、科学价值）、历次维修或发掘情况、保护范围及建设控制地带、保护标志和说明牌及界桩、重要文物登记表或目录索引、文物考古调查记录、保管机构或群众性保护组织、使用单位及保护机构等。第二部分是图纸、照片、拓片或摹本等，其中图纸包括：地理位置图、总平面图，建筑群体和主要单体的平、立、断面图，历次重要维修实测设计、竣工图；遗址发掘区遗迹平面图，典型地层剖面图，重要遗迹的平、剖面图；重要文物藏品的平、剖面图，等等。第三部分为电影片、录像、磁盘及其他信息载体。

“四有”规范规定，记录档案副卷，以记载、收录该文物保护单位的有关行政管理文件，以及日常工作情况为主，如人民政府或文物行政部门有关保护该文物保护单位的文件、布告、通知、奖励、保护合同等。

记录档案参考卷，主要记载、收录与该文物保护单位有关的资料，如有关该文物保护单位的出版物，与主、副卷有关的详细资料等。

文物保护单位记录档案的建立，一般应由县级以上文物行政部门和文物事业机构负责。全国重点文物保护单位的记录档案，由省、自治区、直辖市文物行政部门指定的机构负责，并按上述法律规定报国家文物行政部门备案。记录档案的保存，必须有安全的场所和必要的设施，并有专人负责管理。同时，应制定收集、整理、借阅、利用档案的管理制度，认真贯彻执行。不断补充的后续材料，要及时向保存档案的单位寄送，以保证各保管单位的记录档案资料的一致性和完整性。

四、设立保管机构

为了做好文物保护单位的保护管理工作，需要有组织保证。根据2002年《文物保护法》的规定，应“区别情况分别设置专门机构或者专人负责管理”。目前，一批文物保护单位已经设立了专门保护管理机构，负责文物保护单位的保护管理工作，也有的设专人负责管理。

专门保管机构的主要任务，是负责对该处文物保护单位进行调查、保护管理、维修、藏品保管、宣传陈列、科学研究等。认真做好这些工作，对保护管理好文物保护单位有重要意义。比如，开展文物调查，是专门保管机构一项经常性的工作。只有经常进行深入的调查，才能不断了解和掌握所管理的文物的历史与现状，并预测它们以后的变化以及保护管理工作可能出现的问题。同时，只有经常开展有计划的、科学的调查，以及对调查资料进行整理研究工作，才能建立和不断补充、完善文物保护单位的记录档案。对于古建筑等保管机构来说，做好古建筑、纪念建筑、民族风格建筑等的保养、修缮工作，则是一项经常性的重要工作。对这些建筑物应经常进行扫垄、勾抹等保养工作，不可忽视。保管机构收藏的文物藏品，一定要及时登账、编目、入库，每件文物的名称、质地、时代、完残情况及编号，都要与文物账相符。文物藏品总账管理人员不能兼管文物。应制定严格的文物库房管理制度，确保文物安全。文物宣传工作是保管机构经常性工作之一，应采取举办文物陈列展览、编印文物宣传材料等多种形式，或通过新闻媒体，经常向广大群众宣传文物知识、保护文物的意义、文物法律和法规知识，对群众进行热爱文物、热爱家乡和爱国主义教育。加强对文物参观游览场所的管理。

尚未设立专门保管的文物保护单位，特别是全国重点文物保护单位，应设专人负责保管。县级以上政府也可责成使用单位或有关部门负责保护管理，但保护管理工作需接受文物行政部门的检查、指导和监督。

第三节 划出建设控制地带

在文物保护单位中，有些需要保护其周围人文环境和自然环境；保护环境风貌不受破坏，需要控制新的建设项目，控制新建筑的高度和体量等。

文物保护单位的环境风貌与文物保护单位相协调，具有时代特点和风格，应加以保护。古代建筑往往是与风景连在一起的，建设控制地带，应包括风景部分，使文物风景不受破坏。如一些古建筑、石窟寺与名山大川联系在一起，有不少景点是借景，要考虑在它们之间划出建设控制地带，以保护景观。建设控制地带的大小，应根据文物保护单位的实际，如群体与个别、集中与分散、周围的地理环境差别、经济发展规划等，因地制宜划定。

2002 年《文物保护法》第十八条的规定，为保护文物保护单位环境风貌提供了法律依据。它规定："根据保护文物的实际需要，经省、自治区、直辖市人民政府批准，可以在文物保护单位的周围划出一定的建设控制地带，并予以公布。""在文物保护单位的建设控制地带内进行建设工程，不得破坏文物保护单位的历史风貌；工程设计方案应当根据文物保护单位的级别，经相应的文物行政部门同意后，报城乡建设规划部门批准。"

建设控制地带的划定，首先是根据保护文物的需要，并不是所有的文物保护单位都要划定建设控制地带。它是在文物保护单位保护范围之外划出一定区域，既保护文物保护单位本身，又保护它周围一定范围内的环境风貌。因此，应根据文物保护单位的实际情况和保护其环境风貌的实际需要，即根据保护对象的格局、安全、环境和景观的需要，以及周围的地形、地貌、历史环境等情况，科学划定建设控制地带。具体划定工作由文物行政部门和城乡规划部门负责。全国重点文物保护单位和省级文物保护单位的建设控制地带划定后，须报省、自治区、直辖市人民政府批准。

在建设控制地带内控制建设项目的总的要求是，不修建直接或间接从空中或地下对文物构成危害和破坏文物保护单位的环境风貌的新建筑物和构筑物。根据这一总的要求，在建设控制地带，不能修建其形式、高度、体量、色调等与文物保护单位环境风貌不协调的建筑物与构筑物等。如必须修建时，应按法定程序报设计方案，经批准后方可建设。

第四节　文物保护单位保护制度

在文物保护单位的保护中，把它纳入城乡建设规划、在保护范围内不得进行其他建设工程、建设单位在选址和设计时应采取保护措施、因建设工程必须迁移时应妥善处理等，是对文物保护单位进行保护管理的重要原则和措施。

一、纳入城乡建设规划

在进行城乡建设规划时，把文物保护单位纳入城乡建设规划，是对文物保护单位实施有计划保护和科学管理的重要措施。它可以使文物保护单位在城乡建设中免遭破坏，同时可以增加城镇的历史文化色彩，对建设有中国特色的城镇有重要意义。2002 年《文物保护法》第十六条规定："各级人民政府制定城乡建设规划，应当根据文物保护的需要，事先由城乡建设规划部门会同文物行政部门商定对本行政区域内各级文物保护单位的保护措施，并纳入规划。"它是把文物保护单位纳入城乡建设规划加以保护的重要法律依据。

实践证明，凡是在规划建设城镇时，把文物保护单位纳入规划，并认真加以保护的，不仅保护好了文物，而且使它周围的建筑与之协调，使城镇既保留传统文化，又有现代气息，证明了文物保护和城乡建设是紧密关联、相辅相成的。相反，有些地方，在规划城乡建设时，没有注意把文物保护单位纳入规划给予保护，使文物保护单位及其环境风貌在建设中受到损坏，既损坏了文物及其景观，又没有搞好有中国特色的城镇建设。

为了做好把文物保护单位纳入城乡建设规划工作，城乡规划部门与文物行政部门应统一认识，加强联系，密切合作。具体而言，应共同掌握文物保护单位数量、分布、规模、时代、价值等资料，共同研究，提出保护规划意见，并进行论证后，将其纳入城乡建设规划。

二、在保护范围内不得进行其他建设工程

在文物保护单位的保护范围内不得进行其他建设工程，是保护文

物保护单位的又一重要措施。2002年《文物保护法》第十七条对此做出了明确规定:"文物保护单位的保护范围内不得进行其他建设工程或者爆破、钻探、挖掘等作业。但是,因特殊情况需要在文物保护单位的保护范围内进行其他建设工程或者爆破、钻探、挖掘等作业的,必须保证文物保护单位的安全,并经核定公布该文物保护单位的人民政府批准,在批准前应当征得上一级人民政府文物行政部门同意;在全国重点文物保护单位的保护范围内进行其他建设工程或者爆破、钻探、挖掘等作业的,必须经省、自治区、直辖市人民政府批准,在批准前应当征得国务院文物行政部门同意。"

上述"因特殊情况需要",应该是特殊需要。它应是关系到国计民生全局的和国家长远利益的建设项目或者作业,不能把一般建设工程或某个局部的建设项目或者作业的需要称之为特殊需要。"因特殊情况需要"的建设项目或者作业,必须按照上述法律规定的程序报经批准。这是保护文物保护单位安全和周围环境不遭破坏的重要法律保障。

在此还应指出的是,"因特殊情况需要"的建设项目或者作业,2002年《文物保护法》之所以规定了严格的批准程序,表明在这一关系到保护祖国文化遗产的重大问题上,必须十分慎重地处理,严格把关,以免造成不可弥补的损失。因此,在执行这一规定时,法律程序决不可简化,上述同意、批准机关缺一不可,否则不具备法律效力。同时,在批准时,要对文物保护单位采取保护措施,既要有利于文物保护,又要有利于基本建设。

近些年来,有些地方未经法定程序批准,违反1982年《文物保护法》规定,在全国文物保护单位保护范围或建设控制地带,修建了游乐场所、宾馆饭店、商场等,严重地破坏了人文环境和自然环境,破坏了文物保护单位的完整性。这些违法或违章的建设项目,就是从局部利益出发,根本不是特殊情况需要的工程。因此,近年来,有些地方为了申报世界遗产,花费数千万元,甚至上亿元进行了拆除,大力整治环境,在一定程度上恢复或改善了文物保护单位的环境风貌,既有利于文物保护,也有利于人们参观游览。这些教训应该认真吸取，其中重要的一条就是认真执行2002年《文物保护法》的上述规定。

为了防止对文物保护单位及其环境造成污染，2002年《文物保护法》第十九条规定："在文物保护单位的保护范围和建设控制地带内，不得建设污染文物保护单位及其环境的设施，不得进行可能影响文物保护单位安全及其环境的活动。对已有的污染文物保护单位及其环境的设施，应当限期治理。"这是一条新的规定，在此之前，我国环境保护法律中就有保护不可移动文物及其环境的原则规定。为了防止大气对文物保护单位的污染，2000年9月1日起实施的经修订的《中华人民共和国大气污染防治法》第十六条规定："在国务院、省、自治区、直辖市人民政府划定的风景名胜区、自然保护区、文物保护单位附近地区和其他需要特别保护的区域内，不得建设污染环境的工业生产设施；建设其他设施，其污染物排放不得超过规定的排放标准。在本法实施前企业、事业单位已经建成的设施，其污染物排放超过规定的排放标准的，依照本法第四十八条的规定限期治理。"第四十八条规定："违反本法规定，向大气排放污染物超过国家和地方规定排放标准的，应当限期治理，并由所在地县级以上地方人民政府环境保护行政主管部门处以一万元以上十万元以下罚款。"

废气、粉尘、废水等会对文物保护单位及其环境造成污染，如水泥厂的粉尘会对文物保护单位及其环境造成污染，严重的会损坏文物。如某地的大水泥厂，粉尘曾大量落在附近的全国重点文物保护单位石窟寺洞窟内和建筑物上，下雨后落在建筑物上的粉尘固结成水泥层，损坏了古建筑。据报载，曾对乐山大佛造成污染、损害的有水泥厂和化工厂等十余个大中小型企业的废气、废水，其中有的也许不在全国重点文物保护单位乐山大佛保护范围和建设控制地带内，但大气污染却损害着大佛的安全，现在正在治理中。

大同云冈石窟前，原有一条运煤公路干道，由于飞扬的煤粉严重污染石窟造像，使其披上"黑纱"，同时影响了游人参观。为解决对石窟文物的严重污染问题，重新修建了一条公路运煤，绕开云冈石窟，大大改善了全国重点文物保护单位云冈石窟的环境。2001年，联合国教科文组织已将云冈石窟列入《世界遗产名录》。

废气、粉尘、废水等污染了文物保护单位及其环境，也造成文物保护单位参观游览场所污染，对参观游览者的身心是一种伤害。

保护文物保护单位及其环境不受污染，是我国保护环境国策的重要组成部分。上述法律规定，为防止和限期治理各种污染对文物保护单位及其环境的损害，提供了法律依据。

三、原址保护和迁移保护

原址保护是保护不可移动文物的一个重要原则。不可移动文物的产生和形成，总的来说，与周围人文和自然环境紧密相连，构成一个整体，蕴含着诸多历史、文化、科学信息。它在某地的产生和形成不是偶然的，与国家或当地社会历史发展，或与政治、经济、军事、科学技术、民族、宗教等某些方面有不可分割的联系。如承德避暑山庄不是清代康熙、乾隆皇帝仅仅为了避暑而修建的，它实际上是清朝的第二个政治中心。而修建外八庙，又与当时对蒙、藏的民族宗教政策和巩固边疆有密切关系。原址保护就可以把不可移动文物的历史、艺术、科学价值和各种文化信息比较完整地保存下来，对于文物研究和发挥文物作用有非常重要的意义。比如，一处与重大历史事件有关的、具有重要纪念意义的近代重要史迹，在当时的环境和条件下，选择它作为领导机关和会议地址，是有利的。如果把它移往他处，自然环境和人文环境都改变了，后代的人们就难理解，当时为什么选择它作为领导机关驻地和会议地址？从而影响了它的历史价值，以及它在当时所起的作用。因此，原址保护不可移动文物是保护历史的真实性、保存文化科学信息的完整性所必须的。在我国以经济建设为中心的现代化建设事业中，建设工程往往涉及到文物保护单位及其他不可移动文物的问题，如何处理好建设工程与文物保护的关系，需要依据有关法律的规定，坚定不移地执行。

2002年《文物保护法》第二十条，在不可移动文物原址保护方面做出了明确规定："建设工程选址，应当尽可能避开不可移动文物；因特殊情况不能避开的，对文物保护单位应当尽可能实施原址保护。""实施原址保护的，建设单位应当事先确定保护措施，根据文物保护单位的级别报相应的文物行政部门批准，并将保护措施列入可行性研究报告或者设计任务书。”

自20世纪50年代以来，我国在处理建设工程与文物保护关系方面有许多好的做法，积累了丰富经验，也形成了一套办法或规定，其中主要的有：文物行政部门，一是向建设等主管部门提供不可移动文物及文物保护单位资料，二是对选址提出建议或参与论证，三是共同研究有关保护措施，特别是如必须另行选址，应提出明确意见。

作为建设单位，在选址时，要注意在选址范围内是否有不可移动文物或文物保护单位，该建设工程对不可移动文物或文物保护单位可能带来什么影响，并由此考虑该工程能否在此选址。这些问题在建设工程选址和论证阶段就应加以解决。如选址可以确定，在可行性研究或工程设计阶段，应把保护不可移动文物或文物保护单位的措施列入可行性研究报告或设计任务书中。如必须另行选址，也不会给建设单位带来损失。那种不考虑保护不可移动文物或文物保护单位，匆忙选址、设计以至进行工程前期工作，结果，因保护文物的需要而必须另行选址的，必然会带来一定损失。

建设工程选址避开不可移动文物的事例很多，如有一项建设项目原拟在河南偃师尸乡沟一带建设，经勘探发现了湮没在地下的商代早期城址，平面略呈长方形，面积190余万平方米。为了保护该古城址，原拟在该处建设的项目，移出了古城址，避开了该处不可移动文物。1988年，该古城址被公布为全国重点文物保护单位。

又如，湖北大冶铜绿山古铜矿遗址，仍有很大开采价值，有人认为可以对遗址迁移保护，但经过考察和反复论证，为了保护这处全国重点文物保护单位，决定停止开采铜矿矿石，实行原址保护。现已建成遗址博物馆。再如，四川涪陵长江中，存有唐至清代水文石刻，即白鹤梁题刻，是1988年公布的全国重点文物保护单位，在三峡大坝建成后，将永远处于水下。由于它的性质决定了不能迁移保护，如迁移，将失去它的重要价值。经反复研究决定，原址保护。保护措施正在研究中。还有修建公路、铁路等避开文物保护单位，或者对新发现的不可移动文物实施原址保护的事例很多，不再赘述。

迁移文物保护单位是在无法实施原址保护的情况下所采取的一种保护措施，但不是什么工程都可以迁移。为了保证文物保护单位不被任意迁移或者拆除，2002 年《文物保护法》第二十条规定：“无法实施原址保护的，必须迁移异地保护或者拆除的，应当报省、自治区、直辖市人民政府批准；迁移或者拆除省级文物保护单位的，批准前须征得国务院文物行政部门同意。全国重点文物保护单位不得拆除；需要迁移的，须由省、自治区、直辖市人民政府报国务院批准。”“依照前款规定拆除的国有不可移动文物中具有收藏价值的壁画、雕塑、建筑构件等，由文物行政部门指定的文物收藏单位收藏。”

迁移或者拆除的文物保护单位主要是古建筑、纪念建筑物、近代现代代表性建筑和石刻等，应是建设工程特别需要，否则，会使它们毁坏、消失。如因修建黄河三门峡水库，把处于水库淹没区的元代建筑永乐宫（内有巨幅元代壁画）迁至芮城县城以北；长江三峡大坝建成后，处于淹没区的一些古建筑需要事先迁移保护，等等。

按照法定程序报经批准迁移或拆除的文物保护单位，文物行政部门应及时组织专业技术人员，对迁移或拆除的古建筑、纪念建筑物等，认真做好详细的文字记录，实测平面图、立面图、剖面图、结构图、大样图，拍摄各种资料，临摹壁画等。在拆除过程中，要认真做好各种构件的编号、登记、拍照与拆除记录等工作，分类码放构件。迁移的古建筑、纪念建筑物等，要选好新址，按原来的布局、建筑结构和形式，并尽可能利用原来的主要构件，重新复原修建。拆除后不在异地复原修建的，其建筑构件、艺术品、附属文物如碑碣、匾额、楹联等，应由文物行政部门指定的国有文物收藏单位收藏。

2002 年《文物保护法》第二十条还明确规定：“本条规定的原址保护、迁移、拆除所需费用，由建设单位列入建设工程预算。”为解决原址保护、迁移、拆除文物保护单位及不可移动文物所需经费，提供了重要法律依据。

四、保持文物原状原则

保持文物原状，是保护文物的真实性，保护它所含有的各种信息的科学性和完整性。文物具有历史、艺术、科学价值，这些价值都包含在文物的原状之中，如果改变了原状，就改变了原状所具有的历史、科学技术和文化艺术水平的时代性，从而就失去了原有价值，甚至会向人们和后代传递某种错误信息。因此，保持文物原状，是文物保护、维修、修缮，以及迁移中必须遵守的一个重要原则。

2002 年《文物保护法》第二十一条规定："对不可移动文物进行修缮、保养、迁移，必须遵守不改变文物原状的原则。"什么是不可移动文物的原状？如何保持原状？这些是文物保护工作中经常涉及的问题，需要深入研究探讨。一般来说，不可移动文物的原状是指它产生和历史的形成的状况，不一定是不可移动文物最早的状况。不同类别的文物原状的内容，既有相同之处，又有各自的特点。总的来说，不可移动文物原状的内容主要包括：①文物规模（或范围）和布局（或分布）及其相互关系；②建筑结构、形式、法式以及主要材料；③文物形式、内容和艺术手法；④文物周围的地形、地貌、自然环境和历史人文环境等。这并不是说，每处不可移动文物的原状都要具有这四个方面的内容，而是要根据每处文物具体情况来研究确定。

对不可移动文物修缮、保养、迁移，是一项科学研究和工程技术工作，专业性很强。如何保证在修缮、保养、迁移不可移动文物过程中，遵守不改变文物原状的原则，必须有组织和法律保障。2002 年《文物保护法》第二十一条规定："对文物保护单位进行修缮，应当根据文物保护单位的级别报相应的文物行政部门批准；对未核定为文物保护单位的不可移动文物进行修缮，应当报登记的县级人民政府文物行政部门批准。"据此，全国重点文物保护单位的修缮方案、设计应报国家文物行政部门批准。为了保证修缮、迁移工程的科学性和工程质量，第二十一条还规定："由取得文物保护工程资质证书的单位承担。"

近些年来，一些地方花巨资在已全部毁坏的不可移动文物原址上，修建了布局、结构、体量、高度、形式、色调等与原建筑物完全相同的新建筑，实际上是新的仿古建筑。它把有历史和科学价值的不可移动文物原址即文化遗址破坏了，失去了遗址的原有价值和保护价值。

为了保护文物的原状和真实性，2002 年《文物保护法》第二十二条对不可移动文物已全部毁坏的，不得在原址重建做出明确规定："不可移动文物已经全部毁坏的，应当实施遗址保护，不得在原址重建。但是，因特殊情况需要在原址重建的，由省、自治区、直辖市人民政府文物行政部门征得国务院文物行政部门同意后，报省、自治区、直辖市人民政府批准；全国重点文物保护单位需要在原址重建的，由省、自治区、直辖市人民政府报国务院批准。"

五、保持文物保护单位的文化用途

文物保护单位中的古建筑、纪念建筑物、近代现代代表性建筑、石窟寺、石刻、古墓葬等，具有重要的历史、艺术和科学价值，其中，相当部分又有很强的观赏性，可供人们参观游览、文化欣赏、学习知识、休闲愉悦、陶冶情操。这是文物保护单位重要的文化用途。在 1961 年《文物保护管理暂行条例》中就明文规定，核定为文物保护单位的纪念建筑物或者古建筑，可以辟为参观游览场所。在此后的法律、法规中这一规定一直未变，即坚持它的文化用途，发挥它的文化作用。2002 年《文物保护法》第二十三条规定："核定为文物保护单位的属于国家所有的纪念建筑物或者古建筑，除可以建立博物馆、保管所或者辟为参观游览场所外，如果必须作其他用途的，应当经核定公布该文物保护单位的人民政府文物行政部门征得上一级文物行政部门同意后，报核定公布该文物保护单位的人民政府批准；全国重点文物保护单位作其他用途的，应当由省、自治区、直辖市人民政府报国务院批准。国有未核定为文物保护单位的不可移动文物作其他用途的，应当报告县级人民政府文物行政部门。"可以建立博物馆、保管所或者辟为参观游览场所，是从文物特性、文物的公众性和公益性的根本点出发，坚持它的文化用途。这样对文物的利用，是科学的，是合理利用，才符合 2002 年《文物保护法》第四条规定的文物保护工作的方针。

上述法律规定，纪念建筑物、古建筑的合理利用：一是"可以建立博物馆、保管所"。实践证明，这是正确的，是符合我国这样一个发展中国家的国情的。这些文物事业机构作为公益性事业单位，在长期的文物保护、维修、研究、宣传等工作中做了大量工作，为保护、宣传这些不可移动文物做出了贡献，也积累了合理利用的丰富经验。

在纪念建筑物或古建筑内建立博物馆，符合它们的文化属性与特点。它比一般的博物馆有更多的参观内容，也能提高游人的游兴。文物保管所既是保护管理纪念建筑物和古建筑的专门机构，又是合理利用该文物保护单位、负责该参观游览场所管理工作的机构。

二是可以“辟为参观游览场所”。这是由它们的文化属性和文化用途决定的。各级文物保护单位，是我国几十万处不可移动文物中各类文物的代表，大都具有代表性或典型性，是中国重要的文化遗产。古建筑和纪念建筑物，以其具有鲜明的时代特点和中国建筑传统文化著称。古建筑中许多与名山大川、优美风景联系在一起。它们不仅具有历史、艺术、科学价值，而且也具有很强的观赏价值。把它们辟为参观游览场所，既可以使人们学习、了解中国的悠久历史和传统文化，对观众进行爱国主义教育，又可以使人们在参观游览中得到休息、娱乐、陶冶情操，寓教于参观游览之中。

古建筑、纪念建筑物辟为参观游览场所，其性质为文化遗产参观游览地，不同于其他娱乐场所。因此，要特别注意保护这些不可移动文物的原状和周围的环境风貌。只有这样，才能使观众了解它的特色和价值，对参观游览者才具有吸引力。那种把文物原状加以改变，把其周围环境风貌破坏的做法，既违反了《文物保护法》的规定，又使该不可移动文物在一定程度上失去了原有的特性和价值。没有特点的文化遗产参观游览场所，是没有优势的，对参观游览者是缺乏真正吸引力的。

古建筑、纪念建筑物可以辟为参观游览场所，但并不等于它们都可以辟为参观游览场所。应根据它本身的特点和具体情况，首先把文物安全放在首位，然后看其开放条件。可以开放并具备参观条件的，应当根据其级别，报同级文物行政部门同意。

关于其他用途。所谓其他用途，即把纪念建筑物或者古建筑等文物保护单位作为上述两种性质利用以外的利用。按照 2002 年《文物保护法》的规定，这种用途的改变，如确属必须，应报经批准。

什么是必须的其他用途？它是牵涉到整体利益、全局利益的利用，不能把某单位或部门的利益需要也叫作必须的利用。同时，还应研究，这种必须的利用是否符合文物保护单位的文化属性和特点，是否合理利用。如果不符合，不合理，那也是违反《文物保护法》和有关法规规定的。因此，从保护我国文化遗产的长远利益出发，是不能同意的。

纪念建筑物或者古建筑等文物保护单位，如果必须作其他用途，必须按照 2002 年《文物保护法》规定的内容和程序报经批准。这些规定，是为了保证文物保护单位不被一些单位或部门任意占用，是为了保障文物保护单位的安全和国家文化财产不受侵害。因此，不能简化内容和法定程序。

文物行政部门对上述规定的执行负有重要责任。首先，对"其他用途"进行严格审查，调查了解作其他用途的性质和具体情况，以确定该种利用是否合理，是否符合文物的文化属性和特点。其次，对作其他用途的必要性与可行性进行认真研究、科学论证。经专家考察论证确实"必须"与合理的利用，文物安全也有保证，在这种情况下，应将考察、论证情况及结论，以及如何利用的具体要求等，报上一级文物行政部门征得同意后，报人民政府批准，并由文物行政部门与利用单位或其上级主管部门签订有关合同，经公证部门公证后，方可利用。

2002 年《文物保护法》第二十六条规定："使用不可移动文物，必须遵守不改变文物原状的原则，负责保护建筑物及其附属文物的安全，不得损毁、改建、添建或者拆除不可移动文物。"在第二十一条还规定："国有不可移动文物由使用人负责修缮、保养。"不可移动文物使用人应严格遵守这些规定，承担保护责任，履行保护义务；文物行政部门应负责检查监督，加强管理。

六、不得转让、抵押与经营

文物保护单位是不可移动文物中历史、艺术、科学价值重要的部分，是国家重要的文化遗产。国有文物的公众性和公益性，主要体现为文物的文化功用，为公众享有。文物作用的基本点是文化作用，体现在各个方面，辟为参观游览场所只是具有观赏性的纪念建筑物、古建筑、石窟寺等发挥作用的一个方面。有些地方不加区别，把文物保护单位能否开放参观，作为衡量是否利用的惟一标准，这是对合理利用、发挥文物作用的曲解。更有甚者，把国有文物保护单位出租、承包给企业组织或者私人，或者把文物开放场所门票划给旅游企业组织经营，使国有文物保护单位所有权受到侵犯，文物遭到损坏，造成国有资产流失。

在我国建立社会主义市场经济体制中出现的上述做法，是违反1982年《文物保护法》及其实施细则规定的基本原则的。2002年《文物保护法》对在新形势下出现的问题，进一步做出了明确规定。如在第十一条规定："文物是不可再生的文化资源。"由于文物的不可再生性，毁坏的就永远消失了。这种文化资源是保护性文化资源，是文化用途；不是经济资源，不能作为企业资产经营。要切实贯彻"保护为主，抢救第一"的文物工作方针。这一方针已写入2002年《文物保护法》总则第四条，用法律形式固定下来。文物保护工作在今后相当长的时期内，都要贯彻执行这一方针。

2002年《文物保护法》第十条规定："国有博物馆、纪念馆、文物保护单位等的事业性收入，专门用于文物保护，任何单位或者个人不得侵占、挪用。"这一规定：一是明确了国有博物馆、纪念馆、文物保护单位的事业性收入的性质，门票收入是这些单位事业性收入的重要组成部分，从而明确了门票性质是事业性收入，不是经营问题。二是事业性收入，专门用于文物保护，是增加文物保护经费的重要渠道之一，如用于文物的科技保护、保养、修缮等；不能作为企业组织收入，由企业组织支配。三是对这些单位的事业性收入，任何单位或个人不得侵占、挪用。如把门票划给企业组织经营，不仅改变了门票收入的性质，也必然造成企业组织侵占、挪用。因此，法律做出了上述禁止性规定。

2002年《文物保护法》在总则第五条规定："国有文物所有权受法律保护，不容侵犯。"在第十条也做出相应规定。在第二十四条又进一步做出明确的禁止性规定："国有不可移动文物不得转让、抵押。

建立博物馆、保管所或者辟为参观游览场所的国有文物保护单位，不得作为企业资产经营。”这些规定，为保护国有不可移动文物的所有权不受侵犯，文物不遭破坏，国有文化财产不致流失提供了重要法律保障。

保护国有不可移动文物的上述规定，第一，不得转让，包括出让、出租、承包、出卖等形式的转让，或者是事实上、合同形式的转让；包括所有权、管理权和经营权等整体权益的转让，或者是分项权益（如门票经营权）的转让，否则，就是违法。第二，不得抵押。根据《担保法》的规定，抵押是债务人或者第三人不转移对抵押财产的占有，将该财产作为债权的担保，债权人对抵押财产不享有占有权，如非法占有债务人抵押财产，即侵害了债务人对抵押财产的占有权，债务人有权依法请求归还。国有不可移动文物归国家所有，任何单位或者个人无权以债务人身份将国有不可移动文物作为债权的担保，即抵押国有不可移动文物。如果有此类违法事件发生，应依法处理。第三，不得作为企业资产经营。国有文物保护单位是国家不可再生的重要文化资源，是中华民族巨大的文化财富和精神财富。它的文化功用将世代永续发挥，为中华民族子孙永远享有。不改变它的文化用途是一个重要原则。它不是经济资源，不得作为企业资产经营。否则，就是侵占了国有文化资源，在讼诉时也不受诉讼时效期间的限制。

此外，2002 年《文物保护法》对非国有不可移动文物的转让、抵押和改变用途，在第二十五条做出明确规定：“非国有不可移动文物不得转让、抵押给外国人。”“非国有不可移动文物转让、抵押或者改变用途的，应当根据其级别报相应的文物行政部门备案。”非国有的全国重点文物保护单位、省级文物保护单位和市、县级文物保护单位，分别报国家文物行政部门、省级文物行政部门和市、县级文物行政部门备案，以加强对非国有不可移动文物的管理。

第五节　历史文化名城保护

中国历史文化名城保护工作起步较晚。1982 年，国务院开始公布国家历史文化名城，至今已公布101座。此外，省级人民政府也公布了省级历史文化名城、名镇等。2002年《文物保护法》第十四条规定："保存文物特别丰富并且具有重大历史价值或者革命意义的城市，由国务院核定公布为历史文化名城。""保存文物特别丰富并且具有重大历史价值或者革命意义的城镇、街道、村庄，由省、自治区、直辖市人民政府核定公布为历史文化街区、村镇，并报国务院备案。""历史文化名城和历史文化街区、村镇的保护办法，由国务院制定。"

上述法律规定，对文化名城区分和核定公布做出了明确规范，不再将文化名城区分为国家历史文化名城和省级历史文化名城；历史文化名城由国务院核定公布，历史文化街区由省级人民政府核定公布。

一、历史文化名城保护状况

近二十年来，各地对已公布的历史文化名城保护做了许多工作，有些地方制定了文化名城规划，有些地方公布了历史文化名城重点保护街区，有些地方对文化名城重点街区和城墙进行了维修，有些省、市制定了历史文化名城保护条例等。

保护历史文化名城，最重要的是保存文化名城固有的格局和风貌。山西平遥和云南丽江等国家历史文化名城保护得好，最基本的就是保护了文化名城的固有格局和风貌。山西平遥县政府为了保护文化名城，规划迁出政府机关和一部分居民，实际上是在新建一个城区。云南丽江政府保护文化名城的基本做法和经验，就是把新旧城分开，保护旧城，建设发展新城区。这些做法和经验，实际上是遵循世界上保护文化名城共同的模式，即新旧城分开，保护旧城，建设新城。如法国巴黎、意大利罗马等，就是采取新旧城分开的模式，保护老城，建设新城。平遥、丽江文化名城保护，采取新旧城分开的模式，取得了成功，使它们成为世界文化遗产，列入了《世界文化遗产名录》。

广州是国家历史文化名城，广州市政府多年来重视老城区的文物保护，对新发现的重要文化遗址，立即采取措施，倾全力保护，建设项目为之让路。如在老城区中心地带发现了西汉南越国宫署遗址，立即停止了在此地的建设项目，并在周边划出4.8万平方米保护区，控制建设。政府为此退补给外商近2亿元，同时拨出3亿元将与宫署遗址相邻的儿童公园迁走。广州市政府为保护旧城的传统文化和发展建设新城做出了规划。他们还制定了《广州市历史文化名城保护条例》，“划定了广州第一批历史文化保护区 16 片，内控历史文化保护区 21 片，老字号 27 家，编制了名城的保护规划。另外，为满足 1000 万人口的居住、创业需求，广州将拉开城市布局，引导城市向东、向南发展。东面的天河新区和珠江新城已经初具规模，南翼的番禺区将努力吸引中心城区的部分人口向该区转移，发展成为适合居住、商住、旅游度假的新兴卫星城。新区的开发，增加了城市的活力，避免了对旧城风貌的破坏，老城区人口明显递减，为旧城保护和改造留出了空间。”① 这是广州市政府总结广州城发展历史和吸取其他城市在历史文化名城保护方面的经验教训后的正确选择，实际上也是采取新旧城分开的模式。

在历史文化名城保护成功与失败的事实面前，在经验和教训面前，历史文化名城保护采取新旧城分开的模式，已逐渐为更多的人们所了解和接受，除平遥和丽江外，上海市规划、建设了浦东新区，使老城区的功能得以合理释放和转移，保护了老城的历史文化街区。苏州市在苏州老城外另建新区，保护了历史文化名城苏州，又为新的城市的发展开拓了更大的空间。

历史文化名城在城市现代化建设和改造中，遭到严重破坏也是不争的事实。在我国实行城市化进程中，历史文化名城保护形势十分严峻，不容乐观。

在城市现代化进程中，许多具有历史文化特色和民族传统特色的名城基本格局、街区、名镇和古老建筑被拆除、改造、破坏。据报载，在历史文化名城遵义，就拆除了遵义会址附近街区建筑，使原格局和历史风貌基本无存；在历史文化名城福州，三坊七巷名存实亡；在历史文化名城定海，强行拆除了旧城的主要历史街区和有历史价值的建筑，等等。现在，有相当一部分历史文化名城已基本上找不到原

① 李卓彬：《珍惜地方历史文化，建设现代化中心城市——在全国文物保护工作现场会上的讲话》，载《文物工作》，2001 年第 12 期。

有的格局和历史街区风貌。

历史文化名城老城区，是文化名城基本格局和历史风貌最集中的区域，又往往是城市改造的重点地区。20 世纪 90 年代以来，大规模的现代化城镇建设和城市改造，对历史文化名城造成整块整片街区的破坏，已超过了新中国成立以来的任何时期。

历史文化名城和历史文化街区，集中体现了民族传统文化是我国历史文化遗产中重要组成部分。面对城市化进程中历史文化名城的保护与城市建设的矛盾，更需加强规划，宣传规划，执行规划，通过规划进行控制，科学合理地解决矛盾，把历史文化名城这份重要的文化遗产流传给子孙后代。

二、历史文化名城保护规划

2002 年《文物保护法》第十四条规定："历史文化名城和历史文化街区、村镇所在地的县级以上地方人民政府应当组织编制专门的历史文化名城和历史文化街区、村镇保护规划，并纳入城市总体规划。"

历史文化名城和历史文化街区、村镇，都是在不同历史时期形成的，具有自己的特点和风格，有自己的传统。在制定历史文化名城和历史文化街区、村镇保护规划时，应突出不同的特点，保留其原来风格。

在制定文化名城保护规划之前，应进行深入调查研究，从横的方面，摸清各类不可移动文物及风景名胜在地域和空间的分布、传统街区的保存与分布、城市布局等；在纵的方面，掌握城市不同发展阶段的文物的完整体系，从而深入研究名城的特点和风格。

我国国家历史文化名城，有的是历代帝王都城，如西安、洛阳、开封、杭州、南京、北京等，有着极其丰富多彩的历史文化遗产；有的是商埠都会，如上海、泉州、天津等，中外文化遗存甚多；有的是文化古城，如曲阜、敦煌、绍兴等，有丰富的传统文化遗存；有的是革命圣地，如南昌、遵义、延安等，有许多重要史迹，体现了革命传统，等等。这些各有特色的文化名城，是从其主要的历史传统及其特点区分的，就其全部历史来说，决不是单一的，内容要丰富得多。

只有在深入调查，在进一步研究历史文化名城布局和传统文化街区分布，逐步摸清文化名城不可移动文物数量、分布、价值的基础上，才能比较准确地评价历史文化名城的历史文化传统和特点，研究制定好历史文化名城的保护规划。

历史文化名城保护规划，应体现它的性质和特点，这是制定保护规划的原则。首先应注意继承和发扬历史文化名城的历史优秀传统，并在城市形态、布局、土地利用、环境保护等规划方面得到反映，其目的是使历史文化名城的发展和建设，既符合现代生产、生活的要求，又能保持历史文化名城的传统风貌。如国家历史文化名城承德，又是风景游览城市，这是它的性质和特点。其规划应以此为据进行，老城区不宜扩大，严格控制人口；不宜建工厂，可发展电子工业、工艺品生产等；尤其要保护好避暑山庄、外八庙及其他风景名胜；炼钢、煤炭等工业项目应建设在新市区和矿区。

历史文化名城保护规划是专项规划，是以保护历史文化名城布局、传统街区、文物古迹、风景名胜及其环境为重点的。它是城市总体规划的重要组成部分。编制保护规划时，以上述内容为重点，各项建设要与它们科学地结合，并相协调，注重保持和发扬民族风格和地方特色，保持历史文化名城传统风貌。

具体而言，应根据不可移动文物的历史、艺术、科学价值，确定其级别和重点，对单体的古建筑、纪念建筑物或建筑群连片地段、典型街区（传统街区）、古城遗址、古墓葬区等，要按其重要程度，以点、线、面的形式划定重点保护区和建设控制地带。通过规划，把它们有机地组织到城市的整体环境中去。要特别注意保留名城固有的合理的总体布局，特别注意保持整个城市空间环境的协调，从而达到保护历史文化名城的传统风貌。同时，要制定保护和控制的措施，以显示历史文化名城的历史连续性。

历史文化名城保护涉及生产建设、人们生活等各个方面，在制定保护规划时，要处理好各方面的关系。如处理好城市现代化建设和历史文化名城保护的关系，处理好城市生产、生活和历史文化名城保护的关系，处理好发展旅游业与历史文化名城保护的关系等。

在管理方面，既要执行历史文化名城保护规划及保护、控制措施，又要开展宣传教育工作，协调处理各方面的关系，努力争取各方面密切配合和积极合作，得到广大群众的理解和支持，只有这样，才能真正把历史文化名城保护好、管理好。

第六节 国际社会关于保护历史文化名城的规定

世界上许多国家都十分重视保护历史文化名城，并制定了相应的法律、法规。如意大利著名的历史文化名城威尼斯和佛罗伦萨，完全保存了原有格局和历史风貌，早已列入《世界遗产名录》；法国巴黎旧城基本保持了原来布局和历史风貌；美国恢复和保存了威廉斯堡18世纪的古镇；日本在1971年专门公布了《关于古都历史风土保存的特别措施保存法》，很好地保护了历史文化名城京都和奈良。

联合国教科文组织和有关国际组织，积极从事保护历史文化名城工作，制定、公布了保护历史文化名城的《建议》和《宪章》。

一、联合国教科文组织的《建议》

联合国教科文组织大会第十九届会议于1976年11月26日，在内罗毕通过了《关于历史地区的保护及其当代作用的建议》，它在“总则”中规定：

(1)“历史地区及其环境应被视为不可替代的世界遗产的组成部分。其所在国政府和公民应把保护该遗址并使之与我们时代的社会生活融为一体作为自己的义务。国家、地区或地方当局应根据各成员国关于权限划分的情况，为全体公民和国际社会的利益，负责履行这一义务。”

(2)“每一历史地区及其周围环境应从整体上视为一个相互联系的统一体，其协调及特性取决于它的各组成部分的联合，这些组成部分包括人类活动、建筑物、空间结构及周围环境。因此一切有效的组成部分，包括人类活动，无论多么微不足道，都对整体具有不可忽视的意义。”

(3)“历史地区及其周围环境应得到积极保护，使之免受各种损坏，特别是由于不适当的利用、不必要的添建和诸如将会损坏其真实性的错误的或愚蠢的改变而带来的损害，以及由于各种形式的污染而带来的损害。任何修复工程的进行，应以科学原则为基础。同样，也应十分注意组成建筑群并赋予各建筑群以自身特征的各个部分之间的联系与对此所产生的和谐与美感。”

（4）“在导致建筑物的规模和密度大量增加的现代城市化的情况下，历史地区除了遭受直接的破坏危险外，还存在一个真正的危险：新开发的地区会毁坏临近的历史地区的环境和特征。建筑师和城市规划者应谨慎从事，以确保古迹和历史地区的景色不致遭到破坏，并确保历史地区与当代生活和谐一致。”

（5）“当存在建筑技术和建筑形式的日益普遍化可能造成整个世界的环境单一化的危险时，保护历史地区能对维护和发展每个国家的文化和社会价值做出突出贡献。这也有助于从建筑上丰富世界文化遗产。”

《建议》还提出了“保护措施”之“立法及行政措施”与“技术、经济和社会措施”，对“国家、地区和地方政策”、“研究、教育和信息”与“国际合作”等也做了规定。《建议》最后提出：“根据本建议的精神和原则，成员国不应采取任何行动拆除或改变其所占领土之上的历史区段、城镇和遗址的特征。”①

二、国际古迹遗址理事会的《宪章》

国际古迹遗址理事会全体大会第八届会议于1987年10月在美国华盛顿通过《保护历史城镇与城区宪章》，一般又称华盛顿宪章，规定了保护历史城镇和城区的原则、目标和方法。《宪章》分“序言和定义”、“原则和目标”、“方法和手段”三部分，主要内容有：

在“序言和定义”部分，《宪章》规定：所有城市社区，不论是长期发展起来的，还是有意创建的，都是历史上各种各样的社会的表现。历史城区“不论大小，其中包括城市、城镇以及历史中心或居住区，也包括其自然的和人造的环境。除了它们的历史文献作用之外，

① 《关于历史地区的保护及其当代作用的建议》，见国家文物局法制处：《国际保护文化遗产法律文件选编》，紫禁城出版社，1993年第1版。

这些地区体现着传统的城市文化的价值”。保护历史城镇与城区，意味着保存和修复及其发展，并和谐地适应现代生活所需的各种步骤。

在“原则和目标”部分，《宪章》规定：“对历史城镇和其他历史城区的保护应成为经济与社会发展政策的完整组成部分，并应当列入各级城市和地区规划。”规定强调要保存历史城镇和城区的特征以及表明这种特征的一切物质和精神的组成部分，特别是：“用地段和街道说明的城市的形制”；“建筑物与绿地和空地的关系”；“用规模、大小、风格、建筑、材料、色彩以及装饰说明的建筑物的外貌，包括内部的和外部的”；“该城镇和城区与周围环境的关系，包括自然的和人工的”；“长期以来该城镇和城区所获得的各种作用”。任何对这种特性的威胁“都将损害历史城镇和城区的真实性”。同时，规定还强调了居民的参与对保护计划的成功所起的重要作用，保护所需的谨慎以及系统方法和学科等。

在“方法和手段”部分，《宪章》规定：“在做出保护历史城镇和城区规划之前必须进行多学科的研究。保护规划必须反映所有相关因素，包括考古学、历史学、建筑学、工艺学、社会学以及经济学”。“保护规划的主要目标应该明确说明达到上述目标所需的法律、行政和财政手段”。“保护规划的目的应旨在确保历史城镇和城区作为一个整体的和谐关系”。“保护规划应该决定哪些建筑物必须保存，哪些在一定条件下应该保存以及哪些在极其例外的情况下可以拆毁”。规定强调“日常维护对有效地保护历史城镇和城区至关重要”。“新的作用和活动应该与历史城镇和城区的特征相适应”。“当需要修建新建筑物或对现有建筑物进行改建时，应当尊重现有的空间布局，特别是在规模和地段大小方面”。现代因素的引入应与周围环境和谐。规定强调“历史城镇和城区内的交通必须加以控制，必须划定停车场，以免损坏其历史建筑物及其环境”。“城市或区域规划中做出修建主要公路的规定时，这些公路不得穿过历史城镇或城区，但应改进接近它们的交通”。同时，还规定“为了保护这一遗产并为居民的安全与安居乐业，应保护历史城镇免受自然灾害、污染和噪音的危害”。[①]

《宪章》还规定了鼓励全体居民参与保护，应采取有利于保护和修复的财政措施和专业培训等。

① 《保护历史城镇与城区宪章》，见国家文物局法制处：《国际保护文化遗产法律文件选编》，紫禁城出版社，1993年第1版。

第十一章　考古发掘管理和文物保护制度

考古发掘是对古文化遗址、古墓葬和水下文物进行科学研究的重要手段之一，也是对其进行保护管理的重要方面。我国对古文化遗址、古墓葬和水下文物等考古遗产保护管理的主要原则、内容和方法与国际上是基本一致的。

国家对田野考古发掘的管理，最根本的是保证田野考古发掘的科学性和文化遗存免遭破坏。管理的依据是国家的法律、法规和科学规程。这种科学管理，贯穿于田野考古发掘的全过程。对田野考古发掘的管理，在许多国家有一条共同规定，即考古发掘必须经中央政府的主管部门同意或批准，并接受其监督。在中国也是如此。

中国的田野考古发掘工作始于 20 世纪 20 年代，管理工作也随之开始。1950 年，中央人民政府政务院颁发了《古文化遗址及古墓葬之调查发掘暂行办法》，其中规定任何团体或个人“在未得中央人民政府文化部批准前，不得擅自进行发掘”。1961 年，国务院颁布《文物保护管理暂行条例》，其中对考古发掘配合基本建设工程等做出规定。文化部据此制定、经国务院批准的《古遗址、古墓葬调查、发掘暂行管理办法》（1964 年），对考古发掘任务、要求、审批、出土文物保管等做出了明确规定。1982 年《文物保护法》公布实施，为古遗址、古墓葬保护和考古发掘管理提供了法律依据。在此之后，文化部和国家文物局相继制定、颁发了《中华人民共和国考古发掘申请书》和《中华人民共和国考古发掘证照》（1983 年）、《田野考古工作规程(试行)》(1984 年)、《考古发掘管理办法》（1998 年）等。从 1989 年以来，国家文物局分批审核、批准考古发掘团体单位和考古发掘项目个人领队的资格。现在，中国的田野发掘管理和文物保护工作，已建立在法律、法规和科学的基础之上，形成了具有中国特色的保护管理制度。

第一节 考古发掘资格认定

田野考古工作是考古学研究的基础，确保考古发掘工作符合科学要求，对科学研究和保护古代文化遗存极为重要。实行考古发掘资格认定制度，是加强考古发掘的业务、技术管理，提高发掘水平，保证发掘质量的重要一环。中国的考古发掘资格认定制度已经确立。对考古发掘资格的认定，分为考古发掘团体单位资格和考古发掘项目领队人员资格。作为专门从事文物考古工作的单位，是否具备考古发掘团体单位资格，专业人员构成是一个重要条件。在专业人员中，考古发掘项目领队人员所占的比例又十分重要。

考古发掘项目领队人员对田野考古发掘工作负完全责任。在《田野考古工作规程》中，明确规定了其主要负责的各项工作，他（她）在田野考古发掘中占重要地位。发掘质量的高低、发掘工地全面工作的好坏与领队人员的素质和水平的高低、工作经验的多少等都有密切的关系。

田野考古发掘是考古学研究的基础。运用现代考古发掘技术对古遗址或古墓葬进行发掘是现代考古学重要标志之一。根据田野考古发掘在现代考古学中的重要地位和作用，可将其称为田野考古研究。它的理论基础是地层学和类型学。在《田野考古工作规程》中，对古文化遗址的发掘，从基本原则和要求、出土遗物处理、测定标本采集、遗迹遗物资料记录等，都做出了比较详细的规定，反映了田野考古发掘的科学要求和科学研究程序。实践这些规定，就是对发掘对象逐步深入地研究。但这些规定能否在田野考古实践中实现，决定了考古学研究基础是否牢固，决定了考古学研究水平。因此，考古发掘项目领队人员和专业干部的法制观念、业务素质以及是否身体力行去实践《田野考古工作规程》的规定，则至为关键。

在考古发掘过程中，随时都会出现新的遗迹现象或有遗物出土，它需要领队人员和专业干部认真观察、分析、研究、处理，并运用各种手段及时做好记录，采取科学的而不是随意的方法进行处理。比如《规程》要求“根据土质、土色和其他现象划分地层和遗迹单位，由晚及早逐一揭露。必须注意遗存间的关系”。如果领队人员和专业干部不在田野考古发掘现场，不亲自动手，而单靠技工或工人去做，不仅很难达到要求，而且有的会搞错搞乱，这种事例并不罕见。领队人员和专业干部在田野考古发掘现场，观察、分析、处理发现的各种遗迹和遗物，会有很多观感和体会，并获得第一手资料。记录等第二手材料是死的，即使正确，一般反映着记录者的认识和水平，实际上也不可能把发掘过程中的各种遗迹现象都反映出来，领队人员和专业干部对此若知之甚少，将对后期整理研究、编写考古发掘报告极为不利，甚至导致出现差错。

因此，对考古发掘项目领队人员和考古发掘团体单位的资格认定，是关系到考古遗产研究和考古学研究水平的关键之一，也是古文化遗址、古墓葬等科学保护的关键之一。2002 年《文物保护法》第二十七条规定：“从事考古发掘的单位，应当经国务院文物行政部门批准。”

申请考古发掘项目个人领队资格的专业人员必须能胜任《规程》中规定的各项职责，具备《考古发掘管理办法》规定的条件，即：“大学考古专业（含本科、硕士、博士研究生）毕业，取得中级专业技术职务后，从事考古发掘工作 2 年以上”；“具有独立组织考古调查、勘探、发掘的能力……并能组织编写考古发掘报告”；“作为组织者之一或主要参加者，完成过一项以上较重要的考古发掘工作，并执笔完成年度考古发掘简报或作为主要成员参与完成中型考古发掘报告”；“在组织和实施考古发掘过程中，熟悉考古学某一领域的前沿问题，能根据学科发展趋势选定并研究有一定学术价值的课题，撰写有一定水平的论文。”

考古发掘团体单位资格，《考古发掘管理办法》规定：“具备一定数量受过高等学校考古专业训练，能从事考古发掘的专业人员，其中具有考古发掘个人领队资格的专业人员不得少于 4 人”；“具有受过专业训练、能从事文物保护工作的科技人员”；“具备必须的考古发掘和文物保护设备”；“具备从事一般性文物保护处理的实验室”；“具有保证文物安全的文物库房和整理场地”。

根据文物法律规定的原则，文物系统、科研部门和高等学校的考古发掘单位，都必须经国家文物局批准，才具有从事考古发掘的资格。因此，符合国家规定条件的文物考古单位和文物考古专业人员，可填写资格认定申请报告和申请书，按规定程序和要求，报国家文物局。经国家文物局考古发掘资格评议委员会评议，对评议通过的团体单位和个人，由国家文物局审查批准，并颁发证书。经批准具有考古发掘团体单位资格的，方可申请考古发掘项目，从事考古发掘工作；具有考古发掘项目个人领队资格的，才能担任考古发掘项目领队，主持发掘工作。

自资格认定工作开始至今，先后已有省、自治区、直辖市文物考古机构、科研部门和高等院校考古单位，以及一些城市如广州、荆州、洛阳、西安等文物考古机构，获得了考古发掘团体单位资格；一大批考古专业干部获得了考古发掘项目个人领队资格，从而为保证田野考古质量，进一步提高田野考古水平，为进一步加强古遗址和古墓葬保护工作打下了坚实基础。

第二节 考古发掘项目申请与审批

田野考古发掘是一项科学研究工作，又是文物保护的一种手段。根据田野考古发掘的不同情况，考古发掘分为为科学研究进行的发掘、配合建设工程进行的发掘、抢救性发掘和特许发掘。

2002 年《文物保护法》第二十七条规定：“一切考古发掘工作，必须履行报批手续；从事考古发掘的单位，应当经国务院文物行政部门批准。”“地下埋藏的文物，任何单位或者个人都不得私自发掘。”

任何考古发掘都必须按照法定程序报经批准。申请考古发掘项目，必须填报《中华人民共和国考古发掘申请书》。它是对考古发掘计划、专业人员组成、经费来源、技术保护措施等进行审查，对考古发掘实行统一管理的重要措施。申请书包括下列内容：

①申请单位的名称及负责人姓名；

②发掘对象的名称、时代、级别、具体地点、面积和范围；

③前期准备（包括调查、勘探）情况；

④年度发掘点的具体位置和面积（附图）；

⑤年度发掘的时间或期限；

⑥年度发掘的学术目的、计划；

⑦发掘经费的来源和数额；

⑧领队人员的姓名、专业职务、主持完成的发掘项目和代表性学术成果；

⑨主要业务人员的姓名、专业职务、在该项目中承担的任务；

⑩对可能出现遗迹现象的保护措施和出土文物保护的技术准备情况；

⑪连续性项目的年度报告完成情况；

⑫其他需要说明的问题。

填写上述内容是为了对发掘必要性、可行性和该项发掘能否保证质量等进行审查。也就是审查该项发掘，特别是为科学研究的发掘的学术价值、学术目的以及通过发掘能否达到预期目的；同时审查发掘单位所采取的组织措施、技术保护措施等，是否能保证田野发掘质量和出土文物保护。例如，第⑧项和第⑨项，就是要了解发掘项目领队人员和主要业务人员的组织能力、业务水平能否保证发掘质量，并达到预期目的；第⑩项，就是要审查对可能发现的重要遗迹和珍贵文物准备采取的技术保护措施，如发现壁画、出土漆器或丝织品后的处理方法等等。申请发掘的单位，即具有考古发掘团体资格的单位，在填写申请书时，应实事求是，认真填写，力求详细。

考古发掘申请书上报时间，有关办法均有明确规定，即为科学研究和教学实习的考古发掘，考古发掘单位应在每年的第一季度，向国家文物局申报；配合建设工程的考古发掘，考古发掘单位可以在发掘前三十日内，向国家文物局申报；但确因建设工程工期紧迫，或者文物面临自然破坏危险，急需发掘的，也就是急需抢救发掘的，经省级人民政府文物行政部门同意后，考古发掘单位可以先行发掘，自发掘之日起十五日内补报发掘申请。

考古发掘申请，经国家文物局按法定程序批准后，考古发掘单位始可进行发掘工作。未经批准，任何单位或者个人都不得私自发掘古遗址和古墓葬。

第三节 田野考古勘探和发掘管理

田野考古勘探和发掘，既有为科学研究而进行的考古勘探和发掘，又有配合基本建设和生产建设进行的考古勘探和发掘。而特许发掘和抢救性发掘，又分别与前者和后者有密切关系。

一、配合建设工程的考古调查和勘探

配合建设工程和生产建设的考古调查与勘探，是文物考古单位的主要任务之一，是文物行政部门管理工作的组成部分。中华人民共和国成立后，随着三年经济恢复时期的结束，有计划的经济建设开始，基本建设工程和生产建设项目愈来愈多，配合建设工程和生产建设进行考古调查和勘探的任务越来越重。1953 年 10 月，中央人民政府政务院发出《关于在基本建设工程中保护历史及革命文物的指示》。《指示》中说："现在全国各地区展开大规模的基本建设工程，各工程地区已不断发现古墓葬、古文化遗址，并已掘出了不少古代的珍贵文物。……对于这些地下、地上的文物、建筑等如何及时做好保护工作，并保证在基本建设工程中不致遭受破坏和损失，实为目前文化部门和基本建设部门的共同的重要任务之一。"《指示》还说，基本建设主管部门在较大规模的基本建设工程确定施工路线、施工区之前，应负责与同级文化主管部门联系，地方文化主管部门不能决定时，报请文化部决定，商由基本建设主管部门在预定工地，先期进行勘查钻探，再行决定施工。政务院《指示》确定的这一原则，在以后制定的法规中得到了进一步发展。1961 年 3 月，国务院发布《文物保护管理暂行条例》规定："在进行大规模的工业、农业、水利、交通、国防、城市建设等工程的时候，建设部门应事先会同省、自治区、直辖

市文化行政部门在工程范围内进行文物的勘探工作，对勘探中发现的文物，应当共同商定具体的保护或处理办法。遇有特别重要的发现，省、自治区、直辖市文化行政部门应当报文化部处理。”同时还规定：“凡因建设工程关系而进行的文物勘探……应当纳入建设工程计划，所需的经费和劳动力，由建设部门分别列入预算和劳动计划。”1982年和2002年《文物保护法》对《条例》的这些规定加以肯定和完善，成为我们开展考古调查和勘探工作的法律依据。

几十年来，文物考古部门根据文物法律、法规的规定，配合基本建设工程和生产建设进行考古调查和勘探，做了大量工作，取得了很大成绩，其中包括许多重大发现，既保证了工程的顺利进行，又保护了文物。如洛阳历史悠久，有九个王朝在此建都，历时近千年，素有“九朝故都”之称，地下文化遗存异常丰富，文物考古单位积极配合基本建设工程和生产建设，对古遗址和古墓葬等进行调查、勘探，为建设部门提供有关资料。1955年10月，为配合黄河三门峡水库建设，文化部和中国科学院联合组成黄河水库考古工作队，分十个组，前往三门峡水库区各地，对地下文化遗存进行了全面调查，为重点发掘工作提供了重要依据。1956年又调查甘肃刘家峡水库区的文化遗存。1957年，山西文物考古单位为配合侯马建设工程进行了广泛的考古调查工作。1958年开始，为配合农田水利建设，先后分别组织文物考古单位，对河北易县燕下都和山东临淄齐故城等进行勘探。随着经济建设的不断发展，特别是中共十一届三中全会以后，以经济建设为中心，各种建设工程项目接踵列入计划，配合建设工程进行考古调查、勘探的任务愈来愈重。20世纪90年代以来，为配合长江三峡水利工程，国家文物局组织了全国几十个文物考古单位对三峡库区文物进行调查、勘探，发现了许多前所未知的古文化遗址、古墓葬、古建筑、石刻等文物。

1. 地下文化遗存的调查与勘探

2002年《文物保护法》第三十九条规定：“进行大型基本建设工程，建设单位应当事先报请省、自治区、直辖市人民政府文物行政部门组织从事考古发掘的单位在工程范围内有可能埋藏文物的地方进行考古调查、勘探。”“考古调查、勘探中发现文物的，由省、自治区、直辖市人民政府文物行政部门根据文物保护的要求会同建设单位共同商定保护措施；遇有重要发现的，由省、自治区、直辖市人民政府文物行政部门及时报国务院文物行政部门处理。”它对配合基本建设工程进行考古调查、勘探的原则，对发现文物如何商定处理办法等做出了明确规定。

考古调查、勘探地下文化遗存时，应首先查阅文献资料，如地方志和其他史书记载，还要查阅文物调查和普查资料及有关研究成果，对其进行必要的整理，进一步了解建设工程所在地的历史、地理、文物等情况。与此同时，应做好调查、勘探前的各项准备工作。在田野考古调查中，一定要实地踏勘了解，采集文物标本，做好调查文字记录、绘图、摄影记录等资料工作。

考古勘探是在考古调查的基础上，对古文化遗址、古墓葬等文化遗存做进一步勘察了解，也可以与考古调查同时进行，以便于争取时间了解清楚地下文化遗存的分布与性质，为建设工程项目选址的确定提供科学依据。

在建设工程范围内进行考古调查和勘探，应由建设单位事先报请省级文物行政部门组织从事考古发掘的单位在工程范围内有可能埋藏文物的地方进行考古调查、勘探。在这里建设单位是主动的，它了解建设工程的规模和范围，应当向文物行政部门提供情况，以便于文物行政部门确定考古调查、勘探的范围和工作计划。不少建设单位做到了这一点。有的建设单位没有主动与文物行政部门联系与合作，往往既影响建设工程的进行，又损坏了文物。这样的教训应当记取。

文物行政部门特别是省、自治区、直辖市文物行政部门，在贯彻执行 2002 年《文物保护法》上述规定方面，应做好向计划、工业、农业、水利、交通、城建部门提供各地已知的古遗址和古墓葬分布、时代、价值等方面资料的工作。有的省将该省文物地图集提供给建设部门，以图集上标出的文物点为重要依据，在建设工程选址时，要与文物行政部门商定。同时，文物行政部门应经常向有关部门了解基本建设规划、工程项目计划和具体安排等情况，以便早做准备，组织力量，及时做好建设工程选址范围内的考古调查和勘探工作。

在建设工程范围内有可能埋藏文物的地方进行考古调查和勘探，经实践证明是十分必要的。许多原来并未发现古遗址、古墓葬的地方，经调查、勘探以至发掘，有重大发现。河北文物考古单位在定州火车站附近的一项建设工程范围内，经勘探和发掘，发现了商代墓葬，出土了一批带铭文铜器等文物，可能是商王朝一个方国的墓地，有重要价值。而在此之前，并不知道这里有商代墓葬。因此，所谓“有可能埋藏文物的地方”，应从该地区的历史发展，从古遗址和古墓葬分布状况提供的线索来分析、预测。同时，埋藏在地下的文物，只有在一定条件下才能被发现。在没有经过考古调查、勘探之前，绝不能因为以前在此地未发现地下文物，就主观地断定建设工程范围内没有埋藏文物。这对建设工程的选址和进行，对文物保护都是不利的。

改革开放以后，特别是建立社会主义市场经济体制以来，建设工程投资多元化在不断扩大，其中有国家和集体投资的工程，也有个人投资的工程，还有许多外商投资工程。在民营建设工程和外商建设工程范围内是否要进行考古调查、勘探和发掘？回答是肯定的。2002年《文物保护法》第二十九条和第三十条规定中，并没有对建设工程投资来源做出界定，同时，也没有排除性条款，因此，法律规定适用于在中国境内不同投资来源的任何建设工程。

2. 共同商定保护文物办法

在建设工程范围内经考古调查、勘探发现的文物，应共同商定保护措施，“遇有重要发现的，由省、自治区、直辖市人民政府文物行政部门及时报国务院文物行政部门处理。”建设单位和文物行政部门在商定对发现文物的处理办法时，应全面权衡，对发现的古遗址和古墓葬等，认真分析研究。对历史、艺术和科学价值很高，而在施工中必然对其造成重大损失的，应从保护我国文化遗产的长远利益出发，建设工程项目可以另行选址的，应另行选址。

有些古遗址和古墓葬虽然很重要，但因建设工程项目特殊需要，文物部门应按法定程序报经批准，配合建设工程进行发掘。这也是对地下文物实施保护的一种手段。这样，既有利于对地下文物的保护，又有利于重点建设工程的进行。一般来说，在建设工程范围内考古调查、勘探发现的古遗址、古墓葬等，都应进行考古发掘。发掘之后，应根据古遗址和古墓葬的重要程度，研究确定保护办法，如对重要壁画、墓室进行搬迁，或者所在环境及保护条件允许，也可以原地保护。

二、为科学研究的考古发掘

为科学研究进行的考古发掘，也可称为主动发掘。其目的是为了解决某项学术问题或为了教学实习，有利于学科的发展与提高。经过发掘，获得供科学研究用的文物、标本和遗迹，使学生在田野考古发掘中掌握田野考古知识、发掘方法和技能，得到基本训练。

2002年《文物保护法》第二十八条规定："从事考古发掘的单位，为了科学研究进行考古发掘，应当提出发掘计划，报国务院文物行政部门批准；对全国重点文物保护单位的考古发掘计划，应当经国务院文物行政部门审核后报国务院批准。国务院文物行政部门在批准或者审核前，应当征求社会科学研究机构及其他科研机构和有关专家的意见。"

为科学研究需要进行的考古发掘项目，应有课题意识和明确的研究目的，对其价值应进行全面评估，同时必须对可能出土的不同类别的文物的安全和科技保护提出切实可行的对策。面对几十年来的实践和出土的许多珍贵文物因解决不了科技保护问题而被毁坏的严酷事实，任何具有科学态度和责任心的领导和专家，都应对重要古遗址和陵墓的发掘持慎之又慎的态度。在考古发掘技术和文物保护技术未过关之前，或未对发掘对象做好多学科综合研究之前，不应主动去进行发掘，而应留待具有更先进的考古发掘技术和文物保护技术，以及具备多学科研究条件之后，再根据情况决定。在对待考古遗产研究上，应着眼于长远科学研究和文物保护。在国际古迹遗址理事会《考古遗产保护与管理宪章》中，对于科学研究发掘，规定："为了阐明研究问题或为了向民众展览而更有效地阐述古迹遗址，也可以对没有遭受威胁的遗址进行发掘。在这种情况下，发掘之前必须首先对遗址的重要性进行全面的科学评估。发掘应该是部分的，留一部分不受干扰，以便今后研究。”联合国教科文组织《关于适用于考古发掘的国际原则的建议》中，要求各成员国应该部分或整体保留不同时期未发掘的一定数量的考古遗址，以便利用改造之后的发掘技术和更先进的考古知识进行发掘。

具有考古发掘团体资格的考古发掘单位，为了解决学术问题和教学实习，拟对某古遗址或古墓葬发掘时，在申请发掘项目之前，应征求发掘项目所在地省级文物行政部门的意见，并与土地使用单位或个人进行协商，以有利于申请的发掘项目获得批准后，顺利开展田野考古发掘工作。

为了科学研究的发掘项目，应在每年第一季度，向国家文物局提出申请报告。各省、自治区、直辖市具有考古发掘团体资格的考古发掘单位的申请报告，应由省级文物行政部门统一报国家文物局。其他考古发掘单位的申请报告，按规定程序报国家文物局。经国家文物局批准的考古发掘项目，考古发掘单位才能开展考古发掘工作；未经批准的项目，不得擅自进行考古发掘。

三、配合建设工程的考古发掘

配合建设工程进行的考古发掘，其目的是为了避免古遗址和古墓葬在工程进行中遭到破坏，是一种保护措施。经过发掘，可了解清楚古遗址文化内涵，保护古遗址和古墓葬中出土的文物。

配合建设工程进行考古发掘，并加强对该工作的管理，是文物行政部门和文物考古机构、研究部门和高等院校考古发掘单位的一项重要任务。以配合建设工程为主进行考古发掘，是我国考古发掘工作须长期坚持的原则。自 20 世纪 50 年代以来，随着我国社会经济的发展，特别是改革开放以来，以经济建设为中心，现代化建设飞速发展，在城镇和农村建设中，在工业、农业、交通、水利、能源、国防等建设中，各项建设工程项目无数，配合基本建设和生产建设工程进行的考古发掘是大量的。近些年来，国家文物局审批的考古发掘项目，有 2/3 左右是配合建设工程的项目。因此，以配合建设工程为主进行考古发掘是符合我国国情的。

配合建设工程的考古发掘，应在考古调查、勘探的基础上进行。

2002年《文物保护法》第三十条规定："需要配合建设工程进行的考古发掘工作，应当由省、自治区、直辖市文物行政部门在勘探工作的基础上提出发掘计划，报国务院文物行政部门批准。国务院文物行政部门在批准前，应当征求社会科学研究机构及其他科研机构和有关专家的意见。"

配合建设工程的考古发掘计划，是根据建设工程项目选址后，经考古勘探后提出的，与施工期关系很大，不可能像为科学研究进行考古发掘那样，发掘计划可统一在每年第一季度申报。基于这一特殊性，考古发掘单位可以在考古发掘开始前三十日内向国家文物局申报。经批准后，开始发掘工作。

配合建设工程的考古发掘，在发掘工作结束之前，建设单位不得施工。保护考古发掘工地出土遗迹和遗物安全，是文物行政部门、考古发掘单位和建设单位共同的责任。建设单位、施工单位应当积极配合考古发掘单位，做好安全保卫工作，确保出土文物和重要遗迹安全。同时，考古发掘工地秩序井然，也有利于考古发掘工作的顺利进行，按计划或提前完成发掘工作，以利于建设工程进行施工。

四、抢救性考古发掘

抢救性考古发掘，是在建设工期紧迫或由于自然的原因，可能使古遗址或古墓葬遭到严重破坏的情况下，为了抢救埋藏在地下的文物免遭破坏而采取的应急措施。2002年《文物保护法》第三十条第二款规定："确因建设工期紧迫或者有自然破坏危险，对古文化遗址、古墓葬急需进行抢救发掘的，由省、自治区、直辖市人民政府文物行政部门组织发掘，并同时补办审批手续。"据此，抢救性考古发掘有两类：一类是因建设工程紧迫的抢救性发掘；另一类是因自然破坏的抢救性发掘。

抢救性发掘的范围，古遗址以塌陷、暴露或短期内有破坏危险的部分为限；古墓葬以塌陷并已暴露的单室墓为限。对全国重点文物保护单位和省级文物保护单位中的古遗址、古墓葬的抢救发掘，或采取的紧急保护措施，应执行有关规定。不得以抢救为名，发掘大型古墓或帝王陵墓，以免造成不可弥补的损失。

抢救性考古发掘，应由省级文物行政部门组织从事考古发掘的单位，或者具有考古发掘项目领队资格的人员，以及考古专业干部进行，以保证抢救性考古发掘质量和文物安全。抢救性考古发掘的补报时间，应按有关规定执行。

五、考古调查、勘探和发掘经费

考古调查、勘探和发掘经费，因其工作性质和要求不同，经费来源也不同。在文物保护工作中，为了调查了解某一地区古遗址或古墓葬情况，正常开展的考古调查，甚至勘探工作，所需经费由这些单位正常经费中解决，或申请财政部门安排补助经费；为科学研究和教学实习的考古发掘，所需经费由从事考古发掘工作的单位负责，或申请科研、教学实习专项补助经费；为配合建设工程的考古发掘和抢救性考古发掘所需经费，由建设单位列入建设工程的预算，负责解决。这是国际通行的做法，如世界银行贷款或资助的建设项目，在方案中必须包括保护文化遗产的项目，否则不予批准。

自新中国成立以来，配合建设工程进行的考古调查、勘探和发掘，所需经费都是由建设单位列入预算，给予解决。如 1961 年国务院发布的《文物保护管理暂行条例》第九条规定："凡因建设工程关系而进行的文物勘探、发掘、拆除、迁移等工作，应当纳入建设工程计划，所需的经费和劳动力，由建设部门分别列入预算和劳动计划。"随着社会经济的发展，这个原则没有改变，并且不断完善。

2002 年《文物保护法》第三十一条规定："凡因进行基本建设和生产建设需要的考古调查、勘探、发掘，所需费用由建设单位列入建设工程预算。"在社会主义市场经济体制下，建设单位有国有单位、集体单位，也有民营单位，还有外商投资单位。以上法律规定，对这些单位都是适用的。这些单位投资的建设工程，都应把建设工程范围内的考古调查、勘探和发掘所需经费，列入建设单位对工程的投资预算。对文物考古单位而言，这种预算资金既不是文物考古单位的行政收费，也不是事业性收入，它是用于建设工程中考古调查、勘探、发掘和保护文物的费用，是建设工程预算的组成部分。

值得重视和注意的是，有的地方在这方面给外商优惠，把外商建设工程排除在法律规定之外，未经文物行政部门组织力量，在工程范围内有可能埋藏文物的地方进行考古调查、勘探和发掘，只怕影响引资，影响外商投资工程，结果导致文物损坏。这种以损害我国文化遗产为代价吸引外资的做法，是错误的，是违法的。我们应向外资单位宣传有关法律规定，作为外商投资单位应了解中国法律，遵守中国法律，把保护人类文化遗产作为自己应尽的义务。

还有一种情况，民营企业家投资的项目，有的以投资数额有限，或者以没有工程预算为由，不对建设工程范围内有可能埋藏文物的地方进行考古调查、勘探和发掘，这也是违反法律规定的。作为民营企业家在建设工程选址时，要注意避开已知的古遗址或古墓葬，对工程选址地区未知的地下文化遗存，应向文物部门进行咨询，在有可能埋藏文物的地方进行必要的考古调查、勘探、发掘，所需费用，应列入工程预算。任何一项建设工程，建设者都会有工程预算。把这项工作做好，既是对国家文化遗产安全负责，也是对建设工程质量和安全负责，不能因小失大。

半个多世纪以来，文物考古单位配合建设工程进行考古调查、勘探和发掘，都是根据我国文物法律、法规的规定，由建设单位把考古调查、勘探和发掘经费列入工程预算，使此项工作得以顺利进行，既保护了文物，又有利于工程质量。为了加强对这项经费的管理，国家文物局经国家计委、财政部会签，并征得国家物价局、建设部同意，颁发了《考古调查、勘探、发掘经费预算定额管理办法》。《办法》规定：文物“调查经费预算定额的内容有：调查人员的交通费、住宿费、补助费、民工费、技术工人费、文具及工具耗损费、设备更新折旧费、文物包装运输费、资料整理费及不可预见费”。文物勘探经费预算定额内容有：“交通费、住宿费、补助费、民工费、技术工人费、文具及工具耗损费、设备更新折旧费、资料整理费、回填费、不可预见费”。同时，对文物调查、勘探经费的计算方法也做出了具体规定。《办法》的颁发实施，使文物行政部门在编制文物调查、勘探经费预算时，有章可循，避免随意性；建设单位在将文物调查、勘探经费列入投资计划时，也有具体依据。

第四节　保证发掘质量和出土文物安全

从事考古发掘的单位，无论是为科学研究的考古发掘，还是配合建设工程的考古发掘，或者抢救性考古发掘，在考古发掘计划批准后，应严格执行国家文物局批准的考古发掘项目计划，严格执行《田野考古工作规程》，保证发掘质量和出土文物的安全。考古发掘项目领队人员对执行发掘计划和田野考古工作规程负有完全责任。每个考古工作者要遵守纪律，坚守岗位，以良好的职业道德和尊重客观实际的工作作风去完成田野考古工作任务，同时要积极宣传文物知识、文物保护知识和文物法规。

一、严格执行《田野考古工作规程》

考古发掘单位在发掘工作中，要严格执行《田野考古工作规程》。它是考古工作的科学规范，是保证考古发掘质量的行政规章。在该《规程》中，对古遗址和古墓葬等发掘工作分别做出了明确规定。对古文化遗址发掘的基本原则和要求，是必须用科学的方法揭示与记录遗存的本来面貌，特别是未曾扰乱的地层关系。对墓葬的发掘，则要特别注意墓地的平面布局、墓葬与相关遗迹的联系，并要特别注意采取切实有效的安全措施，以保证发掘工作安全顺利地进行。对《规程》中规定的在遗址发掘中关于出土文物处理、测定标本采取、遗址资料记录等，在古墓葬发掘中关于墓葬封土发掘、土圹竖穴墓发掘、砖室（石室、洞室）墓发掘、墓葬资料记录等，都应认真去做，才能保证发掘工作的科学性和发掘质量。

在田野考古发掘中，如发现重要文物，考古发掘单位应及时上报。国家文物局根据实际情况，认为必要时，可派经验丰富的专业人员和专家赴现场指导发掘工作。一般来说，有些重大发现的处理，需要相应的技术力量和技术设备，往往考古发掘单位不易解决，由上级领导部门及时与有关部门联系，共同采取措施，以保证发现的重要文物不受损坏。长沙马王堆、广州南越王墓的发掘，国家文物局都派了专家指导发掘。马王堆女尸的解剖、保护等，就是同医疗部门医学专家合作取得的成果。一些重要出土文物的保护，有关单位的专家也给予了大力支持。类似的情况很多，目的只有一个，保护历史文化遗产不受损坏。因此，任何发掘单位和个人，不论出于何种动机，对重大发现隐匿不报都是错误的，对由此造成的损失，负有不可推卸的责任。

文物行政部门应认真做好考古发掘工作的检查与监督，督促考古发掘单位和考古发掘项目领队人员及有关人员，认真执行《田野考古工作规程》，提高发掘水平和保证发掘质量。与此同时，还应组织专家对考古发掘工地进行检查指导，帮助解决一些技术上或学术上以及工地管理上的问题。

二、加强发掘工地文物安全工作

考古发掘单位和有关单位要认真做好发掘工地出土文物的安全工作。由于发掘的科学要求，发掘中出土的文物不可能都立即起出，有些文物一时也起不出来，这就决定了出土文物安全工作的重要性。保证出土文物安全，是考古发掘单位和考古发掘项目领队人员、当地有关部门、建设单位等共同的责任。一些重要考古发掘工地，为确保出土文物安全，可以设立临时保卫组织，专人负责；也可以请公安部门负责保卫工作。在当前文物安全形势十分严峻的形势下，采取这些措施是十分必要的。

考古发掘单位和考古发掘项目领队人员以及有关人员，应认真做好考古发掘结束和资料整理工作。田野发掘工作结束后，应对发掘现场及时做出妥善处理，对拟保留的遗址、墓室等，及时提出保护意见。考古发掘所获得的出土文物和各种资料，归国家所有，应设专人保管，任何人不得私自保存，不得侵占。田野考古发掘工作结束后，出土文物和各种资料应交考古发掘单位妥善保管。要认真做好出土文物、采集标本、各种资料（包括文字记录、各种登记表、照片、录像、图纸等）的整理工作。在此基础上，按照规定时间编写出考古发掘学术报告。

第五节　出土文物的保管与调用

2002年《文物保护法》第三十四条规定："考古调查、勘探、发掘的结果，应当报告国务院文物行政部门和省、自治区、直辖市人民政府文物行政部门。"考古发掘单位在考古调查、勘探、发掘项目计划，或跨年度项目年度计划完成后，应按规定写出工作总结报告上级。

考古发掘所获得的出土文物，属于国家所有，是国家文化财产的重要组成部分。发掘中出土的文物，应全部采集，标明单位，以便于进一步整理；还要绘制器物图，编制器物卡片和填好各种登记表，并要编制出土文物清单。出土文物登记表，是检查出土文物实物的原始依据，是研究出土文物的科学资料的一部分，是出土文物留用或移交的重要依据。它是考古发掘中最重要的文化财产账，应永久保存。考古发掘单位编制的出土文物清单，应报上级文物行政部门备案。

一、指定出土文物保管单位

考古发掘单位在编写完考古发掘学术报告后，应做好出土文物留用和移交保管等工作。2002年《文物保护法》第三十四条规定："考古发掘的文物，应当登记造册，妥善保管，按照国家有关规定移交给由省、自治区、直辖市人民政府文物行政部门或者国务院文物行政部门指定的国有博物馆、图书馆或者其他国有收藏文物的单位收藏。""考古发掘的文物，任何单位或者个人不得侵占。"这一规定的根本出发点，是出土文物属于国家所有，应由国家占有、保护和收藏，任何单位或者个人侵占它，就是对出土文物所有权的侵犯，就是侵害了国家利益。这是我国法律所不允许的。

国有博物馆、图书馆等文物收藏单位，是国家专门设立的文物收藏、保管机构，具有文物库房和其他安全设施。国有博物馆取得文物的方式之一就是文物行政部门指定保管或者调拨。考古发掘单位应该移交的出土文物，由省、自治区、直辖市文物行政部门或者国务院文物行政部门根据保管条件和实际需要，指定具备保管条件的国有博物馆等文物收藏单位保管或者收藏，是执行法律规定。同时，这也符合我国考古发掘单位资格认定、考古发掘项目申报、田野考古发掘等管理规定。在指定出土文物保管单位时，应特别注意，保管单位应有符合安全要求的文物库房，有专人保管，有严格的保管制度，能保证文物安全。国有博物馆等收藏单位对出土文物的需要，即陈列展览、研究的需要，能充分发挥文物的作用。

二、出土文物的留用

考古发掘单位在考古发掘中，都会获得考古研究资料。出土文物、标本是其中的重要部分。考古发掘单位作为文物考古研究机构，在编写完考古发掘学术报告后，由于科学研究或者教学的需要，留存一部分出土文物、标本，是符合科学研究的要求和法律规定的。2002年《文物保护法》第三十四条规定："经省、自治区、直辖市人民政府文物行政部门或者国务院文物行政部门批准，从事考古发掘的单位可以保留少量出土文物作为科研标本。"

考古发掘单位需要保留的出土文物，应提出文物清单，做出说明，报省级文物行政部门或者国家文物行政部门批准。对经批准保留的出土文物，应设专人保管，建立文物账和文物档案，设立专门保管库房或标本室，配备防火、防盗、防自然损坏设施以及监控设施，确保文物安全。

在出土文物指定保管、移交方面，当前突出的问题是，大量出土文物尚未指定保管单位或者尚未移交国有博物馆等文物收藏单位保管。造成这一问题的原因是多方面的，是极其复杂的。但最根本的是双方利益问题，也有工作问题。首先，文物行政部门应依法做好指定出土文物保管工作；其次，交接双方应从各自单位的性质、任务出发，正确对待这一问题；再次，要协调处理好有关问题。国家文物局为了做好出土文物指定保管和移交工作，专门制定了办法。各地应根据2002年《文物保护法》规定和国家文物局的具体办法，从大局和国家利益出发，从文物安全出发，积极地把出土文物指定保管、移交和留用工作做好，既妥善保管好出土文物，又充分发挥出土文物的作用。

三、调用出土文物

调用出土文物，应是为了文物安全、科学研究和充分发挥文物的作用。2002 年《文物保护法》第三十五条规定："根据保证文物安全、进行科学研究和充分发挥文物作用的需要，省、自治区、直辖市人民政府文物行政部门经本级人民政府批准，可以调用本行政区域内的出土文物；国务院文物行政部门经国务院批准，可以调用全国的重要出土文物。"国家可以调用出土文物，是出土文物属于国家所有的重要特征之一。

保证文物安全，是人民政府文物行政部门的责任。考古发掘单位、国有博物馆等都保管或收藏有出土文物，其中有些单位没有专门的文物库房，或者文物库房安全设施较差，有的单位保管的出土文物已经受到自然力的严重侵害，有的单位保管的出土文物失窃，都使我国文化遗产遭到不可弥补的损失。从维护国家利益、保护国家重要文化遗产出发，将出土文物特别是其中的珍贵文物调到具备安全设施的单位保管是完全必要的。原保管单位应按照法规的规定，服从对出土文物的调用。

对出土文物进行研究，或利用文物进行科学研究，有时也需要调用出土文物。比如对有些重要的出土文物的研究，仅靠地方或某个单位的专业力量是有困难的，需要由国家或省级文物行政部门组织有关方面的专家共同进行。为了方便研究，有时需要把出土文物调到某地或者有关单位。我国一些地区出土的简牍、帛书，就曾调到北京进行整理、研究、编辑出版，取得了重要成果。

调用出土文物举办陈列展览，是发挥文物作用的一个重要方面。通过陈列，宣传出土文物的历史、艺术、科学价值，说明中国的悠久历史和灿烂文化，对观众进行历史唯物主义和爱国主义教育。调用出土文物到国外举办展览，进行广泛的文化交流，可以使国外观众通过形象、生动的出土文物，了解中国的悠久历史和传统文化。

第六节　中外合作考古管理制度

中国聘请外国学者或者与外国学术单位合作进行考古工作，始于1920年前后。在1927年4月成立的中瑞西北考察团，由中国徐炳昶和瑞典人斯文·赫定分任双方团长，考察内容包括地质学、气象学、天文学、人类学、考古学、民俗学等。这次考察持续到1933年，取得了丰硕成果。中华人民共和国成立后，考古事业有了很大发展，但与国外学术团体合作进行考古调查、勘探、发掘工作，直到20世纪80年代，除个别项目的调查、发掘外，几乎未曾开展。这种状况，不利于我国考古发掘单位与国外考古专业单位的交流，不利于我国考古学术水平的提高。1982年《文物保护法》第二十一条规定："非经国家文化行政管理部门报国务院特别许可，任何外国人或者外国团体不得在中华人民共和国境内进行考古调查和发掘。"它为我国与外国专业团体合作进行考古调查和发掘提供了法律依据。1991年《中华人民共和国考古涉外工作管理办法》（以下简称《考古涉外工作管理办法》）颁布实施，它对合作进行考古的原则、条件和审批程序等做出了明确规定。

2002年《文物保护法》对上述法律规定做了修订，基本原则是相同的，在第三十三条规定："非经国务院文物行政部门报国务院特别许可，任何外国人或者外国团体不得在中华人民共和国境内进行考古调查、勘探、发掘。"我们应认真贯彻执行这些法律、法规，加快步伐，与外国专业团体进行考古合作与交流，借鉴外国考古发掘和文物保护技术，进一步提高中国考古学研究和文物保护技术水平。

一、中外合作考古的原则

我国考古发掘单位与外国组织和国际组织在中国境内进行考古调查、勘探和发掘工作，进行与之有关的科学研究、对文物的科技保护活动，都要采取由中方和外方合作的形式进行。之所以如此，根本原因是为了维护中国的合法权益，保证中方和外方进行的考古工作在平等、健康的轨道上稳步发展。《考古涉外工作管理办法》规定："任何外国组织、国际组织在中国境内进行考古调查、勘探、发掘，都应当采取合作的形式。”合作的形式是一种平等的合作，既考虑中方的利益，又考虑外方的利益。经过几十年的发展，我国已有一批从事考古发掘的单位获得考古发掘团体单位资格，成长起一批有较高学术水平的专业干部和课题研究带头人，具备了必要的设备，积累了丰富经验。总之，具备了在平等原则下合作进行考古工作的条件。

中外合作进行考古工作，必须遵守《考古涉外工作管理办法》规定的合作原则：

①合作双方共同实施考古调查、勘探、发掘项目，并组成联合考古队，由中方专家主持全面工作。

②合作双方应当在中国境内共同整理考古调查、勘探、发掘所获取的资料并编写报告。报告由合作双方共同署名，中方有权优先发表。

③合作考古调查、勘探、发掘活动所获得的文物、自然标本以及考古记录的原始资料，均为中国所有，并确保其安全。

④合作双方都应当遵守中国的法律、法规和规章。

这些原则是合作进行考古工作的基本条件，也是合作进行考古工作的基础。它既考虑双方利益，又维护中国权益。在联合考古队中，由中方专家主持全面工作，从客观条件来说，我国已培养和成长起了一批考古专家和课题研究带头人，完全有能力胜任主持考古调查、勘探、发掘的全面工作。合作中获得的文物等属于中国所有，是我国法律规定的地下、水下文物属于国家所有所决定的。这些文物的安全，要有保证，这既是保护中国文化遗产的需要，也符合保护人类文化遗产的要求。对合作考古中所获得的出土文物、标本等，共同整理、研究和编写考古学术报告，共同署名，保证了双方的研究权利和著作署名权，完全符合中国关于知识产权方面的法律规定。在整理、研究和编写考古学术报告过程中，如必须把文物、自然标本送往中国境外，进行必要的分析、化验或者技术鉴定，应写出详细报告，附上有关照片，上报国家文物局批准；出境时向海关申报，作为暂时出境复入境文物进行管理。在分析、鉴定和化验后，文物和自然标本除正常耗损外，应按期运回中国境内。

二、合作考古项目的申请与审批

合作考古的申请与国内考古发掘申请不同，它应由外国专业团体提出。外国组织和国际组织的专业考古研究机构，如计划与中国的考古发掘单位或考古研究机构合作进行考古调查、勘探、发掘工作，需向中国国家文物局提出书面申请。书面申请的内容，根据《考古涉外工作管理办法》的规定，包括以下 6 个方面，即：

①合作意向；

②对象、范围和目的；

③组队方案；

④工作步骤和文物的安全、技术保护措施等；

⑤经费、设备的来源及管理方式；

⑥意外事故的处理和风险承担。

合作进行考古调查、勘探、发掘工作，双方应具备《考古涉外工作管理办法》规定的条件。它们是：

①有利于促进中国文物保护和考古学研究，有利于促进国际文化学术交流；

②中方已有一定的工作基础和研究成果，有从事该课题方向研究的专家；

③外方应当是专业考古研究机构，有从事该课题方向或者相近方向研究的专家，并具有一定的实际考古工作经历；

④有可靠的措施使发掘后的文物得到保护。

外方专业考古研究机构合作考古申请和合作考古项目所应具备的条件由国家文物局进行审查。在初步审查时，应注意外方考古方面所应具备的文物保护新技术、发掘新方法及其他新技术的应用，以利于在合作考古工作中交流，提高考古发掘水平，保护好出土文物和重要遗迹；注意双方参加考古调查、勘探、发掘工作人员的专业情况，以保证工作质量和科学研究水准，以利于多学科进行研究和对所获文物、资料的整理、研究；注意经费来源和设备状况，这是合作考古得以顺利进行的重要保证之一。

经过国家文物局初步审查，凡符合上述规定和条件的合作考古申请，由国家文物局按照国家有关规定，送请国防、外交、公安、国家安全等部门审查，经审查符合规定的，由国家文物局报请国务院特别许可。获得国务院特别许可的合作考古项目，中外合作双方就具体事宜签订协议书。

合作双方在考古工作中，应当遵守中国的法律、法规和规章；在考古发掘中，应执行中国《田野考古工作规程》，保证考古发掘的质量和出土文物安全。

我国中外合作开展考古的法律、法规比较健全。近些年来，已依法批准了一些与美国、法国、日本等国的考古研究机构合作进行考古研究项目。此项工作正在有序开展，有的合作项目已经取得了可喜成果。

第七节　经济建设与文物保护

新中国成立以来，如何正确处理经济建设与文物保护的关系，一直是国家关注的一个重要问题。在社会经济发展的不同时期，经济建设与文物保护关系中的问题，表现的方面与重点不同。中央政府对这一问题一直十分重视和关心，并不断采取措施，制定方针和办法，进行协调和解决。早在1950年5月24日，中央人民政府政务院颁发的《古文化遗址及古墓葬之调查发掘暂行办法》规定："凡因浚河、筑路及进行其他建设工程而发现有古文化遗址、古墓葬或古物时，应及时报告当地人民政府。当地人民政府应一面按照原状合理保管，一面报告中央人民政府文化部。由文化部采取相应措施。"在我国开展社会主义建设，开始实施国民经济发展第一个五年计划时，全国各地展开大规模的基本建设工程，在工程所在地区不断发现古遗址和古墓葬。如何处理好基本建设工程与文物保护的矛盾，是当时需要及时解决的问题。中央人民政府政务院1953年10月12日发出《关于在基本建设工程中保护历史及革命文物的指示》，明确规定："中央、省（市）级工矿、交通、水利及其他基本建设的主管部门，在较大的基本建设工程确定施工路线、施工地区之前，应负责与同级文化主管部门联系，必要时立即商定工地保护文物工作的具体办法，认真执行。地方文化主管部门不能决定时，得报请中央文化部决定，商由基本建设主管部门在预定工地，先期进行勘察钻探，再行决定施工。”“在基本建设工程进行中，发现大量地下文物或古墓葬、古文化遗址、古生物化石时，主管部门应立即暂停局部工程，会同当地文化主管部门将发现遗迹尽可能保持原状，妥予保管，并迅速报告省（市）文化主管部门决定清理办法。”这一指示所确立的基本建设主管部门在基本建设工程施工前与文化主管部门共同商定保护文物办法，在预定工地先期进行考古勘探，在工程建设中发现古遗址、古墓葬等地下文物时应局部停工，保持原状，由省级文化部门清理等原则，在以后的实践中，有些地方据此逐渐建立了在工程选址时，建设工程主管部门征求文物部门意见，在工程范围内普遍实行考古勘探，并已逐渐形成一些办法。这些措施不断发展、完善，进而形成我国配合基本建设工程先期进行考古调查、勘探、发掘的制度。

在此后的全国农业生产建设高潮中，建设范围空前广阔，在打井、修渠、挖塘、修坝、筑路、平整土地等各项农业生产建设中，涉及遍布各地农村的古遗址、古墓葬等不可移动文物。这一时期，建设工程与文物保护矛盾在农业生产建设中也突出起来。为解决这一问题，国务院 1956 年 4 月 2 日发出《关于在农业生产建设中保护文物的通知》，在《通知》中强调“地方各级人民委员会在进行农村全面规划中，必须注意文物保护工作，并且把这项工作纳入规划之中”，指出安阳、洛阳、西安、临淄、曲阜、邯郸、易县、江陵、大理、宁城、吐鲁番等一批革命遗迹和重要古文化遗址、古墓葬所在地区，在“进行农业生产基本建设规划的时候，必须征得文化部同意”。从此，提出了把文物保护纳入农村建设规划的原则，而后发展为把不可移动文物特别是文物保护单位纳入城乡建设规划的原则。

国务院在 1961 年 3 月 4 日颁发《文物保护管理暂行条例》和公布第一批全国重点文物保护单位的同时，发出《关于进一步加强文物保护管理工作的通知》，指示在处理建设工程与文物保护矛盾时“应当本着重点保护、重点发掘，既对基本建设有利，又对文物保护有利的方针”，即“两重”、“两利”方针。在以后的实践中，各地在这一方针指导下，做了大量工作，积累了许多好的经验，制定了一些办法，比较好地处理了建设工程与文物保护的矛盾。

1982 年和 2002 年《文物保护法》，对处理建设工程与文物保护的关系做出了一系列规定，在“建设性破坏”严重的形势下，为解决这些矛盾提供了重要法律依据。

一、正确处理经济建设与文物保护的关系

当前和今后相当长时期内，协调和处理好经济建设与文物保护的关系，是保护古遗址、古墓葬等文化遗存，免遭“建设性破坏”的一项重要任务。我国正在进行大规模的现代化建设，这是我国人民的根本利益所在。在经济建设中采取有效措施保护文物，保护古文化遗存，也是中华民族的根本利益所在。一个主要表现为现代物质利益，一个主要表现为精神文明利益。要建设社会主义现代化强国，物质文明和精神文明缺一不可，两手都要抓。保护文物、保护古文化遗存，发挥其作用，作为精神文明建设的一个重要组成部分，主要表现为它的社会效益。而社会效益对社会、对人类的影响则是长期的、深远的，对此不可用“短期行为”、“急功近利”的观点来看待。文物包括古文化遗址和古墓葬。它是历史文明的重要组成部分和见证，现代文明是对历史文明的发展与承续，我们没有任何理由割断这一脉相承的文明纽带，任何人都没有权利毁去五千年中华文明链条中的任何一环，而只有爱护它、保护它的义务，切切不可为了追求短期经济利益而破坏民族文化遗产（包括考古遗存）。

2002 年《文物保护法》第九条规定：“各级人民政府应当重视文物保护，正确处理经济建设、社会发展与文物保护的关系，确保文物安全。”同时规定各有关国家机关，“应当依法认真履行所承担的保护文物的职责，维护文物管理秩序。”保护古遗址和古墓葬等文化遗产，是全国人民的义务，是全社会共同的责任。对政府和有关主管部门来说，更是神圣的职责。只要各级政府及各主管部门领导和干部提高认识，增强保护文物意识，坚决执行“保护为主，抢救第一”的文物工

作方针，严格按照法律、法规的规定，尽职尽责地履行所承担的保护文物的职责，积极、主动依法处理经济建设与文物保护的关系，就一定可以解决矛盾，做到两者并行不悖。

同时，我们还应充分利用教育手段，广泛宣传文物法律、法规，宣传文物知识和保护古遗址和古墓葬等文化遗产的重要性和意义，以提高广大群众的认识，增强保护文物意识，不辜负中华民族和伟大时代的重托，共同努力，保护好中华民族的文化遗产。

二、依法处理经济建设与文物保护问题

处理经济建设与文物保护问题包括古遗址、古墓葬等的矛盾的准绳是有关法律、法规。根据2002年《文物保护法》规定，第一，应把古遗址、古墓葬的保护纳入城乡建设规划。经批准的规划具有法律效力，任何单位和个人都应遵守。第二，在文物保护单位的古遗址、古墓葬的保护范围内不得进行其他建设工程，如因特殊需要，须按法定程序报经批准。第三，建设单位在选址时，应尽可能避开古文化遗址和古墓葬区；在进行建设项目时，要事先会同文物行政部门在工程范围内有可能埋藏文物的地方进行考古调查与勘探，如发现文物应共同商定处理办法。第四，在建设工程中发现文物应立即停工，并报告文物行政部门处理，及时上交出土文物，不许毁坏后继续施工。第五，对在建设工程中模范地执行文物法律、法规，保护古遗址、古墓葬有功的个人和单位，应给予表扬或奖励。

设立开发区和开发区建设与土地出让、转让，是建设工程与文物保护矛盾在改革开放和建立社会主义市场经济体制新时期表现的一个重要方面。2002年《文物保护法》第五条规定："国有不可移动文物的所有权不因其所依附的土地所有权或者使用权的改变而改变。"因此，土地出让、转让并不影响、并不改变古遗址和古墓葬等不可移动文物属于中国国家所有。在设立开发区和开发区建设与土地出让、转让时，也应毫无例外地执行上述法律，保护好古遗址、古墓葬等文化遗存，防止对历史文化遗产的破坏。为此，还应做到：

第一，各类开发区选址和出让、转让土地，应避开文物保护单位的古文化遗址和古墓葬以及文物古迹集中的地区。

第二，经批准设立的开发区或出让、转让土地范围内的地下文物概归中国国家所有，不能因土地使用权的出让、转让，使文物所有权受到侵犯。

第三，无论是中方、外方、中外合资等建设项目，建设单位都应会同文物行政部门进行前期考古调查、勘探，如发现文物（古遗址、古墓葬等）应进行发掘。建设单位在工程进行中发现文物应立即报告文物行政部门处理。

第四，未经文物行政部门对地下文物采取保护措施，任何建设单位不得施工。

第五，建设单位应负责考古勘探、发掘经费，及时拨付考古发掘单位，以利于开展工作。

对开发区考古遗产采取上述保护措施，并非我国独有，而是与国际有关规定和惯例的精神一致的。例如《考古遗产保护与管理宪章》规定:“考古遗产是一种容易损坏、不能再生的文化资源。因此，土地利用必须加以控制并加以合理开发，以便把对考古遗产的破坏减少到最低限度。”“考古遗产的保护政策应该构成有关土地利用、开发和计划以及文化环境和教育政策的整体组成部分。”“开发项目构成对考古遗产的最大威胁之一。开发者有责任保证在开发计划实施之前对考古遗产影响进行研究，因此，该项责任应体现在适当的立法中，并规定此种研究经费应包括在项目经费之中。立法中还应该建立这样的原则，即：开发项目的设计应该将其对考古遗产的影响减少到最低限度。”“立法应该禁止在没有取得有关考古当局的同意而通过改变考古遗址或古迹或其环境对其进行破坏、损坏或改变。”这些是一百多年来世界上许多国家特别是西方国家保护考古遗产实践经验与教训的科学总结，共同探索如何保护考古遗产的科学成果，我们应该结合中国的国情很好地借鉴与运用。

三、及时处置临时发现的文物

在建设工程或者农业生产中，随时都有可能发现文物。在我国古代文化遗存丰富的地区，即使并非在重点保护区进行建设工程都可能发现埋藏在地下的文物，在其他地区也可能如此。在广大农村地区，特别是在古代氏族、部落聚居地，古代城市和居民点密集的地区，古代遗留的文物在农业生产中也有可能随时被发现。因为埋藏在地下的文物，除相当一部分古遗址和古墓葬被调查发现外，还有许多并不了解，未被发现，这是客观事实。那种认为可以把地下文物的存在和分布都调查了解清楚的想法，是不切实际的空想。在此必须明确，虽然埋藏在地下和淹没于水中的文物不可能尽数皆知，但凡是地下或水下的文物都属于国家所有，都是国家的文化财产，任何单位或者个人不得侵占。

2002 年《文物保护法》第三十二条规定："在进行建设工程或者在农业生产中，任何单位或者个人发现文物时，应当保护现场，立即报告当地文物行政部门，文物行政部门接到报告后，如无特殊情况，应当在二十四小时内赶赴现场，并在七日内提出处理意见。文物行政部门可以报请当地人民政府通知公安机关协助保护现场；发现重要文物时，应当立即上报国务院文物行政部门，国务院文物行政部门应当在接到报告后十五日内提出处理意见。"同时规定："依照前款规定发现的文物属于国家所有，任何单位或者个人不得哄抢、私分、藏匿。"

在上述规定中，第一，"在进行建设工程或者在农业生产中，任何单位或者个人发现文物时，应当保护现场，立即报告当地文物行政部门"。首先要保护好发现文物的现场。一方面，文物的埋藏情况，反映和传递了一定的历史文化信息。保护现场，就是保护原状。如果破坏了现场，即破坏了文物埋藏原状，就会把反映和传递的历史文化信息搞乱，使文物考古单位得到的是错乱的信息，也就失去了遗物以外的遗迹价值，从而影响到文物的价值。另一方面，保护现场，使发现的文物免遭破坏。古代文物年代久远，极易损坏，不懂专业知识，没有考古专业技术，随意移动文物，很可能会使发现的文物遭受损坏。同时，任意移动，就不会留下任何科学、有价值的原始记录和照片等资料，对文物研究就缺少了科学依据。

第二，文物行政部门接到报告后，应按规定期限提出处理意见。关于时间限制的规定，是要求文物行政部门必须提高处理临时发现文物的工作效率。因为建设工程或者农业生产正在进行中，及时处理，有利于保护文物，有利于建设工程或者农业生产活动不致停止太久，尽量减少双方损失。上述法律规定的时间限制，指的是提出处理意见，如提出保护现场意见，对文物进行清理意见，或者需配合工程、生产进行发掘意见等，并非指处理如清理、发掘完毕所需时间。因为发现的文物情况各不相同，有的比较简单，有的可能很复杂；有的做简单清理就可能处理完毕，建设工程继续进行；有的需要进行正式考古发掘，所需时间较多，建设工程施工需做出调整。这些都不是上述规定时间内所能完成的。文物行政部门首先应按法律规定提出处理意见，进而做好发现文物的处理工作。

第三，对发现的文物要做好保护，任何单位或者个人不得哄抢、私分、藏匿。地下遗存的文物属于国家所有，是国家文化财产，任何组织和个人都有保护文物的义务。2002 年《文物保护法》第七条规定："一切机关、组织和个人都有依法保护文物的义务。"发现文物的单位或者个人，承担有依法保护文物的义务，应做好保护工作。由当地政府通知赶赴现场协助保护文物的公安机关干警，应恪尽职守，负责保护文物安全。上述法律做出的"不得哄抢、私分、藏匿"发现的文物，是一种禁止性规定，任何单位或者个人都要遵守，不能违反，否则要承担法律责任；被哄抢、私分、藏匿的文物要依法追缴，对有关人员要做出处分，构成犯罪的要追究刑事责任。

第八节 国际社会关于考古发掘的规定

中国和国际社会关于考古发掘及其管理，有许多原则基本上都是一致的，这是考古学科和保护人类考古遗产的共同要求所决定的。联合国教科文组织大会第九届会议于 1956 年 12 月 5 日在印度新德里通过《关于适用于考古发掘的国际原则的建议》；国际古迹遗址理事会全体大会第九届会议于 1990 年 10 月在洛桑通过《考古遗产保护与管理宪章》；还有地区保护考古遗产公约，如 1969 年制定的《保护考古遗产的欧洲公约》和 1976 年制定的《美洲国家保护考古、历史及艺术遗产公约》(又称为《圣萨尔瓦多公约》)[①] 等，都对考古遗产保护和考古发掘管理做出了明确的规定。

一、国际组织的规定

联合国教科文组织《关于适用于考古发掘的国际原则的建议》(以下简称《建议》)，首先对“考古发掘”定义做出规定：“考古发掘系指对发现具有考古特征的实物的任何研究，不论这种研究里涉及挖掘土地还是对地面的系统勘探，也不论这种研究是在一成员国内陆或领海的水底地层上或地层下进行。”在“总则”中对“考古遗产的保护”规定：“每一成员国应充分考虑有关发掘引起的问题并遵照本建议的规定以确保对其考古遗产的保护。”每一成员国应该“使考古勘探和发掘须经主管当局的事先许可”，“使发现考古遗存的任何人有义务尽早向主管当局申报这些遗存”，“对破坏上述规定的行为施以惩罚”，“对未申报物品予以没收充公”，“确定地下考古层的法律地位并对国家所有权得到确认的上述地下层在其立法中特别提及”，“考虑将考古遗产中的珍贵部分列为历史纪念物”。同时，《建议》还规定：“每一成员国应考虑对不同时期的一定数量考古遗址部分或整体地维持不动，以便可以利用改进的技术和更先进的考古知识进行发掘。在每个正在发掘的较大遗址，只要土地性质允许，可以保留几处明确界定的‘见证’区不进行发掘，以供最终证实遗址的地层和考古结构。”

《建议》的上述规定，主要精神与我国的法律、法规的规定和考古实践是一致的。我们在前面的几个部分已做了阐述，如考古发掘须事先经主管当局批准，一定数量的考古遗址维持不动，以便留到具有先进技术包括文物保护技术后发掘等。

《建议》还规定：“在重要考古遗址上，应建立具有教育性质的小型展览——可能的话建立博物馆——以向参观者宣传该考古遗存的意义。”我国在发掘的重要古遗址和古墓葬原址上，先后建立了一批遗

---

① 联合国教科文组织《建议》、国际古迹遗址理事会《宪章》及地区性《公约》，均见国家文物局法制处：《国际保护文化遗产法律文件选编》，紫禁城出版社，1993 年第 1 版。

址博物馆，如在20世纪50年代发掘西安半坡遗址后，在发掘的遗址上建立了西安半坡博物馆；发掘北京明定陵后，建立了定陵博物馆；在70年代以后，发掘秦始皇陵兵马俑坑后，建立了秦始皇陵兵马俑博物馆；发掘广州南越王墓后，建立了西汉南越王墓博物馆，等等。

《建议》还对发掘和国际合作的规则做出明确规定，如“为了考古学和国际合作的更高利益，各成员国应以一种开明政策以鼓励发掘。他们可以允许有资格的个人或学术团体，不论其国籍如何，在平等基础上申请发掘特许权。各成员国应鼓励由其本国科学家和来自外国研究所的考古学家的联合团组进行或由国际团组进行发掘”。我国法律、法规规定的特许考古发掘，是以联合组团即合作的形式进行。又如“进行发掘的许可应只授予能提供无可挑剔的科学、道德、财经保证的拥有合格考古学家的机构或人员，以确保任何发掘按特许权证书中的条件在期限内完成之”。我国《考古涉外工作管理办法》对外方合作者条件、合作原则等均做出明确规定，如外方合作者“应当是专业考古研究机构，有从事该课题方向或者相近方向研究的专家，并具有一定的实际考古工作经历”。

国际古迹遗址理事会《考古遗产保护与管理宪章》（以下简称《宪章》）规定了有关考古遗产管理不同方面的原则，包括“公共当局和立法者的责任，有关遗产的勘察、勘测、发掘、档案记录、研究、维护、保护、保存、重建、信息资料、展览以及对外开放与公众利用等的专业操作程序规则以及考古遗产保护所涉及的专家之资格等”。

《宪章》首先对“考古遗产”下了定义，它是“根据考古方法提供主要资料实物遗产部分，它包括人类生存的各种遗存，它是由与人类活动各种表现有关的地点、被遗弃的结构、各种各样的遗迹（包括地下和水下的遗址）以及与上述有关的各种可移动的文化资料所组成”。在“整体保护政策”中，规定了“考古遗产是一种容易损坏、不能再生的文化资源。因此，土地利用必须加以控制并合理开发，以便把考古遗产的破坏减小到最低限度”。我国2002年《文物保护法》规定：“文物是不可再生的文化资源。”我们在前面“依法处理建设工程与文物保护问题”中，已对我国法律、法规规定，与《宪章》中

“考古遗产的保护政策应当构成有关土地利用、开发和计划以及文化环境和教育政策的整体组成部分”，“考古遗产的保护必须纳入国际的、国家的、区域的以及地方一级的规划政策”等做了比较，其主要原则是一致的。

《宪章》在“立法和经济”中规定：“开发项目构成对考古遗产的最大威胁之一。开发者有责任保证在开发计划实施之前对考古遗产影响进行研究，因此，该项责任应体现在适当的立法中，并规定此种研究经费应包括在项目经费之中。立法中还应该建立这样的原则，即：开发项目的设计应该将其对考古遗产的影响减小到最低限度。”在我国文物法律中，规定了建设单位应事先报告省级文物行政部门，在建设工程范围内有可能埋藏文物的地方进行考古勘探，发现文物的，应共同商定处理办法，包括保护办法；还规定，配合建设工程的考古调查、勘探、发掘所需经费，由建设单位列入工程预算。

二、埃及和希腊的规定

埃及《文物保护法》和希腊《古物法》对考古发掘做出了各自的规定。[①] 关于考古发掘的许可制度，埃及《文物保护法》规定：“经常设委员会同意，文物局理事会主席可向本国和外国的专门科学机构颁发许可证，允许在指定地区按规定期限进行文物考古研究和调查。许可证不得转让。”“向外国文物调查、勘探团队颁发许可证须遵循下列原则”，“任何外国团队制定在埃及进行考古勘探工作计划时，要制定相应计划经文物局批准或由文物局参加”。希腊《古物法》规定：“发掘许可证由考古委员会审批，由教育部长发放。”“希腊的科研机构，特别是雅典的考古学会，如其主管得到教育部按前条的规定所授予的权力，可以进行考古发掘。”“任何人未经教育部批准及考古主管部门通知，为寻找古物而在自己或他人的土地上进行发掘，将被处以一个月以上，两年以下的监禁”，并处罚款。

关于遗址和古迹区的保护，埃及《文物保护法》规定：“不得颁

---

① 埃及《文物保护法》和希腊《古物法》，见国家文物局法制处：《外国保护文化遗产法律文件选编》，紫禁城出版社，1995年第1版。

发在遗址和文物古迹区内进行建设的许可证。”“禁止他人在遗址、文物古迹区、文物公益区和经批准的文物美化区范围的土地上建设施工、修坟墓、铺道路或种植。”“未经文物局许可和没有文物局的监督，不得在上述地区植树、砍伐、清理瓦砾、取土沙及肥料或进行其他改变遗址、文物古迹区原貌的工程。”这些规定适用于毗邻地区，以保护这些文物地区的环境。希腊《古物法》规定：“未经教育部批准，严禁下列行为：（1）在视线可见的任何古迹500米范围内进行开采和挖掘，以获得古代城市、街区、墓葬及土地遗址上的建筑材料，或在古物的500米半径之内建造石灰窑；（2）在古物的附近从事直接或间接损坏古物的工作；（3）在古代建筑物或古遗址、古遗迹上从事即使不会破坏这些古物的任何工作。”违反者，将被处以监禁、罚款，并负担修复损坏部分的费用。

第十二章 收藏与文物收藏

中国自古以来，就有收藏当朝（代）物品和收藏文物的传统。收藏与文物收藏，既有联系，又有区别。收藏从广义讲，范围和内容都十分广泛。文物收藏是对具有历史、艺术、科学价值的文化遗物的收藏，换言之，它不包括文物之外的物品。同时，一般收藏品和文物收藏在近代以来的法律、法规中，有不同的限制，有关文物收藏的法律、法规，并不适用于收藏非文物品，这是又一基本的区别。

第一节 收藏文化

收藏是一种文化活动，收藏的对象是已逝去的历史遗留的物品(以下简称收藏品，以区别收藏文物)。就近代现代而言，它们的范围极广，种类众多，数量巨大，但或多或少包含有一定历史信息和科学文化内涵。对收藏者来说，有许多益处，如可以认识历史，增长知识，提高科学文化素质等。收藏文物，是收藏具有历史、艺术、科学价值的文化遗物。概括来说，是收藏中华民族文明历史和科学文化，收藏中华民族的智慧和创造力，收藏中华民族凝聚力和民族魂的载体。它对国家发展和民族团结，建设社会主义现代化强国都有重大意义，因此，收藏不仅是收藏的实物，而是收藏的文化。收藏文化，这是收藏的魅力所在。

一、收藏品与文物的联系和区别

在古代，某一个朝代，如宋代，皇宫内府或民间，在收藏宋代以前的金石、书画、文献等的同时，也收藏宋代的艺术品、工艺美术品、文献等。宋代以前的是文化遗物，宋代的实物、艺术品和文献等，经过历史沉淀，许多也成为文化遗物，流传后代。辽、金、元、明、清各朝代如此继续，传至近代和现代的古代生产工具、生活用品、艺术品、工艺美术品、文献、手稿、图书，等等，都是古代文物，主要由国家收藏，有些则为民间收藏。

我国文物没有年限长短的限制，近代现代许多具有代表性和典型性的遗物，如与重大历史事件、革命运动或著名人物有关的实物和纪念物，珍贵的艺术品、工艺美术品，重要的文献、手稿、图书、音像资料，反映近代现代各民族社会制度、社会生活和社会生产的代表性实物，等等，都被确认为近代现代文物。由于近代以来各种遗物数量巨大，有许多遗物仍需经过历史沉淀和不断加深认识，才能判明是否为文物。现在把 1911～1949 年许多界于文物与非文物之间的遗物，作为“文物监管物品”，由民间收藏。其中有不少物品随着时代远去，种类和数量减少，价值显现，而成为近代文物。

1949 年以后的现代遗物，无论范围、种类，还是数量，都远远超过近代遗物，由于是刚逝去的历史遗物，其中许许多多遗物是否具有历史、艺术、科学价值，还需要经过历史沉淀和检验。比如徽章类的奖章、纪念章、像章、证章，票证类的粮票、油票、肉票、糖票、棉花票、布票等，邮资类的邮票、实邮封、首日封、纪念币，商标装潢类的火花、烟标，图书音像类的创刊号、照片、录音，等等。广大收藏者已在收藏这些实物和物品。它们各有各的历史地位，各有各的文化含量，各有各的信息和价值。因此，其中有不少实物和物品经过历史沉淀和检验，具有代表性和典型性的，将被确认为现代文物。

以上近代现代实物和物品，被确定为文物的历史过程和事实，说明了一般收藏品与文物的联系。但上述种种实物和物品不可能尽数确定为文物，这部分只能作为一般收藏品，这是显而易见的，这又是一般收藏品与文物的区别。

二、树立文化收藏观

收藏的魅力说到底，实质上是文化的魅力。国家文物收藏单位和民间收藏者，都应首先从文化角度确立收藏观。对民间收藏者来说，从文化角度对收藏品或文物进行观察、学习，以唯物史观进行整理研究、著录或撰写著作，为中华民族保存一份文化遗产，充分发挥它的作用。这是自古以来收藏家的优良传统，现代的收藏者应该学习和继承发扬。

民间收藏者以文化收藏观进行收藏，对收藏品或收藏文物进行学习、观摩、借鉴，积累科学文化知识，提高文化素质。收藏者通过对收藏品或收藏文物的观赏，休闲愉悦，修身养性，陶冶情操。

民间收藏者应该排除非文化观的收藏行为，有一些情况应该引起重视。有的收藏者从保值增值的角度出发进行收藏，这原无可非议，但近年来有些媒体过多地、片面地宣传收藏，特别是收藏文物在经济上如何保值、增值，是不恰当的，也可以说是一种误导。至于有的人以保值、增值作为收藏行为的惟一出发点和归宿，从而不问物品或文物来源是否合法，在非法的市场上购买，已经带来了不少的问题。早在20世纪30年代，卫聚贤就指出："玩古物的人，将古物装潢起来，陈列客厅，美其名曰古色古香。但古物时为目睹，在不知不觉中，生了复古的观念，有碍思想进步，又因收藏而出重价收买，人民无智，贪图小利，到处盗掘，致使毁坏古物不少。"① 对此，民间收藏者应该警惕、防止和纠正。

三、树立合法收藏观

中国正在贯彻以法治国方略，加强法制建设。公民的任何行为应该符合国家的法律规范，民间收藏的收藏行为，应当符合有关政策和法律、法规的规定。只有如此，民间收藏者的收藏品或文物，才受国家法律保护。有无这样的法制观念，后果是截然不同的。

第一，民间收藏者应该了解和学习有关政策和法律、法规的规定，用以指导自己的收藏行为。比如，集邮者应了解和学习有关集邮的政策规定，文物收藏者应了解和学习有关传世文物购销的法律、法规规定。具体来说，如国家禁止私自买卖文物，禁止买卖出土文物等。有人为了收藏而私下购买文物或购买出土文物，就违反了法律规定。违法的收藏行为和收藏品或文物，不受法律保护，还要负法律责

① 卫聚贤：《中国考古学史》，商务印书馆，1998年4月影印第1版。

任。因此，民间收藏者应加强政策、法制观念，增强法律意识，做一名遵纪守法的收藏者。这当是民间收藏者的初衷，也与收藏者的文化收藏观在本质上是一致的。

第二，民间收藏者在收藏时，应到合法的市场和经营场所去选择、购买自己意欲收藏的收藏品或文物。当前，有经过文物、内贸、工商等有关部门批准的旧货市场、“文物监管物品”市场和文物购销及拍卖市场等，也有未经批准的非法市场。如购买一般收藏品，应当在合法的旧货市场、“文物监管物品”市场及其他经营场所选择、购买。即使如此，在这些市场，也不允许经营文物购销及拍卖活动。如在这些市场购买文物，就是非法来源。根据规定，旧货市场和“文物监管物品”市场不能经营文物购销活动，出卖文物是违法的，出卖人首先应负法律责任，但购买者的行为也违反了有关规定，也是违法行为，不受法律保护。

第三，民间收藏者还应了解上述合法市场经营项目范围，经营者超项目范围的经营，即经营核定项目以外的物品或文物，是违法的。了解了这些方面，就可以在上述不同的合法市场和经营场所，选择、购买经营项目以内的收藏品或文物，而不去购买核定经营项目以外的收藏品或文物。

第二节 古代的文物收藏与研究

在中国，人们对收藏当代物品和文物收藏的研究，已有数千年的历史。在考古发掘中，曾在河南安阳殷墟，发现了殷人保藏典册的府库。在古代文献中，《周礼》记载“凡国之玉镇大宝藏焉”，说周代春官之职，掌祖庙之收藏；《春秋·桓公二年》记载“夏四月，取诰大鼎于宋，戊申，纳于太庙”；《史记·孔子世家》记有孔子“故所居堂、弟子内，后世因庙，藏孔子衣冠琴车书”，等等。

在中国漫长的封建社会里，统治者对收集、研究古物十分重视。在封建王朝的宫室、祖庙和府库里，都收藏了许多祭器、法器和珍宝；在不同的园囿、寺庙道观、行宫别院、楼堂殿阁、帝王陵寝和洞窟，也都藏有珍宝。同时，在民间，也存在着为数众多的私人收藏。历代以来，人们对收藏的古物、书画和古籍等都进行了许多研究和著录。

一、金石收藏与研究

在古代，对文物即古物的研究，是从收藏和研究金石开始的。

“金石”二字连用，最早见于《墨子》：“古之圣王……书于竹帛，镂于金石，琢于盘盂，传遗后世子孙。”之后，在秦代琅邪台刻石和绎山刻石中，有五处用“金石”一词。汉代以后，碑刻中并称“金石”者尤多，不胜枚举。

“金”，即古铜器；“石”，即古碑刻一类。金石学从孕育产生、发展到兴盛，经历了中国整个封建社会，长达两千多年，可谓历史悠久。它研究的主要对象，是零星出土的铜器、传世铜器、石刻等。研究的方法，总的来说，偏重于著录和考证，用来达到证经、补史的目的。通过研究、著录，积累、保存了大量古代有价值的金、石资料，成为我国文化宝库中一份珍贵的财富。它的不足之处是对器物的制作、形制、花纹等未能进行深入研究，基本上未研究断代等问题，因此终未能形成完整的科学体系。

先秦至宋代以前，金石研究可分两段。在汉代主要限于对金石时代鉴定、文字考释、文字互证及存录。这些在我国《史记》、《汉书》和《后汉书》等古籍中，均有一些记载。许慎撰《说文解字》，收录了郡国山川所出鼎彝等“前代之古文”。

从魏至唐代，对金石的研究主要是：订史正俗，撰述引用，著录石经等。如北魏郦道元在《水经注》四十卷中，引汉碑、魏碑百二十余。杨衒之著《洛阳伽蓝记》五卷，引寺中碑志约二十条。唐代初期，石鼓（石鼓文）在陕西凤翔出土，当时金石研究多有称述，但谬误亦多。

此间，还有对其他古迹的研究，已超出金石研究的范围。如对汲冢出土竹简的整理编校和郦道元注《水经》对古迹的调查等。

宋代，金石学发展到了一个新的重要阶段，可以说是金石学的兴盛时期。宋王朝是在唐末五代割据、混乱之后建立的，急需巩固政权，建立纲常伦理秩序，因此大力提倡、奖励经学。在这一形势下，从帝王到士大夫都非常热衷于对古代礼乐器物的搜集、整理、研究和著录。当时，促进金石学形成、发展以至兴盛的还有历史学、古文字学的进步，追求新的资料，以及墨拓和印刷术的进步。这些也是金石学兴盛的重要条件。

宋代研究金石的方法，“大约不出于著录、摹写、考释、评述四端。有存其目者，有著其文者，有图其形者，有摹其字者，有分地记载者，有分类编纂者，或考其时代，或述其制度，或释其文字，或评其书迹，至为详备。此北宋以后研究之大概也”。[①] 这是颇有见地的分析与概括。

在宋代，对金石学研究有开创之功的，首推宋仁宗时的刘敞。他开私人收藏著录之先例，把家藏的 11 件古器物，使人摹其铭文，绘其图像，刻之于石，名为《先秦古器物碑》（已佚）。他还在《先秦古器记》一书自序中，总结了自己研究古器的方法：“礼家，明其制度；小学，正其文字；谱牒，次其世谥，乃为能尽之。”寥寥数语，对研究古器物的方法做了精辟的概括。

在这个时期，出现了许多有影响的重要著录，现存时代最早、较有系统的古器物图录，有吕大临撰的《考古图》、王黼撰的《宣和博古图》，其特点是有摹录较准确的图像、铭文，记载了尺寸、容量和重量，进而考证并尽可能注明了收藏地和出土地，对后代有较大影响。《考古图》共 10 卷，另释文 1 卷，共收入目 224 器，实收 234 器。第一至第六卷收鼎、鬲、簋、爵等商周铜器；第七卷为钟、磬等乐器；第八卷为玉器。书中所列古器物除秘阁、太常、内府外，还有私人藏家，实为 38 家。其中以庐江李伯时为最，共 62 件，其余藏家多者 10 余件，少者 1～2 件。《宣和博古图》共 30 卷，著录了宋代皇室在宣和殿收藏的自商代迄于唐代的青铜器 839 件。之后，有薛尚功《历代钟鼎彝器款式法帖》、欧阳修《集古录》、赵明诚《金石录》、洪适《隶释》等。除金石著作外，还有洪遵的《泉志》等书传世。这个

① 朱剑心：《金石学》，文物出版社，1981 年（1940 年初版）。

时期，玉器、铜镜、画像石、砖瓦等只有个别著录，为数极少。

元、明时期，金石学研究处于低谷阶段。这个时期成就甚少，几乎难以为序。比较重要的有元代朱德润撰《古玉图》，是现存年代最早的一部鉴赏古物的论著。此外还有元代潘昂霄《金石例》、明代赵崡《石墨镌华》、陶宗仪《古刻丛钞》、都穆《金薤琳琅》、来濬《金石备考》等。

清代，金石学在乾隆以后，发展很快，达到了鼎盛时期。有人据容媛所辑《金石书录目》统计，在现存金石学著作中，乾隆以后 200 年间竟达 906 种之多，而北宋至清代乾隆之前 700 年仅有 67 种（其中宋人著作 22 种），由此可见，清代金石研究之盛况和累累硕果。

乾隆以前的金石研究偏重于石刻，主要有顾炎武的《金石文字记》、朱彝尊的《曝书亭金石文字跋尾》。乾隆年间，“御纂”的《西清古鉴》、《宁寿鉴古》、《西清续鉴甲编》和《西清续鉴乙编》四部书，共收录清宫所收藏铜器总计达四千余种。这对元、明时期古器物研究衰落后的复兴，起了重大推动作用。此后，在乾嘉学派的影响下，金石学迅速发展。清代金石学研究的特点，在于精鉴别，详考证，范围广，并进行了一定的集成性和综合性的工作。

如上所述，此间研究著作甚众。在铜器和金文方面，主要有钱坫《十六长乐堂古器款式考》、程瑶田《积古斋钟鼎彝器款式》，均有图像、铭文摹本，并进行了释文与考证。此后的著录一分为二，图像与铭文分别著录。收图像的著录主要有刘喜海《长安获古编》、吴大澂《恒轩所见所藏吉金录》、端方《陶斋吉金录》及《续录》。收录铭文的著作主要有吴式芬《捃古录金文》、吴大澂《愙斋集古录》、方浚益《缀遗斋彝器款式考释》，收录铭文众多，资料丰富，摹写精细，考释颇详。

在石刻方面，著作甚多，主要有钱大昕《潜研堂金石文字目录》及《跋尾》、吴式芬《捃古录》、缪荃孙《艺风堂金石文字目》、端方《陶斋藏石目》，吴、缪、端著录所藏金石拓本达一两万种。王昶《金石萃编》、陆增祥《八琼室金石补正》则为集成性资料汇编。此外，还有断代、地域以及墓志、造像、画像石等方面的专门石刻著作。叶昌炽《语石》是通论性著作。

在清代，钱币、玺印、古玉器等方面的研究也有所发展，重要的著作有：李佐贤《古泉汇》64 卷，后又屡补 32 卷，著录历代钱币达 6000 枚，可谓泉谱之巨擘；陈介祺《十钟山房印举》，存录盈万，世称“万印楼”；吴大澂《古玉图考》，“辨订源流，引证经传，图说详明，至为精核。”还有钱坫《浣花拜石轩镜铭集录》、瞿中溶《集古虎符鱼符考》等。

清末至民国，金石学研究走向衰落，有人提出古器物学，进一步扩大了它的研究范围。在清末和民国初年，罗振玉和王国维是这方面研究的集大成者，著作颇多，详见近代的文物收藏与研究。

二、书画的收藏与研究

中国书法、绘画有悠久的历史。早在旧石器时代末期和新石器时代，人们就用矿物颜料绘制岩画。人类进入文明时代之后，绘画的领域不断扩大，题材不断丰富多样，并取得新的成就。而书写、绘制在绢帛上的绘画、书法，在战国时期已经出现。1942 年，在湖南长沙东郊子弹库楚墓中，出土了战国中期帛书，分甲、乙两篇。甲篇 13 行，乙篇 8 行，方向相反，四周有 12 神，边文记 12 月，共 948 字，其中缺 94 字。帛书于 1945 年流入美国。1949 年 2 月，在湖南长沙陈家大山一座战国中期的单棺单椁楚墓中，发现一幅人物龙凤帛画，长 31 厘米，宽 22.5 厘米。在汉代，绘画书法进一步发展，20 世纪 70 年代初，在长沙马王堆西汉墓中，又出土了帛画以及法书材料。

所谓书画收藏与研究，是指对书写、绘制于绢帛和纸质的绘画、法书的收藏与研究。中国书画收藏、鉴赏历史悠久。唐代已有多种书画理论著作和书画著录问世，如张彦远《历代名画记》和朱景玄《唐朝名画录》等。自五代至清朝，宫廷内府及私人收藏颇多，特别是宋朝和清朝内府的收藏十分丰富，这与宋徽宗、清乾隆帝对书画的鉴赏、爱好是分不开的。

1. 宋代鉴藏与著录

宋徽宗赵佶（1082～1135 年）在位 35 年，政治上无能，终国亡被虏，惟好书画，精于鉴别。他利用自己至高无上的权力，通过各种途径，采取各种手段广搜天下名贵绘画、法书，内府收藏因之百倍于先朝。收藏的名画，上自三国吴国曹不兴，下迄宋初黄居寀，范围极广。在广为鉴藏的基础上，他主持编撰了收藏绘画目录《宣和画谱》，包括了230余位画家的6390余件作品，分为道释、人物、宫室、番族、龙鱼、山水、禽兽、花鸟、墨竹、蔬果等10个门类，其中包括著名画家张萱、韩滉、王维、张洵、韩幹、黄荃、黄居寀、范宽等人的作品。同时，他还主持编撰《宣和书谱》，著录内府所藏法书墨迹，包括上自汉代下迄宋初190余位书法家的作品1198件，分为历代帝王书、篆书、隶书、行书、草书和八分书等。其中有著名书法家王羲之、王献之、褚遂良、柳公权、苏灵之、米芾、蔡京等人的墨迹。《画谱》和《书谱》是研究书法、绘画鉴藏史的重要著作。

宋代私人收藏书画者甚多，这种注重收藏的风气，与赵宋王朝广为收藏的影响是密不可分的。周密《云烟过眼录》比较详细地著录了私人收藏书画的状况。

2. 元、明鉴藏与著录

元代书画著录寥寥无几，且极为简单。如汤允谟《云烟过眼续录》所记仅有：总管太中滦阳赵伯仁举家收藏，祝君祥永昌收藏，杨元诚家所藏等。

明代对书画的收藏、鉴赏、著录，走出了元代的低谷，并有很大发展。从著作来看，基本上反映的是私人收藏与研究的情况，如都穆《寓意编》、朱存理《铁网珊瑚》、王世懋《澹圃画品》、何良俊《书画铭心录》、詹景风《东图玄览》、张丑《清河书画舫》和董其昌《画禅室随笔》等。

王世贞尔雅楼所藏名画众多，收藏绘画图卷册共312幅，其中有张择端《清明上河图》卷、宋徽宗《雪江归棹图》卷等；所藏法书有帖册、碑铭等33幅。王世懋《澹圃画品》收录图卷册68幅，其中有阎立本五星二十八宿粉本。何良俊《书画铭心录》记载了在张双鹤、项墨林、华补庵、彭谢湖等家所见书画。詹景风《东图玄览》两部约40册，是马和之、马远、马麟、夏圭、刘松年、李唐、李嵩、赵千里、赵大年等诸名人所作，极为精妙。

3. 清代鉴藏与著录

清代是宋代以后对书画收藏、鉴赏、研究和著录的又一个兴盛时期。不仅清皇室内府重收藏，私人也重收藏，如孙承泽、梁清标、曹溶、安岐等都是清初著名鉴藏家。同时，研究、著录也众多。其中最重要的有《佩文斋书画谱》、《石渠宝笈》和《秘殿珠林》等。

康熙四十四年（1705年），礼部侍郎仍管国子监祭酒事孙岳颁等奉旨编纂《佩文斋书画谱》，历时两年多完成。康熙皇帝为书画谱写了序。其内容分论书论画、历代帝王书画、书画家传、历代无名氏书画、历代帝王及名书画跋、书辩证、历代书画鉴藏等，共100卷。该书特点是：书画同谱，一改古代集录书画者如书断、画断，书史、画史等各自成篇的不足，辑历代书画著录（作），洵称大观；内容资料丰富，一部书画谱在手，即可了解历代书画收藏、研究、著录的概况；宫廷内府和私人收藏俱录，使人对当时社会收藏、鉴赏、研究和著录情况有一个较全面的了解；无名氏书画，不使其遗失，与有名者并传不朽。

乾隆八年（1743年）敕修《秘殿珠林》，著录了皇室内府释、道家书画、石刻、木刻和织绣等。乾隆九年开始，用10年时间编纂成《石渠宝笈》，共44卷，收录了内府所藏释、道以外的历朝书法、绘画。

清代私家著录有：孙承泽《庚子销夏记》、卞永誉《式古堂书画汇考》、高士奇《江村销夏录》和吴升《大观录》等。

三、古文献的收藏与研究

中国历朝有整理、收藏古文献的传统。从现代观点看，传世古写本、古印本的精华（即善本）都是文物，出土的简牍、帛书也是文物，还有出土的甲骨、文书等，统称古文献。

西汉时，景帝封其子刘余为鲁恭王。刘余在建造宫殿时，拆除孔子故居，无意中在夹墙里发现大批古文写成的古书，有《尚书》、《礼》、《论语》、《孝经》等几十部。这是一次重要发现。这些书是在秦始皇焚书坑儒时，由孔子八世孙孔鲋把祖传典籍藏了起来。后孔鲋参加陈胜、吴广领导的农民起义战死，这批典籍再无人知其下落。刘余把这些典籍交还给孔子十二代孙孔安国。孔安国将其献给朝廷，希望在官学广为流传的愿望落空后，即自己整理，私下传授弟子。

晋武帝咸宁五年（279 年）十月，汲郡汲县（今河南汲县）一座魏国国王墓被盗掘，出土一批竹简。每简长约合晋尺 2 尺，一简 40 字，分两行，每行 20 字。简文为蝌蚪文（古文）。这是我国古文献的又一次重要发现。晋武帝对此十分重视，命将全部出土物“藏于秘府”。至太康二年（281 年）春，西晋王朝完成了统一大业后，即令人整理、编校出土的竹简，并把古文写定为隶字。荀勖等人从太康二年至惠帝永康元年（300 年），经 20 年的艰苦寻检、整理，编校工作才告完毕。共编校写定古书 16 种 75 篇，包括《易经》、《穆天子传》、《周书》、《国语》及各种杂书，总字数 10 余万。其中引人注目的是 13 篇编年体史书《竹书纪年》，它记载夏、商、周之事，接以晋国纪年，至战国三家分晋，则用魏国纪年纪事，至“今王二十九年而止”(即魏襄王二十年)。

中国历史上对古籍的整理、保护十分重视。在清代从乾隆三十七年（1772 年）至乾隆五十二年（1787 年）《四库全书》编纂告成。全书共收集了自上古至清乾隆历代典籍 3503 种，79337 卷，36303 册，2291100 页，997000000 字，分抄 7 部，藏于北京故宫文渊阁、沈阳故宫文溯阁、北京圆明园文源阁、承德文津阁为“内廷四阁”，另在扬州大观堂文汇阁、镇江金山寺文淙阁、杭州西湖行宫文澜阁为“江南三阁”。《四库全书》成书后数遭劫难，七阁现存四阁，分藏于国家图书馆文津阁、甘肃省图书馆文溯阁、台北故宫文渊阁、杭州文澜阁(补全)。

古代不仅宫廷、官府收藏、保管古籍，而且私人收藏也很盛行。自宋代以来，出现了为数众多的藏书家。清代光绪年间，叶昌炽编撰的《藏书记事诗》6 卷，对历代藏书家做了比较详细的记载。自北宋初年迄清代，著录 750 余人，对研究我国收藏、保管古籍的历史有重要价值。

私人藏书家对收藏古籍的建筑十分注意，许多藏书家修建了专门的藏书楼。

在明代，以浙江宁波天一阁藏书楼最为著名。它建于明嘉靖四十五年（1566 年），是明朝兵部右侍郎范钦的藏书处。原有藏书 7 万余卷，后屡遭盗窃，散失甚多。至 1949 年，除清代《古今图书集成》外，阁内存书仅剩下 13000 余卷。存书大都是明代刻本和抄本，其中地方志和科举题名录甚多，是研究明史的珍贵文献。

在清代私人藏书家中，有“南瞿北杨”之称。南瞿即江苏常熟瞿绍基，北杨即山东聊城杨以增。瞿氏建有“铁琴铜剑楼”，杨氏建有“海源楼”。此二楼与杭州丁丙的“八千卷楼”、浙江吴兴陆心源的“皕宋楼”，合称为晚清四大藏书楼。

第三节 近代的文物收藏与研究

中国近代的文物收藏与研究，在研究的对象即文物种类方面超过了古代，范围更加广阔。在研究方法方面，也有了长足的进步，特别是有些学者用唯物史观指导研究，取得了十分可喜的突破和成果。在收藏保护方面，具有收藏文物职能、研究和教育职能的博物馆开始建立，并开展陈列宣传，国家机关颁发保护古物法等。总之，收藏、保管机构的建立，研究范围的扩大，研究方法的进步，保护古物机构的建立，保护法规的颁布，是近代的文物收藏、研究与保护的特点。但同时必须指出，随着我国逐渐变为半封建半殖民地社会，帝国主义对我国珍贵文化遗产进行了野蛮的掠夺和破坏，这又是另一个特点。

一、甲骨的收藏与研究

甲骨研究是以出土刻有文字的龟甲和兽骨为对象，释读文字、卜法文例及研究分期断代、文字内容等。清光绪二十五年（1899 年），甲骨文首先被王懿荣认识并搜购。在此之前，甲骨早已为河南安阳小屯农民耕地时发现，称为龙骨，当作药材卖给药铺。后为古董商搜购，贩卖于京、津一带，1899 年为王懿荣所得，始识其为古物，从而高价收购，引起世人重视。因此，把该年定为发现甲骨文的代表年代。这是中国近代学术史上惊人发现之一。

早期的收藏与研究，著名的首推罗振玉，以及刘鹗、孙诒让、王国维、王襄等。

清光绪二十九年（1903 年），刘鹗（字铁云）就其所藏甲骨，选拓 1058 片，编撰为《铁云藏龟》一书。它是第一部著录甲骨的书。第一部研究甲骨的专著，是孙诒让撰的《契文举例》两卷。

在甲骨研究的初期，甲骨出土地点的考订和文字的释读十分重要。第一个考订甲骨出土地点的是罗振玉。他访知甲骨出土地点为安阳小屯殷墟。他在《殷墟古器物图录序》中说："光绪戊申，予既访知贞卜文字出土之地为洹滨之小屯，是语实得之山左估人范某。"于是，1911 年他派人亲往安阳搜购甲骨，1915 年又亲赴安阳做实地考察。罗氏搜购甲骨千方百计，不遗余力，家藏甲骨益丰。他对收藏的甲骨进行了大量的研究工作，成果十分突出。1910 年，罗振玉撰著的《殷商贞卜文字考》出版。他在自序中写道："……又于刻辞中得殷帝王名谥十余，乃恍悟此卜辞者实为殷室王朝之遗物。"认识到小屯是殷王都所在，卜辞为殷王朝的遗物，是这个时期对甲骨研究的又一重大收获。

罗振玉收藏甲骨 3 万多片，对此做了大量研究、著述。他先后撰写的主要著作有：《殷墟书契前编》（1912 年）、《殷墟书契菁华》（1914 年）、《殷墟书契考释》（1915 年）、《殷墟书契后编》（1916 年）、《殷墟古器物图录》（1916 年），以及 30 年代编撰的《殷墟书契续编》（1933 年）等。在《殷墟书契前编》、《菁华》、《后编》和《续编》4 部书内，共收录甲骨 5000 余片，是殷墟科学考古发掘之前零星出土甲骨的重要集录。在《殷墟书契考释》一书中，初版时释字 485 个，1927 年增订本释字 561 个。同时，在该书中提出"由许书以上溯金文，由金文以上窥卜辞"的研究方法，并主张在考释文字时，应注意卜辞辞句的通读与分类。这在甲骨文初期研究中，无疑是一大进步。

在甲骨文字考释方面，王襄做了大量研究工作。他撰著的《簠室殷契类纂》一书，反映了他考释文字的成果。该书 1920 年初版时，释字 873 个；1929 年增订再版时，释字 957 个，可称为最早的一部甲骨文字典。他还根据自己收藏的甲骨，撰著《簠室殷契徵文》

（1925 年）一书，收录甲骨 1125 片，并附释文。

甲骨文的发现，为研究商代历史开辟了新纪元，其影响涉及整个古代史研究领域。利用甲骨文资料研究商代社会历史，并取得重大成绩者，早期应首推王国维。他首先突破文字考释的范围，将甲骨文内容作为原始史料，用来研究探讨商代的历史、地理和礼制等。主要著作有：《殷卜辞中所见先公先王考》、《殷卜辞中所见先公先王续考》、《殷墟卜辞中所见地名考》、《殷周制度论》以及《古史新证》等，集中反映了他的研究成果。他第一次证实司马迁在《史记·殷本纪》中记载的商王世系的可靠程度，并根据出土的甲骨文辞加以订正。他还对商周之际截然不同的礼制提出独到见解。在研究方法上，他是第一个从称谓判断卜辞年代和进行甲骨缀合的学者。

1933 年，董作宾撰著《甲骨文断代研究例》一书，建立了断代研究 10 项标准，将商代末期 273 片甲骨分为 5 个不同时期，为后来的商史和甲骨文研究奠定了基础，是具有重大价值的研究成果。

郭沫若在马克思主义观点指导下，从 1928 年开始，研究甲骨文和商史，撰著《中国古代社会研究》和《甲骨文字研究》，开创了中国史学的新天地。他还编撰出版了《卜辞通纂》、《考释》和《索引》等书，于 1933 年在日本出版。

1937 年爆发了抗日战争，至 1945 年，一些学者在战争年代极为困难的条件下，继续从事甲骨研究、著书。如 1940 年，于省吾著《双剑誃殷契骈枝》出版；1944 年，胡厚宣著《甲骨学商史论丛》出版；1945 年，董作宾著《殷历谱》出版等。

二、古书画、古籍的收藏与研究

近代民国时期，民间收藏者在古书画和古籍善本方面的收藏，仍取得了很大成绩。许多鉴藏家在收藏时，就有明确的目的：收藏品不必终为己有，要使收藏品永存国土，世代流传有绪，研究著录，捐给国家。因此，新中国建立以后，许多著名鉴藏家把收藏的珍贵书画、古籍善本、碑刻拓本或古器物等捐献给国家，由国家建立的博物馆等文物收藏单位收藏。

近代现代著名鉴藏家张伯驹（1898～1982 年），一生钟爱古书画的收藏与研究，在1949年以前，他为了使流散的古书画名迹免遭古董商人转手流失国外，不惜举债购藏。1946年，当他得知隋代展子虔《游春图》卷在北平出现后，惟恐国宝被古董商转手流失国外，便设法购买。但对方要价太高，他无力承受。经多方协商，以双方均可接受价成交。这时他也无力支付，最后变卖了房产，并搭上夫人潘素女士首饰，才购得这件重要国宝。他先后购藏的有：中国最古传世墨迹西晋陆机《平复帖》卷，传世最古绘画隋代展子虔《游春图》卷，唐代李白《上阳台帖》，唐代杜牧《张好好诗》卷，宋代范仲淹《道服赞》卷，宋代蔡襄《自书诗册》卷，宋代黄庭坚《诸上座》卷，元代赵孟頫章草《千字文》，等等。他对收藏的文物悉心保护，在抗日战争中，他对收藏的国宝爱同身家性命，在逃往外地避难时，他精心设计，把西晋陆机《平复帖》卷缝在随身穿的棉袄中，终于躲过了劫难。20世纪50年代，他把上述极为珍贵的古法书、绘画捐献给国家，由故宫博物院收藏。他对收藏的古书画进行了研究，撰有《丛碧书画录》稿，著录了他自1932～1960年间收藏的古书画117件。

近代著名藏书家和版本目录学家傅增湘（1872～1949年），毕生致力于古籍目录、版本、校勘学，亲自校雠古籍16000余卷，撰写题跋700余篇，题名《藏园群书题记》（1933～1934年），分4集排印。1938年又排印《藏园群书题记续集》6卷。1930年，傅氏自刻《双鉴楼藏书续记》，1943年自编傅氏排印本《藏园群书题记初集》8卷。傅氏精于古籍鉴别，数十年奔走大江南北访求，收藏古籍珍本极丰，有近20万卷，其中多宋、元秘本及名抄精刻本。他的藏书中有珍贵善本古籍宋刻本《资治通鉴》和宋抄本《洪范政鉴》二书，故命名其藏书库为“双鉴楼”，闻名国内外。1949年傅氏逝世，家人遵其遗嘱，以“双鉴”及所校群书捐献国家，现藏国家图书馆。

三、博物馆文物收藏与研究

中国近代第一个公共博物馆是1905年张謇创办的南通博物苑。有关外国博物馆的情况，是在我国逐渐沦为半封建半殖民地的情况下，随着资本主义科学、文化的传入，而逐渐介绍到我国来的。

19世纪末，中国一些资产阶级改良主义者，出于推行“新政”

的需要，把创办博物馆和其他“新政”内容一起宣传。1895 年，上海强学会最早提出了办博物馆的主张，把办报、译书、开图书馆、博物馆，研究中国的自强道路作为该会的宗旨，并通过其章程提出了具体主张，为中国博物馆的建立做了舆论准备。

近代早期的博物馆，带有浓厚的半封建半殖民地色彩。这是由当时中国的社会性质所决定的。当时的博物馆，特别是 19 世纪末到 20 世纪初的一些博物馆，是帝国主义借以奴化中国人民思想、掠夺中国文化和自然资源的工具。如 1868 年，法国神父韩伯禄在上海徐家汇建立的震旦博物院，主要收藏中国的植物标本，不对外展览开放；1874 年，英国皇家亚洲文会华北分会在上海建立亚洲文会博物院，长期搜掠我国动植物、矿石标本，搜掠甲骨和秦汉古物等；1922 年，法国传教士桑志华在天津建立北疆博物院，收藏范围甚广，不仅搜掠我国北方各省及西藏东部等地的动植物、矿石、化石等标本，而且还大量收藏有关考古和民俗学方面的文物与资料，对部分藏品进行了研究，并开馆展览。该馆工作一直延续到 1947 年才告结束。此外，还有美国人 1914 年在四川成都筹办并于 1919 年正式成立的华西协合大学博物馆；日本人 1915 年在台湾省台北市建立的“台湾总督府民政部殖产局附属纪念博物馆”，1916 年在旅顺建立的满蒙博物馆，藏品 4.5 万余件，1926 年又设立中长铁路博物馆等。

中国人自己创办博物馆，最早的创办者是两广总督张之洞。1884 年，他在广州实学馆的基础上建立了博物馆，但不久即改为广东水陆师学堂。

张謇创办南通博物苑。该苑创办于 1905 年。张謇本来是奏请清政府建设“帝国博物馆”的，但他的建议未被清政府采纳。于是，他自己便在南通筹建博物苑，先后建立了北馆、中馆、南馆和园圃。经 10 年搜集，收藏自然、历史、美术等藏品 2900 余件。它是中国人创办综合性博物馆的开端，在我国博物馆发展史上具有开创性意义。同时，博物馆在宣传自然科学知识，弘扬祖国优秀文化遗产方面，起过积极作用，具有一定的进步意义。

1911 年，孙中山领导的辛亥革命推翻了清朝政府，结束了封建帝制，建立了中华民国。博物馆的社会作用愈来愈受到重视，博物馆相继建立。1912 年，教育部在北京安定门内清代国子监成立博物馆筹备处。1926 年 10 月，历史博物馆以故宫端门至午门一带的房舍为馆址，正式开馆。它是民国政府建立以来，第一个由国家开办的博物馆，是我国收藏、研究、宣传文物的重要机构之一，在中国博物馆发展史上具有重要的意义。

1914 年，内务部成立北平古物陈列所，在故宫文华殿、武英殿等处陈列接收清内府所藏奉天（沈阳）、热河行宫（承德）的各种文物，如三代铜器、陶器、金玉器、书画、丝绣等文玩。1915 年，江苏省在南京设立古物保护所，陈列明故宫文物。1925 年 10 月，故宫博物院正式成立。它是以古建筑及清宫原有珍藏为中心的一座博物馆，下设古物馆、图书馆、文献馆。就古物收藏来讲，包括青铜器、瓷器、玉器、书画、纺织品、明清工艺品等等。藏品极为丰富，是中国文物收藏、研究和宣传的又一个重要机构。

故宫博物院成立之后，即对所藏古物进行清点，制定了有关规章制度，加强保护工作。故宫博物院收藏之丰，当时和现在，在全国博物馆中均名列榜首。九一八事变后，日本帝国主义对中国加紧侵略活动，华北形势日趋紧张，为了保护我国文化遗产的精萃，故宫博物院对其藏品装箱，分批南迁。从 1933 年 2 月开始，共迁往南京古物 19557 箱。它反映出故宫博物院文物收藏之丰富。在日军向华北、平津进攻的形势下，故宫收藏的文物南运，使我国重要文化遗产免遭日军掠夺和破坏。1937 年七七事变后，日军向中国发动全面进攻，为确保故宫运往南京文物的安全，又分三路将其陆续运往四川巴县、乐山、峨眉等地。不少押运文物的工作人员，为保护祖国文化珍品，历尽艰险，甚至有的献出了宝贵生命。抗日战争胜利以后，其中 2972 箱于 1948 年分批运往台湾省，现存台北故宫博物院。

故宫博物院自成立起，在加强对藏品保管的同时，不断开展对藏品的研究、宣传工作，1929 年，创办了故宫周刊。它以图片为主，兼以文字，介绍故宫博物院所藏历代帝王、后妃像，著名书画家书法、绘画、扇面、碑帖、印章，铜器、瓷器、玉器、景泰蓝、织绣，以及古代钱币、古籍版本，还介绍古建筑等。至1937年，共出版周刊510期，旬刊32期，纪念刊6期。

中国博物馆事业的不断发展，是与社会的发展和变革分不开的。国立历史博物馆和故宫博物院的建立是最为突出的例证。它们是辛亥革命推翻清王朝，社会发生重大变革的历史产物。在这个时期，兴起了提倡“科学”、“民主”的新文化运动；特别是1919年爆发了彻底的不妥协的反帝反封建的五四运动和马列主义在中国的传播，促进了科学、文化、教育事业的发展。在这个形势下，博物馆事业比以前有了较快的发展，许多省、市和部门，相继建立了博物馆。据统计，1921年全国有13所博物馆，到30年代初，全国已有十七八个省、市建立了博物馆。30年代，博物馆有了显著发展，1936年，《中国博物馆一览》一书中，所列的博物馆即达63个。甘肃省博物馆的前身是甘肃科学教育馆，是使用清朝政府的“庚子赔款”于1939年1月1日创立的。这些博物馆成为收藏文物的重要场所，在保护和研究文物方面，做了大量工作，取得了可喜的成绩。但在日本帝国主义发动侵华战争的期间，我国博物馆事业遭受了摧残和破坏。

第四节　现代的文物收藏

现代的文物收藏，分为国家收藏和民间收藏两部分，以国家收藏为主。国家收藏文物，主要是由国家建立的博物馆、图书馆等单位收藏。其中博物馆是国家建立的文物收藏机构，收藏文物是它的主要职能之一。此外，还有一些教学、科研单位和文物保护管理机构等，也都收藏或保管一部分文物。

1949年10月1日，中华人民共和国建立以后，民间收藏文物也一直存在着。收藏者为国家保存了一部分文化遗产。他们继承了我国民间收藏的传统，对收藏的文物悉心保护；有的进行研究，著书立说；有些收藏者把自己收藏的珍贵文物，捐献给国家，完成自己收藏文物的初衷。

第五节 现代民间收藏

民间收藏除收藏文物外，还收藏一般实物和物品，我们统称之为收藏品，以区别于收藏文物。收藏一般收藏品的内容十分广泛。

一、民间收藏品收藏的群众性

民间收藏有广泛的群众基础。收藏者范围广，分布在全国各地和不同人群中，在城市和农村，在工、农、兵、学、商各界，都有人在收藏自己喜好的近代现代收藏品。

从收藏者的年龄来说，有少年儿童，如有的收藏邮票、实寄封、首日封、纪念币等；有耄耋老人，他们很多人都从自己爱好和所能接触到的实物和物品中选择自己的收藏品。

二、民间收藏品的范围和种类

民间收藏品范围极其广泛，从总的来说，凡是现代人们生产制作的各种实物、物品和创作的各种作品，包括社会活动、社会生产、社会生活、文化教育、科学技术等各个领域和各个方面的遗物，都是收藏者收藏的对象。它们或多或少都包含有历史信息和科学文化信息。有句口号是“为了明天，收藏今天”，也可以说是“为了明天，收藏昨天和今天”。此外，还有一些收藏者收藏自然物品，而它们则包含了自然界的许多信息。

现代收藏品所用材料各异，种类繁多，内容丰富，一般不宜按质地对它们进行归类，多采用按用途或功用来区分和归类。从这一点出发，民间收藏品大的类别主要有：生产工具、生活用品、文化用品、科技用品、艺术品、文献资料等。

若就具体种类来说，可从不同功能分出数十种来，甚至更多，列举如下：

服饰类：衣服、鞋、帽、披肩、斗篷、首饰等；

家具类：桌、椅、床、几、箱、柜等；

钟表类：座钟、挂钟、怀表、手表、电子表等；

日历类：台历、挂历、日历卡、电子日历等；

邮资类：邮票、实寄封、首日封、明信片、纪念封、通讯卡、电话卡等；

货币类：纸币、硬币、纪念币等；

音像类：照片、唱片、留声机、录音带、录像带、光盘等；

票证类：粮票、油票、肉票、棉花票、布票、化肥票、家用电器票等；

门券类：参观券、入场券、门票、出席证、请柬等；

奖杯、徽章类：奖状、奖杯、奖牌、证书、奖章、证章、纪念章、像章等；

商标装潢类：火花、烟标、老字号商标及招牌、装潢等；

艺术品、工艺品类：中国画、油画、版画、书法作品、雕刻品、雕塑品、剪纸等；

戏剧类：戏服、道具、各种乐器等；

书报刊类：版本图书、专业图书、辞书、连环画、报刊创刊号、号外、报道重大事件报刊等；

地图类：全国、省（区、市）、市县行政图、历史地图、文物古迹地图、自然资源图、旅游图、地形图、地球仪等。

上述列举的种类和尚未列出的种类，都是民间收藏者的收藏对象，有些收藏者在某一方面或某几个方面的收藏品不仅数量多，而且已成系列，在整理、研究以及展示方面已做出了许多成绩。

三、民间收藏的来源

民间收藏的来源是多种多样的，归纳起来，主要有：

①继承。有些收藏品是父辈或祖父辈收藏品传给自己，如文献图书、艺术品、集邮品、火花等。

②购买。有些收藏品是自己购买的，如艺术品、工艺美术品、集邮品、商标装潢类物品、图书、连环画、期刊创刊号、地图类物品等。

③交换。收藏者用自己同类较多的部分收藏品，与其他收藏者交换自己所缺的收藏品，或者用自己不再收藏的物品交换自己正在收藏

的物品。

④赠与。收藏者不再继续收藏某些收藏品，或者较多的同类收藏品，赠与亲朋好友，以增加和丰富他们的收藏品。

⑤奖励。来自政府、有关部门和组织、部队的奖励品，如奖状、奖章和奖杯等。

⑥发放。有些在当时的历史条件下，由政府部门发放，已不再使用或保留下来的物品，如粮票等各种票证类物品。

⑦社交。在社交活动中获得的物品，如贺卡、请柬、纪念品等。

⑧利用。许多收藏品原来是实用物品，在不具有使用价值后作为收藏品收藏。如实寄封、挂历、入场券、请柬、火花、烟标等。

⑨其他。

以上是就收藏品的来源归纳的，就某一位收藏者的某一类或某几类收藏品而言，也可能是几个来源，并非是一种来源，这是很自然的。

四、民间收藏的特点

民间收藏的历史悠久，在现代，民间收藏一直十分活跃。就是在“文化大革命”期间，一些群众也收集了许多物品和纪念品，例如收集毛主席像章、邮票、小报、图书等。改革开放以来，随着社会经济的发展，人们的物质生活和文化水平的提高，群众对收藏品的收藏也迅速发展，已成为一种广泛的群众性文化活动。民间收藏有着广泛的群众基础，这是民间收藏的特点之一。

收藏者从事收藏的原因不同，有些收藏者开始收藏时，可能只是出于爱好，认为某种物品有观赏性，可供欣赏，如集邮、集火花等，能在方寸之间，欣赏到清秀雅致的图案，精美考究的制作，就是这样由爱好和兴趣，逐渐走上收藏之路的人，为数不少；由于职业和文化素养不同，有些人从学习、借鉴的角度，有些人为了研究某一问题，需要收集一些物品或文献、图书，日积月累走上了收藏之路；还有的人是因工作、生活的原因，接触某方面的物品机会较多，逐渐积累，渐成规模，久而久之，收藏品多起来，加入收藏者行列。凡此种种，决定了收藏品各不相同，以及收藏品的广泛性和复杂性、历史信息和文化科学信息的多样性，这是民间收藏的第二个特点。

民间收藏的第三个特点，是收藏品的分散性和不稳定性。收藏品的分散性，是由上述特点所决定的。收藏者各个阶层的人都有，散布在城乡各地，他们的收藏品自然也分散于城乡各地，保存于各个收藏者的家里。收藏者由于爱好或工作、生活的变化，其收藏品可能赠人、交换或者转让；收藏需要一定财力和保存条件，由于经济上或收藏保存条件的限制，不再收藏将收藏品赠人或者转让，由此，决定了收藏品的不稳定性。

第十三章　国家收藏文物保护制度

可移动文物由国有文物收藏单位集中收藏是国家收藏文物的主要形式，也是一个重要原则。2002 年《文物保护法》第四章馆藏文物，对国有文物收藏单位收藏文物的保护管理，做出了一系列明确规定。

第一节　国有文物收藏和保管单位

国有可移动文物以国有文物收藏单位收藏为主，同时，由机关、部队、国有企业事业单位保管的国有可移动文物，也是国家收藏文物的重要组成部分。

一、国有博物馆、图书馆

2002 年《文物保护法》第三十六条规定："博物馆和图书馆是文物收藏单位。"国有博物馆、纪念馆、陈列馆、图书馆等单位，是国有可移动文物主要收藏单位。

博物馆是文物收藏机构。1949 年，中华人民共和国成立时，接收了旧中国留下来的 24 个博物馆，包括各地公立博物馆和外国人建立的博物馆。在新中国建立之初，百废待兴之时，党和政府就十分重视博物馆建设。1951 年 10 月 27 日，中央人民政府文化部对地方博物馆的方针、任务、性质及发展方向做出指示，其中指出："博物馆事业的总任务是进行革命的爱国主义的教育。通过博物馆使人民大众正确地认识历史，认识自然，热爱祖国，提高政治觉悟与生产热情。""鉴于目前国家经济情况，博物馆事业仍应以改造原有的为主，仅在个别有条件地区筹建新的博物馆。""各大行政区或省市博物馆，应当是地方性的和综合性的。"1952 年基本完成了对旧有博物馆的整顿改造，使博物馆事业开始走上社会主义轨道。

随着我国社会经济的发展，博物馆事业也在不断发展进步。1956年，全国博物馆工作会议第一次明确提出博物馆的基本性质是“科学研究机关”、“文化教育机关”和“物质文化和精神文化遗存以及自然标本的收藏所”，基本任务是“为科学研究服务，为广大人民群众服务”，第一次明确了博物馆的社会地位与作用，推动了博物馆事业的发展与进步。到1957年，文化系统博物馆已发展到57个。

1958年9月17日，毛泽东视察安徽省博物馆时指出：“一个省的主要城市都应该有这样的博物馆，人民认识自己的历史和创造的力量是一件很要紧的事。”进一步推动了全国博物馆建设，中国历史博物馆、中国革命博物馆、中国人民革命军事博物馆等大型博物馆先后开始兴建。但在“大跃进”年代，博物馆事业也出现了一些失误。1961年开始在全国范围内对博物馆工作进行了调整，一大批规模小、水平低的博物馆关闭、合并。文化系统博物馆由1958年底的480个调整为200个左右，博物馆事业又走上健康发展的道路。但在“文化大革命”期间，我国博物馆事业再次遭受很大挫折。

1978年12月，中国共产党十一届三中全会召开后，我国实行改革开放，以经济建设为中心，社会主义建设进入一个新的时期，博物馆事业也走上了健康发展的道路。1979年6月29日，国家文物事业管理局颁发《省、市、自治区博物馆工作条例》，其中明确规定：“省、市、自治区博物馆是国家举办的地方综合性或专门性博物馆，是文物和标本的主要收藏机构、宣传教育机构和科学研究机构，是我国科学文化事业的重要组成部分。”“博物馆通过征集收藏文物、标本，进行科学研究，举办陈列展览，传播历史和科学文化知识，对人民群众进行爱国主义教育和社会主义教育，为提高全民族的科学文化水平，为我国社会主义现代化建设做出贡献。”[①] 它进一步明确了博物馆的性质和任务，首先是文物的主要收藏机构。

在20世纪80～90年代，我国博物馆随着国家社会经济的发展，

① 国家文物事业管理局编：《新中国文物法规选编》，文物出版社，1987年第1版。

根据中国国情，稳步向前发展。陕西、上海、江西、河南、西藏、青海等省、自治区、直辖市，先后建起了新的具有现代化设备的省级博物馆；山西、辽宁、北京和甘肃等省、市也正在加紧建设新的省级博物馆。与此同时，市、县级博物馆也有了很大发展。据国家文物局统计，全国有博物馆 2000 个，其中综合性博物馆 828 个，专门博物馆 281 个，纪念性博物馆 275 个，成为国家收藏文物的主要机构。这些博物馆、纪念馆共举办陈列、展览 17752 个，为我国社会主义物质文明和精神文明建设做出了重要贡献。

改革开放以来，我国其他系统和部队的博物馆建设步伐加快，已建立了一批重要博物馆，如中国人民抗日战争纪念馆、中国科学技术馆、中国钱币博物馆、中国邮票博物馆、中国体育博物馆、中国现代文学馆、中国煤炭博物馆、中国航空博物馆等，连同此前建立的博物馆，都是我国国有可移动文物重要收藏机构。它们根据本馆性质，收藏了一批具有本行业特点的国有可移动文物。

在我国，除文物系统、其他系统和部队建立的博物馆之外，还有国有企业、事业组织建立的博物馆或陈列室，如国有企业组织建立的保利博物馆，国有事业单位如高等学校建立的博物馆、陈列室等，这些博物馆和陈列室，也都是国有可移动文物重要收藏机构。

国有图书馆是国家文物收藏机构之一。国家建立的图书馆，包括公共图书馆、科研机构图书馆和高等院校图书馆等，收藏有古籍善本、古文书、古碑帖，以及其他重要古文献，它们是国有可移动文物的重要组成部分。有的图书馆收藏有珍贵的近代现代手稿和其他文献。

二、文物保护管理机构

文物保护管理机构是 2002 年《文物保护法》第三十六条规定的博物馆、图书馆之外的其他文物收藏单位。新中国建立之初，为了及时保护古建筑群、古园林、石窟寺、古墓葬群、大型古遗址等，建立了一批文物保管所等保护管理机构。随着我国文物事业的发展，一些文物较多的市、县建立了文物管理处、保管所等机构；一批又一批公布的省级和全国重点文物保护单位，随之依法设置了专门管理机构。

这些文物保护管理机构，由于历史的或工作的原因，都收藏、保管了数量多少不等的国有可移动文物，有些还根据条件举办了文物陈列展览。

据国家文物局2000年度统计，全国文物系统共有文物保护管理机构1976个，收藏、保管的国有可移动文物200多万件。从收藏文物数量之大，可见它们是国有可移动文物的重要收藏、保管机构。此外，还有其他国有文物机构70个，也收藏、保管一些国有可移动文物。

文物系统以外的园林、宗教系统等文物保护管理机构，也收藏、保管了一部分国有可移动文物。

三、文物考古研究机构及其他单位

文物系统、科学院和社会科学院、高等院校的考古研究单位和考古学系，凡获得考古发掘团体单位资格，即成为从事考古发掘的单位，它们在完成考古发掘项目的发掘之后，除应依法移交出土文物外，也都依法保管一部分供科学研究或教学用的文物、标本。虽然它们不是文物收藏单位，但具有保管国家所有文物的职责。它们所保管的文物是国有文物的组成部分。

根据2002年《文物保护法》规定，除上述国有文物收藏、保管单位外，国家机关、部队和国有企业、事业组织等保管的文物，属于国家所有，由这些单位负责保管。

第二节　国有文物收藏单位文物来源

我国国有博物馆文物藏品有多少？据国家文物局2000年度统计，文物系统1384个国有博物馆，收藏可移动文物980多万件。这些文物藏品有哪些来源？主要有：拨交、征集、交换、捐赠、发掘等。

我国文物系统所有博物馆、纪念馆等文物藏品总计不到1000万件，是多是少呢？我们与外国一些博物馆藏品数量比较一下，就可以做出回答。美国史密森博物院（有若干博物馆）藏品1.3亿件，国立美国历史博物馆藏品1700多万件，美国纽约大都会艺术博物馆藏品

330多万件，加拿大安大略皇家博物馆藏品600多万件，原苏联国立历史博物馆藏品400多万件，澳大利亚博物馆藏品（含自然标本）875万件。[①] 需要说明的是，统计数字的差别可能有计量标准不同等因素，中国博物馆文物藏品中未包括自然标本。但无论如何，充分说明了外国一些博物馆藏品十分丰富，藏品数量很大。

为了不断丰富我国国有文物收藏单位的文物藏品，不断增加文物藏品数量，2002年《文物保护法》第三十七条对文物藏品来源做出进一步规范，明确规定："文物收藏单位可以通过下列方式取得文物：

"(一)购买；

"(二)接受捐赠；

"(三)依法交换；

"(四)法律、行政法规规定的其他方式。"

同时规定："国有文物收藏单位还可以通过文物行政部门指定保管或者调拨方式取得文物。"

一、文物行政部门指定保管或者拨交文物

文物行政部门指定保管或者拨交文物，是国有博物馆、纪念馆等文物收藏单位文物藏品最主要的来源，过去和今后都是如此。

文物行政部门指定保管的文物：一是指定出土文物保管单位，二是指定拣选文物保管单位，三是指定罚没文物保管单位。

出土文物属于国家所有。考古发掘出土的文物，根据2002年《文物保护法》第三十四条规定："考古发掘的文物，应当登记造册，妥善保管，按照国家有关规定移交给由省、自治区、直辖市人民政府文物行政部门或者国务院文物行政部门指定的国有博物馆、图书馆或者其他国有收藏文物的单位收藏。"这是国有博物馆等文物收藏单位文物藏品重要来源之一。

拣选文物是国有博物馆等文物收藏单位文物藏品重要来源之一。几十年来，有些博物馆的征集人员深入冶炼厂、造纸厂或废旧物资回

---

① 史密森博物院藏品数来自该院介绍，其他博物馆藏品数摘自《中国大百科全书·文物博物馆》。

收部门拣选掺杂在废旧物资中的文物，为博物馆拣选了不少重要文物。与此同时，也有些拣选文物是文物行政部门依法指定国有博物馆收藏的，其中不乏珍品。

罚没文物是国有博物馆等文物收藏单位文物藏品来源之一。执法机关罚没的文物，在结案后依法移交文物行政部门。文物行政部门根据收藏、保管条件和罚没的文物情况，指定国有博物馆等文物收藏单位收藏、保管。

文物行政部门拨交给国有博物馆等文物收藏单位的文物，是其收藏品的重要来源。拨交的情况有多种多样。

第一，党政部门保管的文物拨交国有博物馆等文物收藏单位收藏。机关、部队、社会团体和事业单位先后拨交给故宫博物院的文物总计 165061 件，是新入藏文物中的最大宗。“1951 年 2 月 2 日，毛泽东主席亲自写信给当时中央文化部文物局局长郑振铎，将友人送给他的明代学者王夫之的手迹《双鹤瑞舞赋》卷由文物局转交故宫，信中强调：‘据云此种手迹甚为稀有，今送至兄处，请为保存为盼。’”“1956 年，张伯驹先生将唐李白《上阳台帖》卷赠送给毛泽东主席。1958 年，毛泽东指示中央办公厅，将此帖转交故宫博物院珍藏。”拨交文物的单位有：“中共中央办公厅，毛泽东、刘少奇、周恩来、朱德、宋庆龄、李先念、彭德怀、陈毅等党和国家领导人的办公室，以及中联部、中宣部、人大常委会、中央警卫局中南海管理局、国防部、总政文化部、北京军区后勤部、武汉军区政治部、外交部、安全部、公安部、劳动部、卫生部、文化部、教育部、林业部、外贸部、贸促会、中国银行、国务院机关事务管理局、中央气象局、共青团中央秘书处、全国总工会、铁路总工会、全国妇联、中国红十字会、中国外交学会、中国伊斯兰教协会、中国人民保卫世界和平委员会、中苏友好协会、中国文联、中国美术家协会、北京市政府及其公安局、文化局、法院和全国各省、市机关等。”① 在党政机关拨交给故宫博

① 杨新等：《故宫博物院 50 年入藏文物概况》，见《故宫博物院 50 年入藏文物精品集》，紫禁城出版社，1999 年第 1 版。

物院的文物中，以中央文化部文物局拨交的文物为最多，达到101772件。

第二，接受捐赠后拨交的文物。许多文物收藏家在不同时期将收藏的文物捐献给党和国家领导人，或捐献给政府及文物行政部门，这些文物都应拨交给国有博物馆等文物收藏单位收藏。如上述赠送给毛泽东的王夫之手迹《双鹤瑞舞赋》卷和李白《上阳台帖》卷，就是后来拨交给故宫博物院的；又如，刘肃曾将“虢季子白盘”捐献给政府。1950年3月3日，中央文化部文物局在北海团城承光殿举行特展，沈雁冰部长向捐献人刘肃曾颁发了奖状。“虢季子白盘”后拨交中国历史博物馆收藏。

第三，购买后拨交的文物。由国家出资购买的文物，应拨交国有博物馆等文物收藏单位收藏。上述中央文化部拨交给故宫博物院的文物中，就有一部分是购买的文物。如经周恩来批准从香港赎回和购回的王献之《中秋帖》卷、王珣《伯远帖》卷、韩滉《五牛图》卷和顾闳中《韩熙载夜宴图》卷，就是其中的极品。

东晋著名书法家王献之的传世书迹《中秋帖》卷，被清乾隆帝誉为“三希”的三件晋人名帖之一。帖为纸本，草书，纵27厘米，横11.9厘米。东晋著名书法家王珣书写的惟一墨迹真本《伯远帖》卷，是“三希”名帖之一。帖为纸本，行书，纵25.1厘米，横17.2厘米。唐代著名画家韩滉传世名作《五牛图》卷，纸本，设色，纵20.8厘米，横139.8厘米，画面五头牛，神态各异，形神逼真。五代著名画家顾闳中存世名作《韩熙载夜宴图》卷，绢本，设色，纵28.7厘米，横335.5厘米。画面描绘了中书舍人韩熙载彻夜宴饮的景象，画分五段，人物众多，个性鲜明。

第四，其他来源文物的拨交。如归还新中国成立前被掠夺走的文物，拨交国有博物馆等文物收藏单位收藏。20世纪60年代，民主德国归还1900年八国联军中德国军队从中国掠走的义和团团旗等文物，之后拨交中国革命博物馆收藏。

二、国有博物馆购买文物

国有博物馆等文物收藏单位，都通过征集和合法渠道购买方式丰富本馆的文物收藏。一些大的博物馆，一般设有文物征集部或征集组，负责征集、购买文物。这是国有博物馆等文物收藏单位文物藏品的重要来源。

国有博物馆等文物收藏单位，可以从合法的文物购销经营单位购买文物，从具有拍卖文物资格的拍卖企业竞买文物，以及从境外合法市场购买文物等。

民间文物收藏者把文物卖给博物馆，是法律允许的。博物馆以征集方式购买。故宫博物院在新中国成立后 50 年间，通过购买方式，共购进馆藏文物 53951 件，其中有许多极为珍贵的文物，如宋代张先《十咏图》、明代沈周仿黄公望《富春山居图》、清代石涛《高呼与可图》等。上海博物馆几十年来也购买了一批珍贵文物，进一步丰富了馆藏。

三、国有博物馆接受捐赠文物

国有博物馆接受捐赠文物是丰富馆藏文物的重要途径。新中国成立以来，我国国有博物馆接受了大批捐赠文物。对捐赠文物的人士，有的由博物馆发给捐赠证书、奖状、奖金；有的由政府或文物行政部门颁发捐赠证书、奖状，以至物质奖励，有时还举行隆重的捐赠仪式。总之，对保护祖国文化遗产、捐赠文物的高尚行为和爱国精神予以褒奖和宣传。今后，应继续做好接受捐赠文物的工作，规范捐赠与接受捐赠文物的有关事项，善待文物捐赠者和捐赠文物，使捐赠文物的高尚行为和精神为世人敬仰，使更多的民间文物收藏者不但愿意把收藏的文物捐赠给国有博物馆，而且感到只有捐赠给国有博物馆，文物才最安全，才是文物的最终归宿。

新中国成立以来，故宫博物院、上海博物馆等文物收藏单位是接受捐赠文物较多的单位。50 多年来，故宫博物院接受捐赠文物者达 573 人次，接受捐赠文物总数为 21875 件。捐赠者中有党政军领导及部门负责人，有社会知名人士、著名专家学者，有港澳同胞和海外侨胞及国际友人，还有该院的老领导、老专家学者等。捐赠的文物中有许多极为珍贵，如著名鉴藏家张伯驹捐献给国家的文物中有：西晋著名书法家陆机《平复帖》卷，是我国现存最古的名人墨迹，纸本，草书，纵28.3厘米，横20.5厘米，书法古拙，有浓厚的隶草风格。隋代著名画家展子虔存世名作《游春图》卷，绢本，重设色，纵34厘米，横80.5厘米，是一幅表现人们春天出游的青绿山水画。唐代著名诗人杜牧存世惟一墨迹《张好好诗》卷，麻纸，行书，纵28.2厘米，横162厘米，书法有六朝书法风格。

又如，著名陶瓷收藏家韩槐准先生，侨居新加坡多年，20世纪60年代初回国定居，他将自己多年在海外变卖家产、艰辛收藏的宋、元、明、清瓷器2000多件，捐献给故宫博物院，其中有国内罕见的明代外销瓷器。

上海博物馆建馆50年来，接受捐赠文物1.1万件，占馆藏珍贵文物的10%左右，其中有许多极其珍贵。捐赠者800余人。著名收藏家捐赠的珍贵文物有：潘达于捐赠的西周大克鼎、大盂鼎等；顾公雄夫人沈同樾及其子女遵照顾公雄遗愿，捐赠凝聚了四代人心血的“过云楼”所藏宋、元以来书画393件；孙志飞捐赠明、清书画精品120余件，俟后，其夫人携儿子遵照丈夫遗愿捐赠书画、缂丝等文物128件；杨慨棉捐赠明、清书画、文物珍品128件；施嘉幹夫人董逸新为了却他们的心愿捐赠了毕生收藏的金银及铜铸钱币4000余枚，等等。①

上海博物馆为了善待捐赠者，从各方面做了大量卓有成效的工作，逢年过节，馆领导亲自登门慰问、拜年；凡有捐赠仪式或展览开幕等重大活动，都邀请重要捐赠者作为嘉宾出席；通过新闻媒体，对收藏家捐赠文物事迹广为宣传；在新馆建成后，将所有捐赠文物的人的名字，从1950年至2000年，按年代排列挂在大厅花岗岩墙面上，对收藏家捐献文物表示敬意和表彰。它已成为爱国主义教育的重要内容。

四、其他方式取得文物

2002年《文物保护法》规定，国有博物馆等文物收藏单位取得文物的方式中，有“法律、行政法规规定的其他方式”。就法律规定

---

① 顾祥虞：《上海博物馆：文物捐赠者的家》，载《中国文物报》，2001年2月21日。

而言，有《民法通则》和2002年《文物保护法》规定的方式。如2002年《文物保护法》第五条规定国家出资征集的文物。国有博物馆等文物收藏单位都有征集传世文物和近代现代文物的职能。征集文物需要奖励；近代现代文物（包括少数民族文物）有的还在使用，征集时需购买新的实物或物品换取，或用其他方式征得，这些都需要征集经费。这些都是中央和地方财政出资征集的文物。

又如，2002年《文物保护法》第三十九条规定的调拨国有馆藏文物，虽然这些馆藏文物仍在国有博物馆等收藏单位收藏，但对另一个国有博物馆来说，却因调拨来文物而增加和丰富了馆藏。

第三节　国有博物馆馆藏文物保管制度

国有博物馆、纪念馆、图书馆、文物保护管理机构等单位，都收藏、保管有不同数量的文物藏品。它们是国家极为重要的科学、文化财富，对博物馆、纪念馆而言，文物藏品则是其业务活动的基础。因此馆藏文物收藏单位，应建立文物藏品账和文物藏品档案，在研究文物藏品历史、艺术、科学价值的基础上，对馆藏文物进行分级，建立文物藏品保管制度，加强对馆藏文物的保护管理，确保馆藏文物安全，以充分发挥文物的作用。

博物馆等文物收藏单位对所收藏的馆藏文物，负有科学保护管理、整理研究、公开展出和提供利用的责任。保管工作应做到：制度健全、账目清楚、鉴定确切、编目详明、保管妥善、查用方便。

一、馆藏文物建账和建档

国有博物馆、纪念馆等文物收藏单位收藏的文物，是国家重要的文化财产，应依法认真登记，建立文物藏品账和文物藏品档案。2002年《文物保护法》第三十六条规定："博物馆、图书馆和其他文物收藏单位对收藏的文物，必须区分文物等级，设置藏品档案，建立严格的管理制度，并报主管的文物行政部门备案。""县级以上地方人民政府文物行政部门应当分别建立本行政区域内的馆藏文物档案；国务院文物行政部门应当建立国家一级文物藏品档案和其主管的国有文物收藏单位馆藏文物档案。”这条规定内容，既适用于国有博物馆、图书馆等文物收藏单位，又适用于非国有博物馆机构。建立馆藏文物档案，是所有博物馆等文物收藏单位文物藏品保护管理的基础。如果没有建立文物藏品账和文物藏品档案，将无从依法管理。我国国有博物馆等文物收藏单位已经建立了比较完备的文物藏品建账和建档制度。

在国有博物馆等单位，文物藏品在登入总账和分类账之前，应做好原始登记，即对指定收藏、拨交、购买、捐赠等可移动文物的入馆所做的最初的登记工作，应根据有关文件、单据、凭证等填写原始登记簿。它是博物馆入藏文物最原始的文化财产清册。登记内容主要有：入馆日期、批号、文物名称、时代、件数、现状、价值、来源等。

文物藏品在完成原始登记后，应把入馆的文物逐件、逐批、逐项登入馆藏文物总登记账（《藏品总登记账》）和馆藏文物分类登记账（《藏品分类登记账》）。它们是国有重要的科学文化财产账，应严格按照国家统一规定的格式和要求，逐件、逐项认真填写。博物馆文物藏品总登记账主要内容有：登记日期、总登记号、分类登记号、文物名称、时代、计件、计量、现状、来源、级别等。博物馆文物藏品分类账主要内容有：总登记号、分类登记号、原始登记号、文物名称、时代、件数、尺寸和重量、现状、来源、入藏时间、等级等。国有博物馆文物藏品总账和分类账，是具有法律效力的文件，不得任意更改，如有必须的订正，应经一定程序后订正，并在订正处做出标记，由订正经办人在订正处盖章。文物藏品总账和分类账应由具有敬业精神、责任心强的专业人员专门负责集中保管，永久保存。

国有博物馆对馆藏文物建立档案，主要是文物藏品档案册和文物藏品编目卡片等。它是馆藏文物经过专家鉴定之后编制的系统介绍文物藏品的材料，文字内容包括：文物名称、时代、大小尺寸、重量、材料质地、保存现状、来源、器物的描述、专家鉴定意见等，应详细记录，如系传世文物，应记述流传经过。除文字内容外，还包括文物照片、拓片、测绘图等。

文物藏品档案，应科学、准确、完整地反映文物藏品的全部情况，有关材料应完整收入档案保存，如可移动文物入馆的各种原始单据和原始记录等材料，都应收入档案，其中如接收拨交文物的清单，购买、捐赠文物的收据，捐赠人书写的捐赠证明等；如入藏的是考古发掘的出土文物，应将发掘有关报告、出土文物方位和层位图等，都纳入文物藏品档案。

国有博物馆、纪念馆、图书馆等是国有可移动文物的重要收藏机构，对文物藏品建账和建档是收藏单位首先应认真做好的基础工作。真正做到件件文物登记总账和分类账，建立档案，并且做到账、档案和文物相符，这是收藏单位毋庸置疑的职责。我国国有博物馆等文物收藏单位基本上是这么做的，大体上符合要求。但也毋庸讳言，有些国有博物馆等文物收藏单位做得还不够，距离法律、法规要求还有一定距离，主要表现为文物藏品档案不健全；还有的部分文物藏品没有登记总账和分类账，建立文物藏品档案就更不用提了；有的收藏单位文物藏品底码不清，账、物不符，等等。这些问题不切实加以解决，馆藏文物依法加强保护管理就无从谈起，更不用说合理利用馆藏文物，充分发挥文物的作用了。

1982 年《文物保护法》规定的国有博物馆、图书馆等单位收藏的文物，必须设置藏品档案的要求，不仅在有些博物馆没有做到，而且 1982 年《文物保护法》实施细则规定的“省、自治区、直辖市人民政府文物行政管理部门登记的一级文物档案应当报国家文物局备案”的要求，有的省也未完成。国家文物局曾制定了文物《一级藏品目录》和《一级藏品档案》格式，印发各省、自治区、直辖市，以统一内容、统一要求，有利于统一管理。一级文物藏品目录和档案报国家文物局备案，以便其掌握国家一级文物收藏情况，对保护管理状况加强检查和监督。20 世纪 90 年代，国家文物局又组织文物专家赴各省、自治区、直辖市，协同省级文物鉴定组织，对文物系统国有文物收藏、保管单位馆藏一级文物进行鉴定，大大推动了这项工作。

根据 2002 年《文物保护法》第三十六条规定，地方各级文物行政部门应分别建立本行政区域内的馆藏文物档案。它应包括文物系统和其他系统国有馆藏文物档案，还应包括非国有博物馆等馆藏文物档案，以全面掌握本行政区域内馆藏文物的情况，采取有效措施，对馆藏文物的保护加强监督和管理。同时，第三十六条还规定，国家文物行政部门应当建立国家一级文物档案。

国家一级文物档案，应包括所有博物馆、纪念馆、图书馆和其他文物收藏、保管单位的一级文物，不论文物收藏单位是国有的或者非国有的，国家文物行政部门都应把它们的馆藏一级文物建档，全面掌握其保存情况。只有这样，才能真正实施国家对重要的文化财产的有效保护和加强监督管理。

馆藏文物建立档案，是一项系统工程，任务十分艰巨。文物行政部门在若干年内应把它作为重点工作之一，做出规划，采取措施，分步实施，常抓不懈，才能完成。

二、馆藏文物分级与保管

区分馆藏文物等级，是文物藏品保护管理的重要基础工作之一。不论馆藏文物历史、艺术、科学价值高低，保存状况好坏，优劣杂处，就无法进行科学的、合理的保管。2002 年《文物保护法》第三十六条规定："博物馆、图书馆和其他文物收藏单位对收藏的文物，必须区分文物等级。"区分馆藏文物等级，是对文物藏品实行分级科学保护、依法管理的基础。

2002 年《文物保护法》第三条规定："历史上各时代重要实物、艺术品、文献、手稿、图书资料、代表性实物等可移动文物，分为珍贵文物和一般文物；珍贵文物分为一级文物、二级文物、三级文物。"博物馆、纪念馆、图书馆和其他单位收藏的文物，是可移动文物，因此，它也是馆藏文物分级的法律依据。换言之，就是说，博物馆、纪念馆等收藏的文物，不仅有珍贵文物，也应有一般文物，这是符合馆藏文物实际情况的。

馆藏文物区分等级，专业性很强。为了有利于各博物馆和纪念馆等单位馆藏文物定级工作，加强对文物藏品分级管理，文化部颁发了修订的《文物藏品定级标准》。文物藏品定级，是专业工作，一般应由本馆专业人员来做。由于市、县级博物馆和纪念馆不可能有各类文物鉴定专家或专业人员，给文物藏品定级带来了很大难度，有的甚至无法进行。为了做好此项工作，许多省、自治区、直辖市文物行政部门成立了文物鉴定组织，到各市、县巡回鉴定，取得了很大成绩。

区分馆藏文物等级的目的：

第一，要按照区分的文物藏品级别，分级科学保管。对一级文物藏品，以及保密性藏品和材质贵重的文物藏品，应建立专库或专柜保管，其中有些珍贵文物藏品还要在装入囊匣后，再入专库或专柜，真正做到重点保管，确保安全，万无一失。不具备收藏一级文物藏品的单位，其收藏的一级文物由省级文物行政部门指定具备收藏条件的单位代为收藏、保管。

第二，科学、合理利用不同级别文物藏品。不同级别的文物藏品，表明它们的价值高低不同，所包含的科学文化信息多少不同。这是科学、合理利用文物的重要依据之一，使不同级别的文物藏品，在研究、陈列展览、宣传等方面，各自发挥它们应有的作用。

第三，对不同级别的文物藏品，加强分级管理。珍贵文物藏品，即一、二、三级文物是国家重要的文化财产，应采取有效措施，加强保护管理，使其置于省级和国家文物行政部门严格管理、监督之下，确保其不致损坏、流失，做到安全第一，万无一失。

2002年《文物保护法》第三十九条规定，省级文物行政部门"调拨国有馆藏一级文物，应当报国务院文物行政部门备案"。第四十一条规定，国有馆藏一级文物在国有文物收藏单位之间交换，须经国务院文物行政部门批准。第四十条规定，国有文物收藏单位之间"借用馆藏一级文物，应当经国务院文物行政部门批准"。第四十八条规定，"馆藏一级文物损毁的，应当报国务院文物行政部门核查处理"。这些规定，为国有馆藏一级文物妥善保管和安全，提供了重要法律保障。

国有馆藏一级文物档案说明文物保存在哪一个文物收藏单位，由一个国有文物收藏单位调拨、交换到另一个国有文物收藏单位，它的保存单位及地点改变了，已与档案不符，报国家文物行政部门备案或批准，使其了解它新的保存单位和地点，同时在档案上加以注明，使它的保存单位和档案记载始终完全保持一致。借用馆藏一级文物，虽不改变它的收藏、保管单位，但在一定时期内离开了原保管单位，借用单位在展出时，是否具有保护馆藏一级文物安全的条件，借用期限届满时，是否如期归还原保管单位等，都是国家文物行政部门对国有馆藏一级文物跟踪管理的内容，以防馆藏一级文物在此过程中流失。国有馆藏一级文物损毁，是严重事件，涉及该馆藏一级文物保存与灭失的重大问题，应承担法律责任，必须调查清楚，依法严肃处理。

三、馆藏文物调拨与交换

国有博物馆等文物收藏单位依法保管的馆藏文物，均为国家所有。文物行政部门可以依法调拨、交换，任何保管单位和个人无权直接调拨、交换。2002年《文物保护法》第三十九条规定："国务院文物行政部门可以调拨全国的国有馆藏文物。省、自治区、直辖市人民政府文物行政部门可以调拨本行政区域其主管的国有文物收藏单位馆藏文物；调拨国有馆藏一级文物，应当报国务院文物行政部门备案。"

为了进行科学研究、陈列展览，充分发挥馆藏文物的作用，国有博物馆等文物收藏单位之间，在馆藏文物方面，可以由省级文物行政部门或国家文物行政部门进行调拨。国有博物馆等文物收藏单位馆藏文物依法调拨，自20世纪50年代以来都在进行。1958年中国历史博物馆在天安门广场东侧建成，为了筹办中国通史陈列，以及1987年全面修改中国通史陈列的需要，经国务院批准，由国家文物行政部门从全国各地国有博物馆等文物收藏单位先后两次调拨给中国历史博物馆一批重要文物。1991年，陕西历史博物馆建成开放，为了筹备新馆陈列展览，经省人民政府批准，省文物行政部门从全省国有博物馆等文物收藏单位，调拨给陕西历史博物馆一批重要文物。1999年，河南博物院建成，同样为了陈列展览，省文物行政部门从全省各地国有博物馆等文物收藏单位，调拨给河南博物院一批重要文物。

根据2002年《文物保护法》规定，国家文物行政部门可以调拨全国的国有博物馆等文物收藏单位的馆藏文物；省级文物行政部门可以调拨本行政区域内其主管的国有文物收藏单位馆藏文物。上述规定的重要区别是，国家文物行政部门可以调拨全国所有国有馆藏文物，而不分国有馆藏文物是否由文物系统国有博物馆等文物收藏单位收藏。换言之，它可以调拨其他系统国有博物馆等文物收藏单位的馆藏文物。而省级文物行政部门则无权调拨文物系统以外国有文物收藏单位的馆藏文物，也不能调拨国家文物行政部门主管的国有博物馆等文物收藏单位的馆藏文物，只能调拨本行政区域内其主管的文物系统国有博物馆等文物收藏单位的馆藏文物。这是法律对其职责和权力的不同规定。

2002年《文物保护法》第三十九条还规定："国有文物收藏单位可以申请调拨国有馆藏文物。"根据这一规定，一方面，需要调入文物；同时，可根据本馆馆藏文物状况，以及研究、陈列展览的需要，向省级以上文物行政部门提出调拨馆藏文物申请；另一方面，因本馆某些馆藏文物数量多，或者对珍贵文物无保管条件，难保其安全，也可以向省级以上文物行政部门提出申请，请求把某些馆藏文物调拨给其他国有博物馆等文物收藏单位。这一规定，有利于调动国有博物馆等文物收藏单位对调拨馆藏文物的主动性，对国有馆藏文物的保管、利用是有积极意义的。

国有博物馆等文物收藏单位之间，可根据2002年《文物保护法》第四十一条规定，在馆藏文物方面进行馆际间交换，以调剂余缺，互相支援，丰富馆藏。它是取得馆藏文物的方式之一。这种馆藏文物交换，应在双方协商的基础上依法经文物行政部门批准后进行；未建立馆藏文物档案的国有文物收藏单位，不得进行馆际间馆藏文物交换。

依法调拨、交换出馆和进馆的文物，应及时办理文物藏品注销或者入藏手续，以及登记文物藏品账和建立文物藏品档案，严防文物藏品在调拨、交换过程中出现损坏、丢失等问题。

四、建立馆藏文物管理制度与不得私自调取文物

国有博物馆、纪念馆、图书馆等文物收藏单位，收藏、保管着国家重要的文化财产。保管好馆藏文物，确保馆藏文物安全，是文物收藏单位的重要职责。2002年《文物保护法》第三十八条规定："文物收藏单位应当根据馆藏文物的保护需要，按照国家有关规定建立、健全管理制度，并报主管的文物行政部门备案。未经批准，任何单位或者个人不得调取馆藏文物。"

1. 健全馆藏文物管理制度

馆藏文物管理制度应反映馆藏文物的特点和保管工作的基本要求。国有博物馆、纪念馆等单位，大都根据本馆的情况和保护馆藏文物的需要，建立了管理制度，制定了管理办法。馆藏文物管理制度，一般包括文物科学保管和保护馆藏文物安全等方面内容。

馆藏文物科学保管是馆藏文物管理制度的重要组成部分，主要有馆藏文物的接收、分类、登账、编目、建档、鉴定、分级等制度。

馆藏文物安全管理制度，主要包括：馆藏文物出馆入馆规定、馆藏文物出库入库规定、馆藏文物提用规定、保管人员及有关人员出入库登记规定、馆藏文物库房管理规定，等等。馆藏文物库房是文物保存重地，保管工作应实行严格的岗位责任制，严守库房及馆藏文物的机密，未经批准，非文物库房保管人员不得进入库房；文物库房不接待参观；文物库房文物与文物藏品总登记账不得由同一人保管。馆藏文物提用和出库入库的各种手续必须符合规定，必须有明确记载，由经办人和经手人签字。

从总的来说，馆藏文物管理的基本制度已经建立。但随着事业发展，馆藏文物安全形势的变化，有一些规定需要修改完善，有一些方面需要制定新的规定。这方面的工作量仍然很大，应当高度重视。抓紧建立和健全各项制度，为馆藏文物管理提供强有力的规章保障，使馆藏文物管理、保护工作不断科学化、规范化和法制化。

制度必须有，但有了制度，关键在于严格遵守和执行。现在有的国有文物收藏单位保管制度比较健全，就是没有严格执行，因而造成馆藏文物的损坏、丢失、被盗等。这种严重教训，应当认真吸取，引以为戒。

国有博物馆、纪念馆等文物收藏单位制定的馆藏文物各项保护管理规定和办法，应依法向主管的文物行政部门备案，在馆藏文物保护管理工作中严格执行。

2. 不得私自调取文物

2002 年《文物保护法》第三十八条规定：“未经批准，任何单位或者个人不得调取馆藏文物。”国有文物收藏单位，应严格执行馆藏文物调取的有关规定，认真履行报批手续。对不符合规定的调取，应说明情况，不予批准。馆藏文物保管负责人和库房保管人员，对不符合报批手续规定，提取馆藏文物的，要让其重新办理手续，待手续完备后，再办理提取文物的交接手续。对未经批准的，保管责任在身，要坚决予以拒绝，严格把住馆藏文物出库关。陈列负责人和工作人员对正在陈列展览的文物，同样也要执行文物法律的这一规定。

第四节　国有馆藏文物保护与利用

馆藏文物保护与利用内容很多，就利用来说，有供科学研究、陈列展览、宣传教育等等。现仅就法律规定范围内的有关规定做些阐述。

2002 年《文物保护法》第四十条规定："国有文物收藏单位之间因举办展览、科学研究等需借用馆藏文物的，应当报主管的文物行政部门备案；借用馆藏一级文物，应当经国务院文物行政部门批准。"

一、国有馆藏文物出借

国有文物收藏单位之间出借馆藏文物是常有的事，主要是为陈列展览借用和出借。某一博物馆、纪念馆或文物保管机构，为筹备一专题陈列或临时展览，所需文物展品中，有的本馆没有或缺少，需向其他收藏单位借用，待陈列展览结束后，再将借展的文物返还出借的收藏单位。各收藏单位之间相互借用和出借馆藏文物，既是在陈列展览方面的相互支援，又是一种文化交流，更好地发挥了文物的作用。

国有文物收藏单位之间借用和出借馆藏文物，其主要特点是：①在国有文物收藏单位之间出借，不改变馆藏文物收藏单位；②有借用期限，一般为短期借用；③借用期限届满后，借用单位将借用文物返还其收藏、保管单位；④出借的馆藏文物必须是建立了馆藏文物档案的；⑤签订借用合同。

由于出借和借用馆藏文物的上述特点，因此，法律规定对出借馆藏文物实行备案制度，即应报国有文物收藏单位的直接主管的文物行政部门备案，包括出借文物清单、出借期限、出借合同等。其中出借馆藏一级文物，应由出借单位主管的文物行政部门逐级报国家文物行政部门备案。

借用馆藏文物的单位应做到：①依照合同约定的借用目的和文物用途，利用借用的文物；②负责妥善保护借用的文物；③负担对借用文物必要的维护费用；④非经出借的文物收藏单位同意，不得将借用的文物转借给其他单位利用；⑤在借用期造成文物损害的，应及时告知其收藏单位，并依合同规定赔偿；⑥借用期满后，按时归还借用文物，逾期不返还的，应负延期责任。这是借用单位的义务。

出借馆藏文物的单位应做到：①按时把出借的馆藏文物移交给借用单位；②告知借用单位借用文物的情况及保护要求；③对出借的馆藏文物，在借用期间，一般不得提前收回；④因意外急需收回出借的馆藏文物，应协商解决，必要时应付给借用单位一定损失费。这是出借单位的义务。

2002 年《文物保护法》第四十条还规定，将国有馆藏文物出借给非国有文物收藏单位举办展览，应当报省级文物行政部门批准，出借一级文物应报国家文物行政部门批准。这一规定，第一，国有馆藏文物只可借给非国有文物收藏单位举办展览，除此之外不得出借。第二，非国有文物收藏单位借用国有馆藏文物举办展览，必须具备确保文物安全的设施和条件。第三，应当把非国有文物收藏单位资信材料、举办展览借用文物申请、文物清单、借用文物期限、借用合同等报省级文物行政部门批准。文物收藏单位之间借用文物举办展览，一般是短期借用。2002 年《文物保护法》第四十条第四款规定：“文物收藏单位之间借用文物的最长期限不得超过三年。”

二、馆藏文物复制

文物复制是一项科学性和技术工艺性都很强的工作。做好文物复制工作，可以为科研、教学、陈列、宣传等单位提供文物复制品，同时满足文物爱好、收藏者的需要，对弘扬祖国优秀文化传统有着重要意义。当前，文物复制工作的主要问题，一是文物复制单位资格未经省级文物行政部门认定；二是不具备文物复制条件的单位在从事文物复制工作。因此，文物复制品多粗制滥造，质量低劣，影响了文物复制品的声誉。

2002 年《文物保护法》第四十六条规定："复制、拍摄、拓印馆藏文物，不得对馆藏文物造成损害。具体管理办法由国务院制定。"同时规定："不可移动文物的单体文物的修复、复制、拍摄、拓印，适用前款规定。"在文物复制、拍摄、拓印方面，国家文物局、文化部已制定了一些规章或规范性文件，应根据多年来的执行情况和行之有效的原则及积累的经验，制定新的法规。

文物复制工作，对科学和技术工艺水平要求很高。严格按照科学要求和工艺流程制作文物复制品，才能保证文物复制品的质量，表现出中国文物的特点和古老文化风貌。国家文物局为了加强对文物复制工作的管理，1998 年 8 月 20 日颁发了《文物复制暂行管理办法》(以下简称《复制办法》)，明确规定："文物复制是指依照文物的体量、形制、纹饰、质地等，基本采用原制作工艺复制与原文物相同的制品的活动。"

《复制办法》对文物复制原则、复制单位条件及资格认定、复制文物报批及报批内容、复制文物合同内容、复制文物安全等均做出了明确规定。在国务院制定的复制法规未颁布之前，应继续贯彻执行《复制办法》这一行政规章。

复制文物，分为两种：一种为陈列展览、考古发掘出土文物移交、科学研究等用途复制文物；一种是为销售目的复制文物。复制文物目的不同，一、二、三级文物报批规定和管理也不相同。如为陈列展览等复制一级文物，由省级文物行政部门审核后，报国家文物局批准；国家和省级文物收藏单位复制二、三级文物，由单位负责人审批，报上级文物行政部门备案。为销售复制文物，实行分级审批，一级文物由省级文物行政部门报国家文物局批准；复制二、三级文物由省级文物行政部门批准，报国家文物局备案。又如，为销售目的复制文物，由省级和国家文物行政部门统一管理；为陈列展览等复制的文物禁止出售。

为了保证文物复制品质量，文物复制生产单位应具备相应资格，具备复制文物必要的生产场地、生产设备、检验设备和专业技术人员，由省级文物行政部门认定。文物复制应实行定点复制，不具备资格和未经认定资格的单位，不得从事文物复制活动。国有博物馆等文物收藏单位复制文物，应与文物复制单位签订合同，明确各自的权利义务。

文物复制是对不可再生的文化财产的复制，具有很大的特殊性。因此，《复制办法》规定："应贯彻少而精的原则，保证文物原件的绝对安全，不得损坏、污染文物。""文物复制应履行严格的报批手续，未经批准不得进行文物复制。"文物安全第一，国有博物馆等文物收藏单位和复制单位对被复制的文物的安全，负有完全责任。文物复制必须在保证文物原件绝对安全和不损坏其价值的前提下进行，要采取必要的安全措施。具有复制资格的单位，对有些文物的复制，技术不过关，没有安全保证的，坚决不准复制；在批准复制价值高、具有特殊艺术风格的文物时，不得用石膏直接翻模，以保证文物不受损害。

文物复制品的标准是什么？回答这个问题，实际上是要界定文物复制品，《复制办法》规定是"依照文物的体量、形制、纹饰、质地等，基本采用原制作工艺复制与原文物相同的制品"。

一般来说，文物复制品在尺寸大小、结构、外形、纹饰色调、所用原料以及工艺等方面，要做到与原文物基本相同，达到逼真的程度。

复制文物必须保证复制品的质量，只有质量符合要求，它才能基本上再现古代文物的历史、艺术和科学价值。所谓质量要求，应包括它的大小、外形、神态、色泽、用料和工艺水平等。粗制滥造的复制品，不仅失去了自身的价值，还会歪曲原文物的真实面貌，给人以错觉，从而损害了原文物的形象和价值，以致影响我国声誉。因此，一定要用严肃认真的科学态度对待文物复制工作。

复制文物应标明复制品，以与真品相区别。现在有些文物复制品，未做出明显标志和标明复制情况，个别质量很高的文物复制品，已达到了乱真的程度。如不标明真假，可能使一些不法分子有可乘之机，以假乱真，牟取暴利；可能会给有关单位以及文物收藏者和爱好者带来重大损失。

文物复制品，应在复制品的隐蔽部位（碑刻可在碑阴一角）标明文物的年代、出土（或所在）地点及时间，标明复制单位、复制时间和复制品编号等。销售的文物复制品，应附有说明书，其内容根据《复制办法》规定，包括“名称、时代、出土地点和时间、原文物收藏或保管单位、复制单位、监制单位、制作时间、复制数量和编号”。文物行政部门应加强对文物复制工作的监督管理和对复制品的检查，对复制品不符合要求的不许出售；在采取补救措施后仍不符合规定要求的，应予以销毁。对违反国家文物法规规定的文物复制单位，应根据有关规定进行处理。

三、石刻和馆藏文物拓印

拓印是获取和保存文物资料的一种传统方法。自古以来，用拓印的方法保存了许多珍贵史料，有些原物由于种种原因已不复存在，而拓印的拓片流传至今。拓印的技术流传、发展到现代，更加纯熟，拓印的对象更加繁多。

国家文物局在1979年9月颁发的《拓印古代石刻的暂行规定》所确定的原则，至今仍是适用的，在国务院拓印文物法规未颁布前，应继续坚持这些原则。

1. 拓印文物对象

拓印的主要对象为石刻和馆藏文物的铭文、花纹等。我国自古以来，素有立碑刻石的传统。这些古代石刻，从不同的角度反映了我国古代政治、经济、军事、文化艺术、科学技术等方面的一些情况，是研究历史的宝贵实物资料。有些文字石刻是我国书法艺术中的瑰宝，有些画像石刻、石雕是我国绘画、雕塑艺术中的珍品。我国许多省、自治区发现的大量古代岩画，是研究当时人们生产、生活、信仰、艺术等极为珍贵的实物资料。因此，拓印的主要对象为石刻，包括碑刻（文字、纹饰、图像）、雕像、摩崖石刻、岩画、墓志等。

实际上，拓印的对象很广，除石刻为主要拓印对象外，还有古代一些器物与器物上的文字、花纹等，如拓印古器物上的金文、陶文等文字和各种花纹。有的因研究等需要，也拓印器形。

2. 禁止出售的文物拓片

我国石刻内容极其丰富，有些内容涉及我国疆域、外交、民族关系等，这些石刻的拓印要严格控制，拓片禁止出售。文物部门要在调查研究的基础上，提出这方面石刻名单。已有拓片的，应做好拓片保管工作，不允许再拓印。确因无拓片而又需要作为资料保存的，可经批准后拓印 1～3 份，由文物保护管理机构妥为保存，不得再拓。国内有关单位因特殊需要的拓片，应经国家文物局批准。

石刻内容和图画为天文、地理、水文等科学资料，未经发表的碑刻（时代早、内容重要的）、墓志铭、器物铭刻、岩画、画像石、画像砖、石雕、经幢和馆藏文物的金文、陶文等，要严格控制拓印，以保护我国重要文物的研究和出版权益。拓印的拓片禁止出售和作为礼品赠送。国内外有关单位确有特殊需要者，如国外学术团体和专家因科研需要，国内学术团体为了交流需对外赠送的，应报省级以上文物行政部门批准。

上述禁止出售的石刻等拓片，也不许用翻刻的副版进行传拓出售。各地文物行政部门应加强检查监督，做好这部分石刻等文物的保护和拓片的管理工作。

3. 限制拓印的石刻

我国石刻中，有许多内容不属于严格控制拓印、禁止出售之列。其中有些石刻书法艺术价值很高，在我国艺术史上已有定评，确属名碑，文物保护管理机构拟传拓拓片出售，只能翻刻副版拓印。这样做的目的是为了保护原石刻不受损坏。有些石刻年代久远，石质风化严重，字迹不清，直接传拓会进一步损坏石刻。如果有些名碑没有原拓作为翻刻副版的依据，而现在石刻石质尚好，字迹清楚，可经省级文物行政部门报经国家文物局特许，可用原石刻传拓少数拓片，作为“珍贵拓片”出售；更多的传拓也应翻刻副版进行。

石刻内容不属于严格控制拓印、禁止出售拓片的范围，书法艺术又非国内有定评的名作石刻，宋代及宋代以前的只许用翻刻的副版传拓拓片出售，宋代以降的碑刻，特别重要的，也只许用翻刻的副版传拓拓片出售，一般的则可以允许用原碑刻传拓。石刻内容为图像或石雕、经幢等，以及元代以前的，只许用翻刻的副版传拓拓片，或者用珂珞版印刷出售，元代以降的，可以使用原石刻传拓。

为了保护我国石刻等资料的发表权利，文物保护管理机构，在拓印拓片出售或用珂珞版印刷出售时，要采用已发表过资料的石刻。确需使用未发表过的石刻，在拓印石刻种类和拓印拓片数量上，要严格加以控制，并履行报批手续。属全国重点文物保护单位的，要报经国家文物局批准；其他级别的，由所在省、自治区、直辖市文物行政部门审批。

为了加强对翻刻副版传拓和直接传拓石刻的管理，省级文物行政部门可以划清界限拟定名单，以利于文物保护管理机构掌握和文物行政部门检查监督。

4. 传拓石刻和馆藏文物的保护

传拓石刻和馆藏文物的工作，只能由文物保护管理机构和文物收藏单位负责，其他任何单位和个人都不允许擅自传拓。传拓单位和工作人员，要严格按照传拓技术要求进行传拓，禁止采用木榔头捶打法。在传拓中，要认真做好石刻和馆藏文物的保护工作，如违反操作要求和有关规定，就有可能损坏原石刻和馆藏文物。直接传拓的如捶坏某个关键的文字，传递了错误信息，就会给以后的研究带来很大困难，甚至使一些历史事实发生混乱。若原石刻字迹不清，而随意加刻，也必然损害它原有的风格。还有的地方在传拓过程中把石刻本身也搞得黑糊糊的，不仅不雅观，而且也损害了石刻。这些都是今后传拓时要切实加以防止的。

第五节　国有馆藏文物安全制度

博物馆等文物收藏单位，是收藏国家重要文化财产的主要场所。确保馆藏文物安全，是博物馆等文物收藏单位头等大事。博物馆法定代表人对馆藏文物安全负责，是安全第一责任人。为了确保文物安全，应建立健全馆藏文物安全制度。

一、建立馆藏文物交接责任制

在国有博物馆等文物收藏单位，科研、陈列展览、宣传等提取馆藏文物，是经常性的工作。在提取文物过程中，文物出库、入库、交接等都应按规定进行。这里所谓馆藏文物移交，一是指馆藏文物保管人员离任时馆藏文物移交，二是博物馆等文物收藏单位法人代表离任时馆藏文物移交。它们都属于馆藏文物管理制度。

1. 保管人员离任馆藏文物移交

国有博物馆等文物收藏单位，不论是否设有专门的馆藏文物保管部门，都有负责馆藏文物的保管人员。他们直接负责馆藏文物保管工作，了解馆藏文物保管情况，如馆藏文物类别、级别、数量、保存状况等。他们离任，新的人员接替，既是保管工作交接，更是保管文物或文物藏品账、文物藏品档案的交接。在交接中，做到馆藏文物与文物藏品账相符，是交接的核心。只有在此基础上，才能办理其他交换手续。许多国有博物馆等文物收藏单位在这方面已有一些规定，有些单位做得比较好，也积累了一些经验，应该在此基础上，进一步完善馆藏文物和文物藏品账保管人员离任时的移交规定。至于尚未建立这一制度的博物馆等文物收藏单位，应根据本收藏单位馆藏文物及保管情况，抓紧制定保管人员离任时馆藏文物移交办法。文物收藏单位负责人，对馆藏文物移交负有重大责任，应负责组织和安排好馆藏文物和文物藏品账的移交工作。

2. 法定代表人离任办理文物移交手续

文物收藏单位法定代表人离任，应办理馆藏文物移交手续，这是2002年《文物保护法》新的规定。在第三十八条第二款中规定：“文物收藏单位的法定代表人对馆藏文物的安全负责。国有文物收藏单位的法定代表人离任时，应当按照馆藏文物档案办理馆藏文物移交手续。”

国有博物馆等文物收藏单位法定代表人，是馆藏文物安全第一责任人，对馆藏文物安全负全责。法定代表人离任应向新的法定代表人移交馆藏文物，以加强对馆藏文物的保护管理。

如何移交馆藏文物？上述法律规定“应当按照馆藏文物档案办理

馆藏文物移交手续”。它表明，第一，不是笼统移交馆藏文物总数或各类、各级馆藏文物数字；第二，是按照馆藏文物档案办理馆藏文物移交手续；第三，不是单纯的馆藏文物档案移交，签个移交文件，办个手续而已，那将无任何实际意义。因此，如何建立法定代表人离任时按照馆藏文物档案移交馆藏文物制度，建立相应机制，是急需研究解决的问题。

为了建立一种既可行又有实效的管理制度，应从博物馆等文物收藏单位馆藏文物实际出发，研究制定一项专门法规，可根据不同情况，分出层次，区别对待，做出规定。总的精神是按照馆藏文物档案办理馆藏文物移交手续与按照馆藏文物档案移交馆藏文物相结合。例如：对小型博物馆或馆藏文物在 1 万件以下的，可按照文物档案移交馆藏文物；对中型以上博物馆或馆藏文物在 10 万件以上的，按照馆藏文物档案，移交一、二、三级文物，抽查其他馆藏文物；对大型博物馆或馆藏文物在 20 万件以上的，按照馆藏文物档案，移交一、二级文物，抽查三级文物和一般文物。在此基础上，再按照馆藏文物档案办理馆藏文物移交手续，签署移交文件。这些都是需要研究的问题。

二、完善文物库房安全设施

国有博物馆文物库房以及陈列室、展厅，是国家必须严加防护的要害部门之一。馆藏文物应有固定、专用的库房，并设专人保管。馆藏文物，特别是珍贵文物是无价之宝，具有很高的历史、艺术、科学价值，损坏、被盗都会给国家文化财产造成无可挽回的损失和不良影响。因此，国有博物馆等文物收藏单位所在地人民政府，应负责国有博物馆等文物收藏单位文物库房建设，设置安全保护设施。

2002 年《文物保护法》第四十七条规定：“博物馆、图书馆和其他收藏文物的单位应当按照国家有关规定配备防水、防盗、防自然损坏的设施，确保馆藏文物的安全。”博物馆等文物收藏单位的文物库房等建筑和保护设施以及保管设备，要求安全、坚固、适用；应有防火、防盗、防潮、防虫、防尘、防光（紫外线）、防震、防空气污染等设备和设施。文物藏品风险单位，应按照风险等级对技术防范设施的要求，进行建设。同时，在文物库房内及其附近，禁止存放易燃、易爆等危及文物安全的物品，严禁烟火；还应留出消防通道。

三、严防馆藏文物损毁与被盗

国有博物馆等文物收藏单位，在文物保管、研究、陈列展览、宣传等业务活动中，在馆藏文物调拨、交换、出借过程中，在馆藏文物复制、拍摄、拓印中，都要按规定采取有效措施，确保文物安全。

国家各部门直属博物馆和省级博物馆及收藏文物较多的单位，应设立保卫组织，其他文物收藏单位应设专职保卫干部。安全保卫要贯彻“预防为主，确保重点”的方针。同时，应运用现代科学技术手段，确保库房馆藏文物和陈列室展出文物安全。如使用两种或多种报警设备，形成点、线、面、空间及地下综合报警系统控制网络。同时，根据文物藏品风险等级或有条件的都应安装电视监控、录像设备，从而形成完整的、有效的安全监控系统，确保文物安全，万无一失。

在直接涉及文物或搬动、触摸文物的活动中，必须按规定和操作规范去做，如在拍摄馆藏文物活动中，绝不允许拍摄人员直接搬动文物。这方面的教训已不少，一些十分珍贵的文物就是因此而损坏的。

2002 年《文物保护法》第四十八条规定：“馆藏一级文物损毁的，应当报国务院文物行政部门核查处理。其他馆藏文物损毁的，应当报省、自治区、直辖市人民政府文物行政部门核查处理；省、自治区、直辖市人民政府文物行政部门应当将核查处理结果报国务院文物行政部门备案。”同时，在第二款规定：“馆藏文物被盗、被抢或者丢失的，文物收藏单位应当立即向公安机关报案，并同时向主管的文物行政部门报告。”

在文物安全形势严峻的情况下，尤其要严格执行法律规定。国家文物局曾多次发出通知，要求在文物被盗、被抢后限时报案和报告，但现在有的文物收藏单位在文物被盗、被抢或者丢失后，迟迟不向公安机关报案，不报告文物行政部门，甚至不报案，不报告。分析起来，原因有：①怕追究责任，特别是追究领导责任；②怕影响政绩，这与个人保住职位与升迁有密切联系；③怕影响一方形象，出于地方保护主义，等等。

这不是实事求是的态度，馆藏文物被盗、被抢或丢失已是客观事实，只能隐瞒一时，不能隐瞒一世，总有暴露、被发现的时候。如破了别的案子被牵连出来，这是常有的事。所以不应有侥幸心理，不应隐瞒不报。应当采取积极态度，亡羊补牢，犹时未晚，及时报案，为破案创造良机。

不仅如此，违反上述法律规定，还要承担法律责任。同时不报案，不报告，在公安机关没有立案，在文物行政部门没有报告备查，被盗或者被抢文物走私出境，欲购买者查寻不到它是否是被盗或者被抢及非法出境文物，购买了该文物属于不知情者，即善意购买人。在诉讼时效期间，我国如发现了该被盗、被抢馆藏文物，根据我国参加的 1970 年国际公约和 1995 年国际公约要求返还时，善意购买人有权根据公约规定，要求给予补偿。我国将不得不付出这笔费用，损失无疑是大大增加了。

综上所述，无论是从国家利益出发，还是从某个地方、单位或个人利益出发，都应严格执行上述法律规定，为保护我国馆藏文物忠于职守，尽职尽责。

四、禁止出售馆藏文物与法律责任

国有博物馆、图书馆等文物收藏单位收藏的馆藏文物，是国家重要文化财产。2002 年《文物保护法》第五条对属于国家所有的可移动文物，包括文物事业单位收藏的文物的所有权做出了明确规定。属于国家所有的馆藏文物，在所有权特征上主要有：所有权主体的惟一性，所有权客体（文物）受国家法律保护。

国有博物馆、纪念馆、图书馆等文物收藏单位，是法律规定的国有文物收藏、保管单位，他们对自己收藏、保管的馆藏文物，有保管、利用和因利用获得收益的权利。馆藏文物不是属于本单位所有，本单位没有处分权，没有出售和私自馈赠馆藏文物的权利，这是由馆藏文物属于国家所有及其所有权的特点所决定的。2002 年《文物保护法》第四十四条规定：“禁止国有文物收藏单位将馆藏文物赠与、出租或者出售给其他单位、个人。”这一规定，第一，禁止将国有馆藏文物赠与、出租或者出售给其他单位。否则，它改变了国有馆藏文物原收藏、保管单位，也会改变馆藏文物用途。这里的其他单位，包括国有非文物单位和国有文物收藏单位，前者不具备保管条件，会造成馆藏文物损坏、被盗或者流失；将馆藏文物赠与、出租或者出售给另一国有文物收藏单位，也违反了法律规定及国有文物收藏单位的职责，超越了它收藏、保管国有文物的权限。因此，这种违法行为，要承担法律责任，受到应有处罚。第二，禁止将国有馆藏文物赠与、出租或者出售给非国有法人单位、其他组织或者个人，其中包括外国机构、组织或者个人。赠与、出售行为，使国有馆藏文物所有权转移，使国有文物改变为非国有，使国有馆藏文物变为非国有法人、组织或者个人所有，或者变为外国机构、组织或者个人所有，从而造成了国有文物的流失，使国家和人民利益遭受损失。1997 年修订后的《刑法》第三百二十七条规定："违反文物保护法规，国有博物馆、图书馆等单位将国家保护的文物藏品出售或者私自送给非国有单位或者个人的，对单位处以罚金，并对其直接负责的主管人员和其他直接责任人员，处 3 年以下有期徒刑或者拘役。"《刑法》的这一规定，为国有馆藏文物所有权不受侵犯，提供了重要法律保障。

第十四章　拣选文物和罚没文物管理制度

拣选文物和罚没文物管理，有各自的工作内容和特点，是可移动文物保护管理的组成部分。

第一节　文物拣选与移交

拣选文物是保护濒临毁灭的可移动文物的一种手段。我国对从金银器和废旧物资中拣选文物一直十分重视。早在新中国成立之初，1951 年 6 月 2 日，中央人民政府轻工业部根据文化部的报告，通报禁用旧版书作纸浆原料。通报称：纸厂用旧版书作纸浆原料，直接违背了政府保护历史文物的政策。特决定："全国各地纸厂应一律禁用旧版书、科学书作纸浆原料，以保护文化遗产。"希望各造纸厂遵照办理。1954 年 11 月 30 日，中国人民银行总行发出《关于保护具有历史艺术价值的古金银器物的通知》，要求拣选掺杂在金银器中的古代文物。1956 年 9 月 3 日，中华人民共和国文化部和中华全国合作供销总社联合发出《加强保护文物工作的通知》，要求加强在废旧物资中拣选文物工作和保护文物。1973 年 11 月 16 日，中华人民共和国对外贸易部、商业部、国家文物事业管理局联合发出《关于加强从杂旧铜中拣选文物的通知》，对拣选工作、拣选文物保存"按国家杂铜统一调拨价结算"等做出规定。在其他有关文件中，也规定了文物拣选工作。1982 年《文物保护法》把拣选文物纳入法律规范。我国文物部门和银行、冶炼厂、造纸厂以及废旧物资回收等部门，遵照国家规定，一直十分重视从金银器和废旧物资中拣选文物，从炉口、纸浆池边抢救出一大批珍贵文物，取得了很大成绩。据不完全统计，上海市 1951～1982 年共拣选文物近 10 万件（不含图书和货币）；北京市截至 1979 年，共拣选铜器、铜造像、古钱币达 80 吨以上，图书资料达 300 吨；天津、河北、辽宁、山东、武汉等省市，截至 1983 年，拣选文物均在 1 万件以上。拣选文物中包括许多文物珍品、孤品和具有重要价值的文物。其中特别著名的有：二里头文化铜爵、商代人面纹方鼎、西周班簋、秦始皇诏铁权、唐代凤纹镜、宋代九叠篆文皇宋通宝铜钱、金代烧酒锅、明代郑和铜钟、清代康熙年间修《台湾府志》、太平天国田契、民国初年南通博物苑图、甘肃天祝铜牦牛等。通过从拣选文物中发现的线索，调查发现了一些重要的古遗址和古墓葬。为了宣传和展示我国拣选文物的重要成果，1984 年在北京举办了全国拣选文物展览，北京、河北、河南、湖南、甘肃等 25 个省、自治区、直辖市拣选的 1000 余件珍贵文物参加了展出。

2002 年《文物保护法》规定了拣选文物的部门、拣选对象与方法、拣选文物移交原则等，为进一步开展文物拣选工作提供了法律依据。第五十九条规定："银行、冶炼厂、造纸厂以及废旧物资回收单位，应当与当地文物行政部门共同负责拣选掺杂在金银器和废旧物资中的文物。拣选文物除供银行研究所必需的历史货币可以由人民银行留用外，应当移交当地文物行政部门。移交拣选文物，应当给予合理补偿。"

一、拣选对象

在金银器和废旧物资中，往往掺杂有古代和近代现代可移动文物。在古代文物中，既有传世文物，又有出土文物。此外，还有一些一时难以确认是否为文物的物品。这些都是文物拣选的对象。

古代青铜器和金银器是文物拣选的重要对象，此外，还有铜造像、货币等。古代金银器的种类也很多，不一一列举。除青铜器和金银器之外，拣选对象还包括玉器、铁器、铅器和木器等。

以古旧图书为主的纸质文物也是文物拣选的重要对象。这类文物主要有：善本图书、档案文书、地方志、书画、刊物、族谱、家谱等等。

近代现代文物也是文物拣选的对象，其中包括革命文物、民族文物、民俗文物，以及反映近代现代史进程的其他文物。

二、拣选工作

拣选掺杂在金银器和废旧物资中的文物，是文物部门和有关单位的共同责任，由银行、冶炼厂、造纸厂等单位和文物部门的有关单位合作进行。

从文物行政部门来讲，应当将文物法规和政策、文物鉴定的标准和办法等发送银行、冶炼厂、造纸厂、废旧物资回收单位以及其他回收、加工、利用金银器和废旧物资的单位，使有关单位了解拣选文物的法规、拣选对象、鉴定标准和拣选办法，以利于广大职工在工作中注意拣选文物。文物部门也应当指派工作人员到回收、加工、利用金银器和废旧物资的场所，向职工讲解文物法规、文物知识以及拣选文物工作的意义，并指导拣选工作。必要时可以对有关单位的文物拣选人员进行培训，邀请他们参观博物馆等以提高他们的文物知识和文物鉴定能力，增强文物拣选意识，掌握文物拣选法规规定，使他们成为有关单位拣选文物的骨干力量。在金银器和废旧物资中发现较多文物或者发现重要文物线索时，文物部门应组织一定力量，与有关单位职工共同拣选。

近些年来，拣选文物工作遇到了不少困难，成绩不大。首先，文物行政部门对社会主义市场经济体制下，拣选文物工作出现的新情况和新问题调查研究不够，缺乏有针对性的措施和办法。之所以如此，其中认识问题是主要障碍。在新的形势下，有的认为某单位不愿把拣选的文物移交文物部门，或认为现在拣选不到多少文物了。因此，没有把拣选文物工作列入计划，甚至放弃文物拣选工作。我们不能因为有的冶炼厂、造纸厂或者废旧物资回收单位等，不愿把拣选的文物移交文物部门，就等于所有这些单位都不愿移交；现在掺杂在金银器和废旧物资中的文物与过去相比，确实是少多了，但并不是完全没有。实际上，有的文物、博物馆单位与冶炼厂、造纸厂和废旧物资回收单位仍建立有正常联系，定期去这些单位拣选文物，仍是有收获的。这也证明，只要认识问题解决了，措施得力，工作跟上去，文物拣选工作仍是有希望的。

其次，在银行、冶炼厂、造纸厂和废旧物资回收单位中，有的单位没有安排人拣选文物，有的单位不愿把拣选的文物移交文物部门，想自己保管或出卖。这既有认识问题，也有实际问题。有的单位之所以没有安排人拣选文物，不把它作为本单位的工作，是考虑效益问题。我们应该进一步加大宣传力度，使他们认识到拣选掺杂在金银器和废旧物资中的文物，是这些单位依法承担的保护文物的义务。如果因为没有拣选，使文物被冶炼，或化为纸浆，就永远消失了，将造成无法弥补的损失。有的单位不愿移交拣选的文物，大多是因为补偿问题，我们应认真调查研究，提出解决办法，作为补偿，使移交拣选文物的单位也合理增加经济效益。同时，也应该对拣选文物做出贡献的单位和个人给予奖励。至于有的单位，不移交拣选文物或出售文物，都要承担法律责任。

三、移交拣选文物与指定保管单位

当前，应当认真学习、贯彻 2002 年《文物保护法》中关于拣选文物的规定，积极做好文物拣选、移交和指定保管单位工作。

银行、冶炼厂、造纸厂和废旧物资回收单位，对从金银器和废旧物资中拣选出的文物，应当及时登记，由专人保管，确保拣选文物的安全，任何人不得私分、藏匿与侵占。要按照文物法律的规定，尽快将拣选的文物移交文物行政部门。

文物行政部门应做好接收拣选文物的各项工作。在接收拣选的文物时，涉及一个“合理补偿”问题。过去有的地方，从冶炼厂等单位接收拣选的金属质地文物时，是通过计划物资部门拨付铜等金属材料或者减少厂方上交指标的办法，也有直接向厂方拨付经费的。在社会主义市场经济体制下，这些办法大都不适用了。今后仍可区别不同情况采取不同办法。2002 年《文物保护法》规定的“给予合理补偿”，如何确定补偿费的数额？根据一些地方的经验，可按照文物所属材料的收购价加一定比例的拣选费确定金额，支付给回收、加工、利用金银器和废旧物资的单位；或者在此基础上，再根据文物的价值，增加补偿金额。在此必须明确，对移交的拣选文物，是“给予合理补偿”，而绝不是买卖关系。拣选的文物，一般是作为废品处理掉了，已属无主文物，按照《民法通则》规定，应属国家所有；或者是出土文物掺杂在废旧物资中卖掉了，按照文物法律规定，出土文物属于国家所有。因此，法律规定，拣选的文物是移交问题，不是买卖问题，所以应“给予合理补偿”，移交是这些单位承担的保护文物的义务。

文物行政部门对接收的拣选文物，应组织专家进行鉴定，发现一级文物时，应由省级文物行政部门将一级文物登记表报国家文物局。对接收的拣选文物，应根据文物保护要求，由国家文物局或省级文物行政部门指定具备保管条件的国有文物保管单位或者收藏单位进行收藏、保管，按照馆藏文物保管要求，认真做好登记、建档和保管工作。

第二节 罚没文物移交与指定保管单位

2002 年《文物保护法》第九条规定：“公安机关、工商行政管理部门、海关、城乡建设规划部门和其他有关国家机关，应当依法认真履行所承担的保护文物的职责，维护文物管理秩序。”几十年来，公安、工商、海关和文物部门，在打击文物犯罪活动及处理违法案件中，积极配合，密切合作，为保护祖国的文物，做出了重要贡献。今后，为履行法律规定的职责，更应恪尽职守，共同努力，把祖国文物保护好，管理好。

一、打击文物犯罪活动概况

二十年来，盗窃、盗掘和走私文物犯罪活动极为严重，不仅为新中国成立以来所未有，也为历史上所罕见。

20 世纪 80 年代以来，随着文物走私犯罪和非法买卖活动日趋严重，盗掘古文化遗址和古墓葬的犯罪活动也愈演愈烈。文物走私和非法买卖刺激、诱发盗掘古遗址和古墓葬犯罪的活动。为了严厉打击这种犯罪活动，国务院 1987 年 5 月 26 日发布了《关于打击盗掘和走私文物活动的通告》，全国文物、公安、司法、工商、海关等部门密切合作，采取坚决果断措施，给予文物犯罪分子以沉重打击，使文物犯罪活动一度收敛。但时隔不久，不少地方又刮起盗墓狂风。仅对河南、江西、山西、青海、甘肃、陕西、河北、安徽、浙江、内蒙古、湖南等11个省区的不完全统计，自1988年至1990年，被盗掘的古墓数目十分惊人。一些犯罪分子明火执仗，用炸药炸毁古墓，持枪哄抢出土文物，殴打、袭击文物干部和公安干警，气焰极为嚣张。许多地方古墓盗掘现场千疮百孔，古器物碎片随处可见；有的地方的古墓被破坏殆尽。为了保护祖国文化遗产，严惩盗墓犯罪活动，全国人大常委会1991年6月29日通过了对1982年《文物保护法》第三十条、第三十一条修改决定和关于《刑法》补充规定，为严厉打击盗掘古文化遗址和古墓葬犯罪活动提供了重要法律武器。《刑法》补充规定内容是:“盗掘具有历史、艺术、科学价值的古文化遗址、古墓葬的，处三年以上十年以下有期徒刑，可以并处罚金；情节较轻的，处三年以下有期徒刑或者拘役，可以并处罚金；有下列情形之一的，处十年以上有期徒刑、无期徒刑或者死刑，并处罚金或者没收财产：

“(一)盗掘确定为全国重点文物保护单位和省级文物保护单位的古文化遗产、古墓葬的；

“(二)盗掘古文化遗址、古墓葬集团的首要分子；

“(三)多次盗掘古文化遗址、古墓葬的；

“(四)盗掘古文化遗址、古墓葬,并盗窃珍贵文物或者造成珍贵文物严重破坏的。

“盗掘古文化遗址、古墓葬所盗窃的文物，一律予以追缴。”

俟后，中共中央办公厅、国务院办公厅转发了《公安部、国家文物局关于严厉打击盗掘古墓葬犯罪活动的意见》。经过严厉打击和开展专项斗争，打掉了河南、山西和陕西等地一些犯罪团伙，严惩了一批犯罪分子。大规模的、明火执仗的盗掘古文化遗址和古墓葬的犯罪活动被刹住了。但是，树欲静而风不止，盗墓犯罪活动并未停止，更未绝迹。而是变得更加诡秘，且把目标对准了重要古墓葬甚至陵墓，或者向边远地区蔓延，只是从表面上看好像风平浪静了。造成这种假象的原因之一，是一些地方放松了对盗墓犯罪活动的打击。更有甚者，有的地方领导出于保护本地区的“声誉”和“利益”的动机，置国家法律和文化遗产安危于不顾，不报案情，不严惩犯罪分子。因此，时隔不久，在非法文物市场上又发现许多出土文物，有的专家还在旧货市场上发现了新出土的辽代彩绘漆棺板。这些事实充分说明盗墓犯罪活动仍在继续，近些年来，在一些地区仍然十分猖獗。盗墓犯罪活动，已从过去的一些群众参加盗墓，发展到职业盗墓分子盗掘，并形成集团化、现代化和具有诡秘性等特点。有的盗墓团伙还有武器。盗掘古墓葬和古遗址犯罪活动猖獗，造成了我国数万座古墓被严重破坏，以致彻底毁灭。

疯狂的盗掘文物的犯罪活动，不仅造成了许多具有重大历史、艺术和科学价值的古文化遗址、古墓葬荡然无存，无数埋藏在地下的文物，甚至稀世珍品毁于一旦，使我国珍贵的历史文化遗产遭受到无法弥补的重大损失，而且盗掘文物的犯罪活动，也严重地败坏和毒化了社会风气，影响群众的正常生产、生活，甚至成为一种社会不安定因素，危及社会的安定团结。同时，盗掘文物的犯罪活动，还极大地破坏了我国文物保护事业的声誉，严重地损害我国和中华民族的形象。二十年来，从总体上说，严厉打击盗掘古文化遗址和古墓葬犯罪活动从未停止，在不同时期或不同地区，还开展了多次专项严打斗争，取得了很大成绩。同时，实践告诉我们，打击盗掘古文化遗址和古墓葬犯罪活动，将是一项长期的任务。

盗窃文物犯罪活动，在不同时期盗窃文物的目标不同。这种不同，又往往与境外文物贩子所需有关，与国内打击文物犯罪的力度有关。先是盗窃馆藏文物，在公安部门加大打击力度，文物部门加强馆藏文物安全防范措施后，盗窃分子把目标转移到盗窃寺庙塑像、造像等文物；由于公安部门和文物部门加大打击和保护力度，盗窃分子又转而盗窃田野石刻、造像文物。虽然有不同变化，但又有交叉，这几方面的文物一直是盗窃犯罪分子觊觎的目标。二十年来，盗窃犯罪分子盗走了我国许多珍贵文物，如山西五台南禅寺唐代塑像等，使我国文化遗产遭受到严重损失。经过公安部门的努力，其中开封、青州博物馆，辽宁省博物馆和瑞金中央革命根据地纪念馆等馆藏文物，龙门石窟雕像、甘肃省华池双塔等一批文物被盗大案、要案先后被侦破，严惩了犯罪分子，追缴了被盗文物。

走私文物是一个国际性问题。文物具有极高的文化价值和不可再生的特性，一些人为了获取高额利润，铤而走险，走私文物。凡是历史悠久、文物众多的文明古国，大都被文物走私分子列为重要目标，在不同程度上存在走私文物的违法犯罪活动。为此，早在1970年联合国教科文组织大会就通过了《关于禁止和防止非法进出口文化财产和非法转让其所有权的方法的公约》，中国已于1989年接受该公约。近年来，国际上的一些收藏家，特别是一些大的财团大力收购珍贵艺术品，不断抬高文物珍品的收购价格，更加促使文物走私分子不择手段地寻找文物货源，怂恿、组织当地的不法分子大肆盗掘古墓葬和古文化遗址，盗窃馆藏文物。保护人类文化遗产，制止乃至根除文物盗窃、走私活动，不仅成为这些国家中不容忽视、正在设法解决的一个社会问题，而且引起了国际社会的严重关注。国际统一私法协会也制定了关于盗掘或者非法出口文物公约，从国际法的角度确定归还和返还被盗文物和走私（非法出口）文物的原则。

我国文物走私情况十分严重，在一些地区还十分猖獗。从破获的文物走私案件来看，走私出境的文物主要来源有三个：一是盗墓攫取的文物；二是盗窃的馆藏文物或寺庙文物或田野石刻文物；三是收买的民间传世文物及其他文物。其中大多数是盗墓所获取的出土文物。

文物走私的特点：

一是文物走私与文物盗掘、盗窃的犯罪活动在恶性循环中蔓延。盗墓为走私文物提供货源，走私文物诱发盗墓，两者相互刺激，形成恶性循环。

二是非法文物市场和文物黑市的存在，使盗掘和盗窃的文物有了销赃的场所，两者互相依存，屡禁收效不大。同时，又为文物走私提供货源。

三是文物走私日益集团化、职业化。近些年破获的走私文物案件中，团伙作案占有相当大的比例。文物走私集团大多与境外文物犯罪分子勾结在一起，组织严密，分工明确，或者直接与盗墓、盗窃馆藏文物、田野石刻文物的犯罪分子相勾结，或者利用文物贩子获取文物。一旦获得文物精品，迅速倒卖，走私出境。

四是走私文物珍品或境外需要的文物。

我国海关在监管和打击文物走私方面，采取了许多措施，将加强监管与打击走私相结合，对文物走私进行动态监控，加强风险分析，依照《海关法》等规定，对邮递、传递、旅检、货运渠道的文物走私活动进行了有力的打击，防止文物非法出境。海关还与文物部门合作，共同打击走私文物犯罪活动。如深圳海关 2001 年 10 月 23 日与广东省文化厅签署了《打击文物走私合作备忘录》，使该项工作规范化和制度化，对防止我国文物流失和打击文物走私活动将起到长期的积极作用。全国海关每年都要查处一批文物走私案件，没收大量文物。如 1996 年 8 月 20 日，深圳文锦渡海关在广东某企业组织申报的童装货柜中，查获文物 15 箱；首都机场海关 1996 年旅检渠道查获走私文物案件近百起，查获走私文物 2207 件；1997 年 1 月 16 日，天津海关在一名韩籍旅客申报旧木器出口集装箱中，查获夹在其中的文物 4837 件；1997 年全国海关共查获文物走私案件 600 余宗，查获各类走私文物 7900 余件。据海关部门统计，自 1991 年以来，全国海关查获走私文物 10 余万件。

在走私出境的文物中，有相当一部分并不是从海关走私出去的，而是从其他非法渠道走私出去的，给打击文物走私犯罪活动增加了很大难度。

中国海关缉私警察队伍的建立，对加强打击文物走私犯罪活动极为有利。2001 年 7 月，海关总署走私犯罪侦查局举办了中国海关缉私警察打击文物走私执法培训班，对干部进行文物和文物出境知识、文物法律、法规、海关法律、法规等培训，交流缉私经验，进一步提高干部综合素质和缉私水平。他们是一支打击文物走私犯罪活动的重要力量。

二、罚没文物移交文物行政部门

公安部门、工商行政管理部门和海关等执法部门，在查处违法犯罪活动中，依法没收、追缴了一批文物。根据 1982 年《文物保护法》及其实施细则的规定，每年都有一些单位移交罚没文物。但是，由于有的问题不够明确和需要进一步规范，还有许多罚没文物尚未移交。

为了做好罚没文物移交工作，1999 年 4 月 5 日，国家文物局、财政部、公安部、海关总署、国家工商行政管理局联合印发了《依法没收、追缴文物的移交办法》，对有关问题做出了明确规定和进一步规范。

《移交办法》首先明确移交对象和级别，它规定："各级执法部门在查处违法犯罪活动中依法没收、追缴的除依法返还受害人以外的所有文物包括珍贵文物和一般文物。依法移交的文物属于国家资产。"它规定不是某一部分如珍贵文物和禁止出境文物移交，其他文物可以不移交，而是除依法返还受害人的文物外，所有文物包括珍贵文物和一般文物都要移交。这一点明确之后，在移交文物对象、等级上就不存在疑义了。不会产生什么文物移交，什么文物不移交的问题。移交的文物属于国家所有的文化财产。

《移交办法》对移交时间和无偿移交文物做出规定："依法移交文物的移交和接收，在结案后应立即全部无偿移交给接收部门。"2002 年《文物保护法》第七十九条规定："人民法院、人民检察院、公安机关、海关和工商行政管理部门依法没收的文物应当登记造册，妥善保管，结案后无偿移交文物行政部门，由文物行政部门指定的国有文物收藏单位收藏。"《移交办法》规定的执法部门没有明文包括人民法院和人民检察院，是与印发移交规定的联合单位有关。

上述法律规定涵盖了所有执法机关，它规定的内容如下：

一是依法没收的文物应妥善保管。罚没文物移交与结案有密切关系，案件结案所需的时间长短不同，对罚没文物妥善保管，保证文物安全十分重要。为此，《移交办法》规定："移交部门应负责移交前的文物安全和保护工作。移交部门如果在结案前不具备保证文物安全无损的安全防范条件、防止自然力损害的保管条件和修复的技术力量，或者自没收、追缴之时起已逾一年未能结案的，应将文物及时移送接收部门指定的国有博物馆暂存。暂存单位应负责文物的安全，并为执法部门对有关文物的取证提供方便。"暂存保管罚没文物的国有博物馆，应积极采取措施，认真负责，做好保管工作，并随时为执法部门对有关文物的取证提供各种方便，以利于结案工作。这也是国有博物馆保护文物应尽的义务。

二是依法没收的文物在结案后六个月内移交文物行政部门。在罚没文物移交时间上法律做出了明确规定，既有利于罚没文物按时移交，也有利于文物保护。结案之后六个月内，对案件所涉及的文物，可以完成登记、鉴定、评级等工作，完备有关文物移交和接收的手续。

三是依法没收的文物无偿移交文物行政部门。在无偿移交方面，《移交办法》与2002年《文物保护法》的规定是完全一致的。之所以规定罚没文物无偿移交文物行政部门，是因为：第一，它与法律、法规规定的执法机关的性质和职责是一致的。第二，执法机关的各项经费包括办案经费都列入各级财政预算，由国家财政支出，一般属公共支出。现在办案经费紧张是事实，各级政府应给予支持和解决，以利于执法机关办案，打击文物犯罪活动。第三，罚没文物除依法返还受害人的文物外，为国家文化财产，属于国家所有。移交文物行政部门指定的国有博物馆保管，并不是文物部门的文化财产。国有博物馆是我国国有文物重要的收藏、保管机构，保管国有文化财产是他们的重要职责。

深圳海关是我国重要海关之一，是直接通往香港的主要海关，在查处文物非法出境和打击文物走私活动方面，肩负着重要使命。他们倾注了大量人力、物力、财力，坚持监管与打击相结合，取得很大成绩。自1987年至2001年10月，共查获文物走私案件547起，查扣各类走私文物近3万件，古钱币103.8公斤，古生物化石69公斤，移送司法机关走私文物案件14宗29人，严厉打击了文物走私犯罪活动，有效地保护了国家文物。2001年10月23日，在深圳举行仪式，将其中18000余件文物无偿移交广东省文化厅，其中国家禁止出境文物16454件，一般文物1557件。

三、指定罚没文物收藏、保管单位

文物行政部门接收执法机关移交的文物，应依法指定国有博物馆收藏、保管，这也是国有博物馆等文物收藏单位依法获得馆藏文物的重要方式之一。

文物行政部门接收移交文物，应按《移交办法》规定，“及时组织国家或省级文物鉴定机构对移交文物进行鉴定，造具文物登记清单并评定级别。移交时由交接双方及承办机构负责确认移交文物登记清单，履行实物查点、交换和签字等完备手续。”这是对以往罚没文物移交和接收工作的总结并进一步规范，对保证国家文化财产不致流失和安全是十分必要的，是一种制度保障。

深圳海关在移交第一批 18000 余件文物之前，抽调 20 名干部组成文物移交小组，用了一年时间，深入各查获单位，对查获的案件进行进一步登记，俟后，广东省文化厅派出 15 名专家和工作人员到海关，对文物进行鉴定、清点、装箱。在交接仪式上，由双方有关领导在移交文件上签字。未移交的 10000 余件文物，也将继续按此做法和程序，办理移交和接收手续。

文物行政部门应继续总结接收罚没文物经验，认真做好罚没文物的接收工作，同时指定文物保管单位。《移交办法》规定：“接收的移交文物由国家文物局或省级文物行政管理部门根据文物保护、研究和利用等需要，指定具备条件的国有博物馆收藏、保管，其中一级文物应由省级文物行政管理部门报国家文物局备案。”它规定的由具备条件的国有博物馆收藏、保管，与 2002 年《文物保护法》规定的国有博物馆馆藏文物获得方式之一是文物行政部门指定保管的文物，是完全一致的。文物行政部门应及时做好接收罚没文物并指定保管单位的工作。国有博物馆接收文物后，应按馆藏文物保管要求，认真做好登记、建账、建档、分级等工作，妥善保管。

执法机关在查处违法和打击文物犯罪活动中，侦破案件，惩处犯罪分子，依法没收文物，并移交文物行政部门，为保护国家文物做出了重要贡献。各级政府或主管部门应对其中贡献突出的执法机关和个人，依照 2002 年《文物保护法》和有关法律、法规的规定，给予表彰和奖励。

第十五章　民间收藏文物管理制度

民间收藏文物管理即民间收藏可移动文物管理，涉及的方面很多，内容十分丰富，如民间文物收藏者和民间收藏文物范围、民间收藏文物合法来源、文物经营和经营文物登记、文物经营中的竞业禁止制度、民间收藏文物保护、利用、捐赠及出售等。2002 年《文物保护法》民间收藏文物一章是这次修订 1982 年《文物保护法》的重点，对这些问题都做出了明确规定，为管理工作提供了重要法律依据。所谓国家收藏文物和民间收藏文物，主要是从所有权上区分。属于国有文物，由国有文物收藏单位收藏和有关单位保管，是为国家收藏文物；非国有文物由非国有法人单位（包括非国有文物收藏单位）和公民个人收藏、保管，是为民间收藏文物。

第一节　收藏者与收藏文物范围

我们在“收藏与收藏文物”部分，对民间一般物品收藏和文物收藏做了区别，同时又阐述了它们之间的联系，对一般物品收藏者的分布、特点等也做了分析。这里主要对民间文物收藏者和收藏文物范围做一些概述。

一、民间文物收藏者

现代的民间文物收藏者，收藏文物的情况是多种多样的。收藏者从总体来说，分布在城乡各地，以城市居民为多，各种人群的人都有。其中成为收藏、鉴赏家的是个别的，一般都是文物收藏者或文物爱好者。

民间文物收藏者，应具有一定文化素养，这是收藏文物的文化基础，如果缺乏一定的历史和科学文化知识，也缺乏文物和相关法规知识，想收藏文物是很困难的。有了一定文化素养，加之在文物收藏过程中勤于学习、观摩、钻研，日积月累，既提高了文化素养，又提高了对某一类文物的辨别能力，才可以收藏好文物。民间文物收藏者收藏文物应具有一定的经济实力，不同时代和类别的文物，或者不同质地和级别的文物，收藏时需要的资金相差十分悬殊。收藏者应根据自己的经济承受能力进行选择，要量力而行。

现代民间文物收藏者，情况多种多样。一般来说，有的文物收藏者收藏的文物，是从长辈或祖辈那里继承下来的，并在此基础上继续收藏了一些文物；有的是研究人员，为了研究需要，搜集、购买了一些古旧图书资料或近代现代资料，其中一些就是文物，继而收藏文物；有的是书画创作人员，为了创作需要学习、借鉴，搜集、购买、交换了一些书画作品，进而在此基础上收藏文物；更多的文物收藏者，是出于对祖国传统文化的热爱，对文物的爱好，一步步走上收藏文物之路的。

民间收藏文物，从广义来说，有许多收藏者实际是文物保存者，并不继续收藏文物。如有的收藏者从父辈或祖辈继承的文物，一直悉心爱护，妥善保管；有的收藏者父辈或祖辈与近代现代重大历史事件有关，或者是近代现代重要历史人物，遗留有手稿、重要文献、实物等，这些都是近代现代文物，一直精心保管，是对祖辈的爱戴和纪念；有的收藏者保存了一些自己或家人近代现代的有历史、艺术、科学价值的实物、艺术品、纪念品。这些文物收藏者虽未继续收藏其他文物，也是文物收藏者。

以上仅是从不同方面对民间收藏文物的收藏者做了一些概括和分析，实际上，文物收藏者的情况要复杂得多。收藏者分散于城乡各地，有工、农、兵、学、商、知识分子、干部等各个阶层的人；或者按照另一种新的中国社会各阶层的划分，党和政府的领导干部、大企业的管理人员、私营企业家、专业技术人员、党和政府的一般公务员、个体经营者、服务业的从业者、产业工人、农民和无业人员等各个阶层的人中都有文物收藏者，被收藏的文物也自然地散存于各地。

这种收藏者和收藏文物的分散性，是民间收藏文物的重要特点之一。

上述只是民间收藏者的一部分，即公民个人收藏文物。除此之外，文物收藏者还有另一重要部分，即非国有法人单位和其他组织。其中包括非国有企业、事业法人单位和其他组织，如民营企业单位和社会团体等。他们是民间文物收藏的主体。

二、民间收藏文物的范围

民间收藏文物，是指收藏的可移动文物，在时代上有古代和近代现代文物。民间收藏的古代文物，是指传世文物，即自古代流传下来的文物，不包括 1949 年以来出土的古代文物。这不仅涉及收藏古代文物的范围，也涉及现行法律规定。根据法律、法规的规定，中华人民共和国成立以来，在境内出土的文物属于国家所有。它不属于民间收藏文物的范围。

民间收藏文物中的古代文物，从大类来分，古器物中有青铜器、陶瓷器、玉器、漆器、竹木牙角器、古代纺织品、古代货币、古代节符牌券、古代玺印、古代文具、古代生活用品等；古书画中有古法书、古碑帖拓片、古绘画；古文献中有古写本和古印本等。

民间收藏文物中的近代现代文物，种类很多，从总的来说，它包括近代现代的生产工具、生活用品、艺术品、工艺美术品、各种有代表性的实物、用品，等等，其中包括革命文物、民族文物和民俗文物。

少数民族文物是除汉族以外的各少数民族的文化遗物。民俗文物是反映不同民族或地区民间的不同风俗习惯等民俗的遗存。风俗是历史的产物，皆有其渊源。一事一物，可表现不同的习俗和文化风尚。我国幅员辽阔，民族众多，民俗不同。民俗文物和民族文物是交叉的，从反映不同民族的民俗这一点出发，它是民族文物的重要组成部分，也是近代现代文物的组成部分。

少数民族文物和民俗文物范围很广，涉及到社会生产、生活和文化领域。它既反映社会经济活动和相应的社会关系，又反映社会上层建筑的各种制度和意识形态。少数民族文物和民俗文物内容丰富，包括衣、食、住、行、生产、信仰、节日活动等方面，大体可归纳为：

①衣食住方面，如衣服、佩戴、装饰品、饮食用具、家具、取暖用具等；

②交通方面，如搬运工具（舟、车）、信使用具等；

③生产方面，如农具、渔猎用具、工匠用具、纺织用具等；

④交易方面，如计算器、度量衡器、幌子招牌、执照等；

⑤治保方面，如警防用具、刑罚用具等；

⑥婚丧嫁娶方面，如订婚用品、结婚用品（具）、产育用具、丧葬用品等；

⑦游艺方面，如用于娱乐和演戏的戏装、道具、乐器、玩具等；

⑧信仰方面，如偶像类、供器、供品等；

⑨年节方面，如年节用具、用品等；

⑩其他。

革命文物中属于可移动文物部分，种类很多，内容丰富，如反映和体现党的产生及其发展的重要实物、文献；人民军队产生、发展和重要战役、战斗的及根据地和解放区生产建设的、教育、科学、文化建设方面的代表性实物、文献，等等。

现在民间文物收藏，在收藏文物及其时代上，有一种倾向，在舆论上大都关注的是古代文物，尤其是古代书画艺术品、瓷器、玉器等，实际上，这些文物在数量上是有限的，而出土文物和国有馆藏文物属于国家所有，禁止买卖，不准进入流通领域。因此，存在民间的有限的古代传世文物，进入流通领域的又是极少数，物以稀为贵，价格昂贵也是在情理之中，对大多数民间文物收藏者来说，特别是对众多公民个人文物收藏者来说，在经济上很难承受，只能望而却步。

近代现代可移动文物，国有博物馆、纪念馆、图书馆、档案馆等单位有大量收藏。从实际情况来看，还有大量的近代现代文物未被认识，不仅未被国有文物收藏单位收藏，也未被民间文物收藏者收藏，如少数民族文物和民俗文物自 20 世纪 80 年代以来，大量流失出境就是例证。未流失出境的，由于未被认识和重视，也在自然灭失。其中重要原因，就是对近代现代文物的历史、艺术、科学价值认识不够。随着历史的发展，受自然或人为损坏，以及流失，将会越来越少。因此，除国有文物收藏单位应加大征集力度，大力收藏外，对民间文物收藏者来说，收藏近代现代文物是个广阔的领域。

由于近代现代文物的价值未被广泛认识，有些近代现代实物或物品是否认定为文物，也是一眼看高，一眼看低。因此，在民间收藏文物管理上，也没有把这部分实物或物品作为文物进行管理，而是作为“文物监管物品”管理。它们不仅在旧货市场上有，在“文物监管物品”市场上也有。其中许多实物或物品的价格也是广大公民个人收藏者所能承受的，在这里“拣漏”，往往会收藏到一些近代现代文物，甚至是重要文物。久而久之，有心者会在收藏近代现代文物方面做出成绩。

公民个人或非国有法人单位和其他组织等收藏的文物，在品种、数量、价值等方面各不相同，而且随着收藏者经济条件、收藏目的、文化素养、生活方式或者非国有法人单位和其他组织的变化，原收藏的文物也可能随时易主，或者易地。这也是民间收藏文物的重要特点之一。由于民间收藏文物的分散性和不稳定性，也决定了民间收藏文物管理的复杂性和艰巨性。

三、建立民间文物登记制度

我国《宪法》中没有规定公民个人财产应实行登记，属于个人所有的文物，在 1982 年《文物保护法》中，也没有规定民间文物登记的问题。在 1992 年颁布的《文物保护法》实施细则中，对民间文物登记做出规定：“公民私人收藏的文物可以向文物行政管理部门登记。文物行政管理部门及其工作人员应当对公民登记的文物保守秘密。”有的省曾在某县进行个人收藏文物登记试点，收效较好。

由于法律上没有公民个人所有的文物应当登记的规定，上述实施细则的规定和某省的试点实际上是自愿登记，也就是可以登记，也可以不登记。但文物是民族文化遗产，是国家文化财产的组成部分，民间收藏者有责任和义务保护好收藏的文物，以保存和延续文物的利用价值。国家鼓励民间收藏者在自愿的基础上，向文物行政部门登记自己收藏的文物，以利于文物行政部门在保护方面提供文物鉴定、保管、修复等方面的咨询、指导和帮助。文物行政部门应为登记的收藏者和文物严守秘密。

2002年《文物保护法》第五十七条规定："文物商店购买、销售之物，拍卖企业拍卖文物，应当按照国家有关规定做出记录，并报原审核的文物行政部门备案。"虽然民间文物没有登记，但在出售或者委托拍卖时，仍应由文物购销经营单位或者经营文物拍卖的拍卖企业，按国家有关规定，对销售、购买的文物，或者委托拍卖、竞买的文物进行记录。这也是一种登记方式。

民间文物实行自愿登记制度。我们认为，民间收藏文物，在公开了的情况下，应该进行登记。如收藏者出版了收藏文物的图录或收藏文物研究专著；收藏者将收藏的文物出借给文物收藏单位举办展览，或者收藏者自办展览等，都以不同形式将自己收藏的文物公之于众了。对这些文物进行登记，逐步积累民间收藏文物的资料和数据，为加强民间收藏文物的管理提供科学依据。

第二节　文物经营管理制度

文物经营管理内容包括设立经营单位和经营文物许可、文物经营的日常监督、民间收藏文物来源、收藏文物保护，等等。涉及的方面很多，内容十分丰富。

一、文物经营单位与文物市场历史沿革

我国文物购销经营单位自新中国成立以来，在性质和任务等方面不断发展变化。新中国成立之初，文物市场经营文物的是原来的古董商，后来经过公私合营和社会主义改造，成为国营的文物经营单位，是纯商业性质。1960年9月24日，国务院同意文化部、商业部和对外贸易部《关于改变文物商业的性质和管理体制的方案》。这个《方案》主要内容之一是改变文物商业性质和今后任务。《方案》规定："改变各地文物商业的纯商业性质为实行企业经营管理方法的文化事业单位，作为国家收集社会上流散的文物的收购站和临时保存所，统一划归各地文化部门负责领导。"关于今后任务，《方案》规定："负责收集流散在社会上的传世文物，并有计划地供应各地博物馆、研究

机关和学校作为陈列或研究参考之用；有计划、有选择地供应国内需要和适当地组织出口，并办理废旧物资中的拣选工作。”《方案》对文物商业单位的经营范围，也做出明确规定：“主要经营收集具有历史、艺术、科学价值的金石、书画、陶瓷、碑帖等各种传世的历史文物(包括织绣、玉器、木器、旧货、废品、特艺、委托等行业中属于上述范围的文物)。”

国务院批准上述《方案》之后，文化部、商业部和对外贸易部进行了贯彻。但在实际工作中，并没有完全改变文物商业性质、任务和管理体制，仍然存在“多头经营、价格不一、市场混乱”的问题，“甚至有的收购出土文物，助长‘挖坟取宝’之风”。为此，外贸部、商业部和国家文物局于 1974 年 11 月 25 日向国务院报告《关于加强文物商业管理和贯彻执行文物保护政策的意见》，国务院同意并批转了这个《意见》。《意见》提出：“这些文物是过去遗留下来的，货源只会日益减少，不会增多。而且它是我国独有的特殊商品，不存在和其他国家竞争的问题。因而不宜采取‘成批销售’的办法，必须密切注意国际市场的供求关系和价格变化的动向，采取‘少出高汇、细水长流’的方针，有计划地组织出口。对文物商业市场，则应归口经营、统一收购、统一价格、加强管理。”根据文物出口鉴定标准，可出口的文物，按照“少出高汇、细水长流”方针，组织出口，换取外汇，支援社会主义建设事业。关于归口经营问题，《意见》规定，文物商店由文物部门领导，未建立文物商店的省（区、市）应逐步建立；“由外贸部门领导的文物商店，应即转交文物部门领导”。同时明确规定，“银行、友谊商店、外轮供应公司、信托商店等都不得收购文物”。这个文件所确定的原则，在当时历史条件下和以后很长一段时期内，对扭转文物市场混乱，加强市场管理，打击文物走私，防止珍贵文物外流，保护文物都发挥了重要作用。

1978 年 11 月 23 日，国务院批准外贸部、商业部和国家文物局《关于进一步做好一般文物（旧工艺品）管理和出口工作的请示》。它要求进一步贯彻执行 1974 年《意见》所确定的原则，同时“随着旅游事业的发展，国内市场供应外宾的数量比重的逐步增加”，提出了新的安排意见，并明确“友谊商店、外轮供应公司经营的文物货源，改由文物部门统一供应”。从而进一步规范文物商业市场，实行归口经营，加强管理。一些省和自治区根据国务院批准的1974年《意见》和1978年《请示》，先后建立了一批文物商店，归文化行政管理部门领导。从此，基本实现了文物归口经营，即归文化行政管理部门领导的文物商店经营。但是，文物市场仍存在不少问题，如黑市交易、投机倒把活动等。

1980年5月17日，国务院《关于加强历史文物保护工作的通知》中规定：“一切历史文物，都不得进行黑市交易。私人出售其收藏的历史文物，都由国家开设的文物商店议价收购。严禁用历史文物进行贩卖走私和投机倒把活动，违者严惩。”国务院1981年1月15日批转了国家文物事业管理局《关于加强文物工作的请示报告》，《报告》中提出了改变文物市场的混乱应采取的措施，主要是坚决贯彻落实国务院1974年批转的《意见》，文物商店统一由文物部门经营，取缔黑市。同时进一步重申“文物商店的主要任务，是通过商业手段来收集和保护流散在社会上的文物。它是文物管理事业的一部分，不是一般商业部门。”要努力收购珍贵文物，首先为博物馆提供藏品。同时提出，“文物商店要努力扩大经营范围，一方面，积极配合旅游，做好对来访外宾的销售业务；另一方面，要恢复和建立面向国内群众的文物销售业务，以丰富人民的文化生活”。

值得注意的是，国务院《通知》在禁止文物黑市交易的同时，要求恢复实际上因“文化大革命”而停止的文物商店向国内群众销售文物的业务，并进而建立这一制度，以满足国内群众对文物的需求，丰富人民群众的文化生活。文物商店大都根据这一规定，设立内柜，恢复或重新开展向国内群众销售文物的业务，受到群众欢迎。

为了进一步加强对文物市场的管理，国家文物事业管理局1981年10月30日向国务院上报了《关于加强文物市场管理的请示报告》。国务院在批转该《请示报告》的通知中指出：“目前，文物市场混乱，文物走私严重，各地文物盗窃案件不断发生，乱挖古墓的歪风也有发展，这使国家在文化上、经济上和政治上都受到很大损失，应当引起各地和各部门的高度重视。望各省、市、自治区人民政府要采取坚决有力措施，把文物市场整顿好，迅速改变这种状况。”这次整顿文物市场的重要措施之一，仍是《请示报告》中提出的坚决贯彻落实“归口经营，统一收购。文物是历史上遗留下来的不可能再生产的一种特殊商品，买卖文物的政策性、专业性很强，必须归口统一，不宜多头经营，否则势必造成混乱。”在文物销售上的重大变化之一，是《请示报告》中提出的“今后文物出口的发展方向应把对外批发逐步转为在国内市场零售”。

1982 年《文物保护法》规定了“私人收藏的文物可以由文化行政管理部门指定的单位收购，其他任何单位或者个人不得经营文物收购业务”。文化行政管理部门指定的单位收购，一是国有博物馆等文物收藏单位，它的藏品来源之一是收购；二是文化行政管理部门所属的文物商店。这在 1982 年《文物保护法》实施细则中做了明确规定。1987 年 11 月 24 日，国务院发出《关于进一步加强文物工作的通知》，它是改革开放以来和 1982 年《文物保护法》公布后，国务院根据文物保护工作状况，颁发的一个十分重要的法规性文件。其中指出：“目前，国内文物市场比较混乱，必须进行整顿。要坚决执行由文物部门统一管理、统一收购、统一经营的规定。对一切未经批准的文物购销点，由工商行政管理部门坚决取缔。文物商店要端正业务方向，改进经营管理，积极收购和保护文物，组织好文物的合理流通。”文物商店在满足人民群众对文物需求方面做了大量工作，根据国家文物主管部门的要求，扩大对国内群众的文物销售，凡是对外宾销售的文物，国内群众也可以购买。

1992 年以后，随着改革开放的不断深化和建立社会主义市场经济体制，文物市场的内外环境和条件发生了深刻变化。人民群众物质生活水平不断提高，对文化生活的要求更加丰富多样，民间收藏的一般物品和收藏文物逐渐升温，需求不断提高。1992 年，文物拍卖作为一种销售形式引入文物市场。

1992 年，国家文物局、国家工商行政管理局、公安部、海关总署联合发出《关于加强文物市场管理的通知》，重申文物经营由文物部门归口经营的前提下，对1911年至1949年的“文物监管物品”的民间销售渠道适当放宽，逐渐形成了“文物监管物品”市场。由于原属于国有文物商店购销的某些“文物监管物品”，由民间经营；一部分民间个人收藏文物委托拍卖文物的企业拍卖，以及其他原因，一些国有文物商店步履维艰，难以维持。国有文物商店几十年来，贯彻国家文物方针政策和法律、法规，为抢救、保护文物，满足国内外人士对文物收藏、鉴赏的要求，做出了重要贡献。如向各级博物馆提供文物藏品15万余件，其中珍贵文物3万余件；向国外销售可出境文物数以万计，传播了中华传统文化。

20世纪90年代以来，文物市场混乱，存在问题比较多，有些问题还比较严重。“目前文物市场的状况，已经是积重难返了，如果再不整顿，可能会发展到不可收拾的地步。”“文物市场是与人民群众精神、生活密切相关的，如果听任文物市场的混乱无序状况恶性发展下去，那对人民群众心理、精神上的伤害比其他问题还要严重。”① 这次文物市场整顿，是根据国务院统一部署进行的，是全国整顿和规范文化市场秩序的组成部分，是一次极好的机遇。各地正在贯彻国家文物局、国家经济贸易委员会、公安部、文化部、海关总署和国家工商行政管理总局2001年10月10日联合印发的《整顿规范文物市场方案》。《方案》提出的主要任务和目标有：“整顿‘文物监管物品’交易市场，建立严格的审批制度，控制市场规模和数量。按照国家有关规定，严格审批手续和经营范围，未经批准的任何单位和个人都不得经营‘文物监管物品’，停止审批新的文物交易市场。”“全面整顿和规范文物市场。加强对文物拍卖标的的鉴定和许可审批工作。查处文物拍卖标的未按规定进行鉴定、许可的非法拍卖活动。”“取缔非法利用互联网销售、拍卖文物的活动。”“整顿文物购销经营单位的经营活动。清核国有库存珍贵文物，查处未经鉴定擅自出卖珍贵文物等违法违规行为。”

---

① 孙家正：《在整顿和规范文物市场工作座谈会上的讲话》，载国家文物局主办：《文物工作》，2001年第11期。

文物市场混乱，进一步刺激了文物盗窃、盗掘犯罪活动，为犯罪分子提供了销赃场所，致使许多田野石刻和寺庙文物被盗窃，大量古墓葬被盗掘；同时，文物市场混乱，又为文物走私犯罪活动不断提供货源，使不少文物走私出境，从而使我国民族文化遗产遭到无法挽回和无法弥补的重大损失。整顿和规范文物市场秩序，坚决取缔非法经营文物场所和文物黑市，严厉打击文物犯罪活动，是保护我国文化遗产的需要，也只有如此，才能扭转文物市场混乱的局面，才能为健全文物市场规则创造条件，才能为贯彻2002年《文物保护法》，加强文物市场规范和监管，强化文物市场管理打下良好基础。

二、建立文物购销经营单位

我国的国有文物购销经营单位（文物商店或文物公司），据2000年国家文物局统计资料，有117个。这些单位都是根据国家有关法律、法规和国务院文件规定，逐步建立发展起来的。自改变文物商业性质任务，划归文物部门管理之后，文物商店的建立，要经国家文物局或省、自治区、直辖市文物行政部门批准，并经工商行政管理部门办理登记手续；经营文物外销业务的，还要经国家文物局批准。在1992年之前，文物商业归口经营，就是传世文物由文物系统国有文物购销经营单位经营，实行统一管理。

随着社会主义市场经济体制的建立，文物市场也发生了变化。在新的形势下，如何规范文物市场，2002年《文物保护法》做出了明确规定。关于文物购销经营单位的建立，在第五十三条规定：“文物商店应当由国务院文物行政部门或者省、自治区、直辖市人民政府文物行政部门批准设立，依法进行管理。”文物是一种不可再生的文化遗产，进入流通领域或市场的，只是其中的传世文物，或民间收藏文物，是极小的一部分。它的文物特性，决定了它是一种特殊的文化商品。由省级的文物行政部门批准设立购销经营单位，其他部门不得批准设立。

省级文物行政部门批准设立文物购销经营单位，应具备必要条件，如：①有具备文物专业知识的从业人员；②有必要的文物保管设施和技术条件；③其他条件。

第一，关于“有具备文物专业知识的从业人员”。文物是有形的历史文化遗产，文物学科专业性强，文物内涵博大精深。文物价值和艺术水平的高低，文物真假的鉴定等，都必须具有文物专业知识，而且依法进入文物流通领域可以买卖的文物，从古代到现代的文物都有，时代跨度大，不同质地和不同功用极为复杂。因此，从事文物购销经营活动，不仅需要一般文物专业人员，也需要一定数量的具有较高水平的不同类别文物专业人员，三五个人是难以胜任的。同时，这些人员也需要懂得文物方针政策和法律、法规，以便依法经营。

第二，关于“有必要的文物保管设施和技术条件”。文物安全第一，既要防止文物被盗等人为破坏，也要防止文物的自然损坏，如青铜器要防止有害锈的发生及治理，纸质文物包括书画文物的防潮、防虫，等等。因此，建立文物购销经营单位，应有符合文物安全保管条件的文物库房和营业场所，应当安装安全报警和监控摄像等设施，还应有文物保护技术设备，以做好文物安全保卫和文物保管工作。

第三，关于“其他条件”。将来可在2002年《文物保护法》实施细则中，对具有文物专业知识的从业人员的资质认定、建立文物购销经营单位投资主体和资金数额等做出规定。

同时，省级以上文物行政部门批准设立文物购销经营单位，还应有总量、布局的要求，可由国家文物行政部门对总量、布局做出规定，实行宏观调控。根据文物不可再生的特殊性，和进入流通领域的文物的有限性，以及保护文物的需要，对文物购销经营单位实行总量、布局控制，应是加强对文物市场管理的重要措施。我国有的行业如出版行业就实行总量、布局控制政策。在国外，也有实行的，如希腊《古物法》规定，古物的经营仅限于首都雅典、位于希腊北部的第二大城市萨洛尼卡以及南部克里特岛的伊拉克利翁（克里特）等三座城市。古物经营许可证由教育部根据考古委员会的建议发给该三座城市的古董商。又如印度，发放古物交易许可证在审查时，要充分考虑“申请人打算从事古物交易的村镇和城市的情况”，在该村镇和城市中“现有从事古物交易的人数”以及“其他相关因素”。

在制定文物购销经营单位总量、布局规划时，应首先对现有117

个国有文物商店的现状进行系统调查研究。目前，有的省文物商店难以为继，已被撤销；有的文物商店步履维艰，难以维持。文物商店原定的性质和任务能否坚持或如何坚持，这是不容回避的问题。在此基础上，研究现有的文物商店在总量上是多还是少？以确定总量数字；在布局上，也需要做出调整。根据规定，重新调整、确认现有国有文物购销经营单位。

三、设立文物拍卖企业单位许可制度

自 1992 年文物拍卖作为一种经营方式引入文物经营活动之后，发展迅速。据有关材料，现在全国经营文物拍卖的拍卖企业单位已达 160 多家，这在世界上是极为罕见的。《中华人民共和国拍卖法》规定："拍卖企业经营文物拍卖的，应当有一千万元人民币以上的注册资本，有具有文物拍卖专业知识的人员。"同时还规定："委托拍卖文物，在拍卖前，应当经拍卖人住所地的文物行政管理部门依法鉴定、许可。"现实与法律规定相去甚远。其中有为数众多的拍卖企业不具备拍卖文物的条件，或者不按有关规定对文物拍卖标的进行鉴定、许可，形成了违规、无序竞争，扰乱了文物拍卖市场正常的经营秩序。主要表现有：

①有的拍卖公司急功近利，肆意拍卖假文物，欺骗消费者，赚取高额利润；

②有的拍卖活动充斥投机行为，人为地对拍品炒买炒卖，搞商业欺诈；

③有的拍卖公司将营业执照承包给个人，只收取租金，对其如何经营概不过问，致使承包人席卷拍品而去；

④有的拍卖公司与文物贩子相勾结，不发拍卖公告，不预展，不举行公开的拍卖会，而是用信函招集竞买人进行地下黑市交易；

⑤有的拍卖公司违反有关法规，拍卖国家禁止买卖的文物；

⑥有的拍卖公司没有严格执行国务院关于"流传在社会上的具有特别重要历史、科学、艺术价值的文物，应在一定范围内定向拍卖。国家对公民出售个人所有的传世珍贵文物有优先购买权"的规定。

凡此种种，不仅直接损害了广大消费者的利益，也严重败坏了拍

卖行业的声誉，影响了拍卖业的健康发展。[①]

为了改变文物拍卖市场违规、无序竞争状况，对经营文物拍卖的拍卖企业实行许可证制度，加强管理势在必行。2002 年《文物保护法》第五十四条规定："依法设立的拍卖企业经营文物拍卖的，应当取得国务院文物行政部门颁发的文物拍卖许可证。"

如上所述，《拍卖法》规定经营文物拍卖的拍卖企业条件有两个：一是应具有一千万元人民币以上的注册资本；二是应具有文物拍卖专业知识的人员，也就是文物拍卖专业人员。由于文物类别多，种类复杂，文物内涵博大精深，文物拍卖专业人员应经过严格培训、考核和认定，不是一个登记表就可作为凭据的。因此，拍卖企业的文物拍卖专业人员的资格，应由国务院文物行政部门认定，应当像认定责任文物鉴定员资格那样，进行培训、考试、实物辨认、考核等。合格者颁发资格证书；未取得资格，不得从事文物拍卖业务。除此之外，国家文物行政部门可在文物市场整顿的基础上研究制定文物拍卖企业总量、布局规定，既作为宏观调控的依据，又作为颁发文物拍卖许可证的依据。这样，在审批时，符合《拍卖法》规定的条件和国家文物行政部门规定的总量、布局的，可发给许可证。之所以如此，就是因为文物是一种特殊的不可再生的文化商品，必须实施特殊的政策、法规，加大保护管理力度。申请设立经营文物拍卖的拍卖企业，只有经过这些许可、审批程序，并办理营业执照等有关证件，才成为合法的经营文物拍卖的拍卖企业，才能从事合法的文物拍卖活动。

四、设立“文物监管物品”市场许可制度

“文物监管物品”市场是从 1992 年开始设立的。在这次修订《文物保护法》时，未将“文物监管物品”市场纳入其中，有其原因。我们认为，它不是完全经营文物的市场，主要经营 1911 年至 1949 年间的一些物品。在这些物品中，有些过去是文物商店经营的。所谓“文物监管物品”，是介于文物与非文物之间的物品，其中有些物品用一

① 张文彬：《在整顿和规范文物市场秩序工作座谈会上的讲话》，载国家文物局主办：《文物工作》，2001 年第 11 期。

般价值标准衡量可认定为文物，如用较高价值标准衡量，可不认定为文物；有些物品是否认定为文物，还需要经过历史沉淀，看其是否具有代表性或典型性才能做出判断；有些物品的价值也有一个显现的过程，人们对它价值的认识也有一个过程，待提高认识后，是否可以认定为文物就比较清楚了；此外，有些物品不会认定为文物，但并不等于没有一般收藏品价值。因此，“文物监管物品”概念内涵和范围等都需要进一步研究，需要不断实践、总结。

近些年来,“文物监管物品”市场混乱，超范围经营问题严重。从管理角度讲，对这种市场的设立审批不严，管理不力。一些地方为了发展经济，促进旅游，一哄而上，争相开办“文物监管物品”市场，甚至批准古玩市场等。有的未经主管部门审核批准，有的虽经批准，但未采取有效措施实行监管。其后果是在很短的时间内，“文物监管物品”市场遍及大、中城市，甚至一些县城也出现了古玩市场。古玩是文物的一部分，批准古玩市场直接违反了文物法律、法规，也违背了 1992 年国家文物局、国家工商行政管理总局、公安部和海关总署的《通知》规定，是非法的。在“文物监管物品”市场和非法的古玩城（市场），超过四部（局、署）《通知》规定的经营范围的问题十分严重，在一些市场上国家明令禁止买卖的出土文物随处可见。有些地方成了文物犯罪分子销赃的场所。这些问题的存在，严重扰乱了正常的市场秩序，损害了国家和群众利益，同时进一步诱发了盗掘古墓葬、古遗址、盗窃文物和文物走私犯罪活动，使中华民族优秀文化遗产遭受极大破坏。这些问题已严重损害了中华民族形象和国家尊严、声誉。

目前，国家文化部、文物局等部门正在对文物市场进行整顿，对“文物监管物品”市场进行清理，对不符合规定的一律关闭。在清理整顿期间，停止审批新的“文物监管物品”市场。

国家文物局、国家经济贸易委员会、公安部、文化部、海关总署、国家工商行政管理总局 2001 年 10 月印发的《整顿规范文物市场方案》中规定：“整顿文物监管物品交易市场，建立严格的审批制度，控制市场规模和数量，按照国家规定，严格审批手续和经营范围，未经批准经营的任何单位和个人都不得经营文物监管物品。”

为了从法规上规范“文物监管物品”市场，应制定“文物监管物品”市场管理办法，应规定：设立经营“文物监管物品”市场，应当经省、自治区、直辖市人民政府文物行政部门批准。销售“文物监管物品”的经营者，必须经省、自治区、直辖市文物行政部门审查批准，取得经营许可证，在许可的范围内依法经营。“文物监管物品”市场所在地的文物行政部门，应当组织专职或兼职的文物监管人员参与市场的监管与管理，等等。

上述规定，第一，设立“文物监管物品”市场须经省级文物行政部门批准。该市场是指招商市场，其名称应称为“文物监管物品市场”，不得称为古玩市场或古玩城，也不得称为旧货市场；这不仅是规范名称问题，也是涉及经营范围问题。第二，在经批准设立的“文物监管物品市场”，从事“文物监管物品”的经营者，也必须取得省级文物行政部门批准，取得经营许可证。“文物监管物品”经营者，可以是国有投资者，也可以是非国有投资者，换言之，可以是国有经营者，也可以是集体或个人经营者，只要依法获得批准，取得许可证，就可经营“文物监管物品”。第三，在许可的范围内经营“文物监管物品”，不得经营文物，不得私下买卖文物。在制定管理办法时，应就“文物监管物品市场”布局、规模、总量，“文物监管物品”经营者资格、注册资金，经营“文物监管物品”时代与种类范围、禁止经营文物，经营“文物监管物品”登记、市场管理等做出具体规定。

五、销售文物与拍卖文物标的审核制度

国有文物购销经营单位销售文物和经营文物拍卖的拍卖企业文物标的的鉴定、审核许可，是我国对经营文物和文物市场实施管理的重要制度。

国有文物购销经营单位收购的文物，在销售前，应进行鉴定，其中属于国家允许出境的文物，要做好钤盖火漆标识工作，实际是一种审核、许可方式。2002 年《文物保护法》第五十六条第一款规定：“文物商店销售的文物，在销售前应当经省、自治区、直辖市人民政府文物行政部门审核；对允许销售的，省、自治区、直辖市人民政府

文物行政部门应当做出标识。”

文物销售是文物购销经营单位一项主要业务活动。在文物商店经营的外销文物商品，要严格执行国家法律、法规和政策，必须经过国家鉴定、审核，并钤盖火漆标识后才能出售。销售单位关于出境文物的鉴定，应根据《文物出境鉴定管理办法》将申报出境文物造具清册，报告所在省、自治区、直辖市文物行政部门允许后，由国家文物局批准的所在省、自治区、直辖市文物行政部门设立的文物出境鉴定机构进行鉴定，未批准建立文物出境鉴定机构的省（区、市），由国家文物局指定的文物出境鉴定机构负责鉴定。经鉴定，允许出境的文物，即允许销售给境外人士的文物，由文物出境鉴定机构钤盖火漆标识，销售单位在销售时填写国家规定的专用发货票，境外购买者携运出境时，海关根据钤盖的火漆标识对照专用发货票查验，相符者放行。可以销售给境外人士的文物，国内公民、法人和其他组织也可以购买。

文物出境鉴定机构鉴定不允许出境的文物，要认真进行登记，其中珍贵文物要拍照，备案存查，并报其上级主管的文物行政部门，一级文物应报国家文物局。

国有文物购销经营单位销售给国内公民、法人和其他组织的文物，在销售前，要经省、自治区、直辖市文物行政部门审核，按国家文物行政部门有关规定办理。

经营文物拍卖的拍卖企业，在拍卖文物前，必须经文物行政部门鉴定、许可。2002 年《文物保护法》第五十六条第二款规定：“拍卖企业拍卖的文物，在拍卖前应当经省、自治区、直辖市人民政府文物行政部门审核，并报国务院文物行政部门备案；省、自治区、直辖市人民政府文物行政部门不能确定是否可以拍卖的，应当报国务院文物行政部门审核。”1996 年《拍卖法》规定：“委托拍卖的文物，在拍卖前，应当经拍卖人住所地的文物行政管理部门依法鉴定、许可。”前法与后法在同一问题上规定不同时，我们应当执行后法规定的原则，贯彻执行 2002 年《文物保护法》的规定，对委托拍卖的文物由省级以上文物行政部门进行审核、许可。

1996年12月，国家文物局颁发《关于加强文物拍卖标的鉴定管理的通知》，对拍卖文物报送鉴定、许可时间、鉴定材料要求、文物标的合法来源、不得作为拍卖标的的文物等做出了明确规定。

《通知》要求“文物拍卖人报送的文物拍卖标的资料必须逐件标明征集来源范围”：

A. 境内依法批准的文物经营单位；

B. 境内法人或自然人；

C. 境外法人或自然人。

文物拍卖标的来源：

①境内依法批准的文物经营单位持有的、经鉴定允许销售的文物；

②境内法人或自然人合法持有的文物；

③境外法人或自然人合法持有的文物。

境内法人依法持有的文物主要是指集体企业、事业单位和民营单位合法所有的文物；自然人合法持有的文物是指我国公民合法所有的文物。

《通知》对不得作为文物拍卖标的的文物做出了具体规定，是鉴定、审核不得许可的重要依据。有出土文物、罚没文物、拣选文物、国有馆藏文物、国有文物经营单位收存的一级和二级文物、物主处分权有争议的文物和法律规定的其他文物等。关于这些文物之所以做出禁止拍卖规定，我们在有关部分做了阐述，这里仅就国有文物购销经营单位一级和二级文物不得作为文物拍卖标的做点说明。国有文物购销经营单位的任务之一，是收购社会上流散文物，为国有博物馆和科研单位提供文物藏品和文物资料。它收购的一级和二级文物应提供给国有博物馆作为馆藏文物收藏，不得委托经营文物拍卖的拍卖企业进行拍卖。这一点是非常清楚的，但往往被宣传为公民个人所有的传世文物中一级和二级文物不得拍卖，这是错误的，已引起误解。国有文物购销经营单位收存的一级和二级文物与公民个人所有的一级和二级文物完全是两回事，不能混为一谈。在实际拍卖中，近些年已拍出一些珍贵书画、古籍善本和瓷器等，其中就有一级和二级文物，如宋代张先《十咏图》等。

省级文物行政部门应依法对经营文物拍卖的拍卖企业征集的文物拍品是否可作为文物拍卖标的或限制竞买人范围等进行鉴定、审核许可。在审核时，省级文物行政部门对有的文物是否可以作为拍卖标的不能确定时，应将该文物资料及有关情况报国家文物行政部门审核、决定。从而既防止涉及历史上民族纠纷或边疆、外交等方面内容的文物，因拍卖造成不良政治影响，又防止有些不能出境的珍贵文物外流。

六、建立经营和拍卖文物登记制度

国有文物购销经营单位和经营文物拍卖的拍卖企业，在经营活动中，应对文物进行登记。这是国际社会通行的一种做法。在联合国教科文组织 1970 年公约中明确规定："通过教育、情报和防范手段，限制非法从本公约缔约国运出的文化财产的移动，并视各国情况，责成古董商保持一份记录，载明每项文化财产的来源、提供者的姓名与住址以及每项售出的物品的名称与价格，并须把此类财产可能禁止出口的情况告知该项文化财产的购买人，违者须受刑事或行政制裁。"我国在这方面也曾有过一些规定，但执行较差。

2002 年《文物保护法》第五十七条规定："文物商店购买、销售文物，拍卖企业拍卖文物，应当按照国家有关规定做出记录，并报原审核的文物行政部门备案。"这是保护文物重要措施之一。我们应当认真贯彻执行法律关于购销文物和拍卖文物登记的规定。以前有规定未执行或执行不力，最重要的是认识和利益问题。有的文物经营单位负责人认为，如果登记，有的人会有顾虑，可能不来出卖文物，进而影响本单位的经营情况。对此应进行分析，作为公民、法人或其他组织合法所有的文物，受国家法律保护，所有权不容侵犯，任何单位或个人不得抢占、哄抢等。他们依法到合法的国有文物购销经营单位和文物拍卖企业出卖文物或委托拍卖文物，是法律允许的，并受法律保护，应当理直气壮，登记对他们不会有什么影响。如果出卖或委托拍卖文物时不登记，会给非法持有文物的人以可乘之机，钻管理上的漏洞和空子，可能把盗窃或盗掘文物拿来出卖或委托拍卖，进行销赃，文物购销经营单位和文物拍卖企业因此客观上成了违法犯罪分子销赃的场所，会对文物保护产生恶劣影响，由此应承担引起的法律问题和法律责任。我们应从保护文物的大局出发，依法做好购买、销售、拍卖文物的登记记录工作，不应因小失大。

文物经营单位依法对购买、销售、拍卖文物做好记录，是规范文物市场经营的重要组成部分。2002 年《文物保护法》规定，为文物经营单位购买、销售、拍卖文物做好记录，提供了重要法律依据，应当贯彻执行，不可违背。同时，我国参加的联合国教科文组织 1970 年公约，对此也有明确规定，是保护文化财产的重要措施之一，我们应履行承诺和义务，保护文化财产。如果说与国际保护文化财产规则接轨，这就是一种实实在在的接轨。

我国在建立经营文物登记制度方面，已做出一些规定，如在《关于加强文物拍卖标的鉴定管理的通知》中规定："文物拍卖人对文物拍卖标的必须进行登记，记录文物拍卖标的名称、特征，委托人和买受人姓名、住址、身份证件号码，以及文物拍卖标的来源和处分权情况。记录资料至少应保存三年。其中一级文物的资料应经文物行政管理部门报国家文物局备案。""国家拍卖行政管理部门、文物行政管理部门必要时可以要求查阅文物拍卖人的有关记录资料，并有责任对资料内容保守秘密。"我们应当根据 2002 年《文物保护法》规定，总结在经营文物登记方面的经验和问题，对经营文物登记做进一步规范，制定必要的专项规定，贯彻执行，检查监督，真正建立起经营和拍卖文物登记制度。

2002 年《文物保护法》第五十七条第二款规定："拍卖文物时，委托人、买受人要求对其身份保密的，文物行政部门应当为其保密；但是，法律、行政法规另有规定的除外。"经营和拍卖的文物是一种特殊的商品，有的文物价值很高，价格昂贵。为了委托人、买受人和文物的安全，要求保密的文物行政部门应当为其保密。这不仅是文物行政部门应恪守的原则，也是文物拍卖人应当恪守的经营规则和信誉问题。这应是建立经营和拍卖文物登记制度的组成部分。

七、关于优先购买权

在文物拍卖中，国家需要收藏、保护的特别珍贵和重要的文物，国家享受优先购买权。这在西方国家也是如此。

2002 年《文物保护法》第五十八条规定：“文物行政部门在审核拟拍卖的文物时，可以指定国有文物收藏单位优先购买其中的珍贵文物。购买价格由文物收藏单位的代表与文物的委托人协商确定。”它为国有文物收藏单位享有优先购买权提供了法律依据。

在我国文物拍卖市场尚未成熟的情况下，享有优先购买权的规范和操作，还有许多工作要做。在以往的文物拍卖中，国有文物收藏单位享有优先购买权：一是通过定向拍卖，即经文物行政部门鉴定确认为具有特别重要历史、艺术、科学价值的文物，指定对其定向拍卖，由国有文物收藏单位委托代表参加竞买。二是和公民、法人及其他组织的竞买人一起竞买，以最高应价购买。这会出现国有文物收藏单位事先确定的购买价泄漏问题，实际最高应价只是个虚价，仅起到宣传作用。因此，如何具体规范 2002 年《文物保护法》所规定的国有文物收藏单位享有优先购买权及其操作问题，需要进行调研总结，并借鉴外国经验。

第三节　文物经营中的竞业禁止制度及其他

文物市场是一种特种行业市场，规范有序经营，公平竞争，对文物市场健康发展，至为重要。因此，为了维护文物市场秩序，必须实行竞业禁止制度。竞业禁止是为避免用人单位的商业秘密被侵犯而实行的一种制度。在经营领域，劳动者应依法定或者约定，在劳动关系存在期间以及结束后一定时期内，不得到经营同类业务并具有竞争关系的其他用人单位任职或者兼职，也不得自己经营与原单位有竞争关系的同类业务；或者说，劳动者不得利用职务和工作之便，自己经营或者为他人经营与其所在单位（公司）的同类营业，故意使其参股的公司获取非法利益。否则，即违反竞业禁止制度。我国《公司法》、《劳动法》和《刑法》对此都有相应规定。在文物法律中，禁止文物购销经营单位和经营文物拍卖企业为获取利润或高额利润争夺文物商品来源和争夺市场而进行相互争斗，禁止有关部门和人员参与文物经营，同时，禁止中外合资和外商独资经营文物。

在现实生活中，社会上有一种说法：现在是市场经济，不应有那么多限制。这是误解，是不正确的观点。我国建立的社会主义市场经济体制，不是自由经济，在一定意义上说，是法律、法规规范的法制经济。在文物市场方面同样如此。既要规范合法的文物经营，也要禁止非法的文物经营，实行竞业禁止制度。只有如此，才能保障合法的有序的文物经营，有利于文物市场健康发展。

一、禁止文物购销经营单位从事文物拍卖活动

国有文物购销经营单位是通过商业手段收购流散在社会上或民间收藏的传世文物和近代现代文物，按照国家文物方针政策和法律、法规规定，把可以卖给国内群众和可以出境的文物，分别卖给国内外人士，是一种又买又卖的经营活动。这是法定的经营方式。

文物购销经营单位的经营规则是直接购销活动，它与经营文物拍卖企业的经营规则不同，后者是中介机构，是委托经营。因此，不能既运用直接购销经营规则进行交易，又违规采取中介机构委托经营规则进行交易，它不符合文物购销经营单位的法律地位。同时，文物购销经营单位把自己购买的文物用拍卖形式进行交易，在文物商品货源上要比经营文物拍卖的拍卖企业更具有优势，这既是文物购销经营单位违反自己的交易规则，扩展了交易市场，又是与经营文物拍卖的拍卖企业进行不公平的竞争。

2002 年《文物保护法》第五十三条第二款规定："文物商店不得从事文物拍卖经营活动，不得设立经营文物拍卖的拍卖企业。"关于文物购销经营单位为什么不得从事文物拍卖经营活动，在前面已做了简要阐述。至于文物购销单位不得设立经营文物拍卖企业，还有以下原因：一是国有文物购销经营单位文物商店或文物公司，在多年的购销经营中，库存了一批文物，其中有不少是珍贵文物或是应提供给文物收藏单位的文物。如果同一个文物购销经营单位，又设立经营文物拍卖的拍卖企业，把两个经营性质和经营规则不同的单位合在一起，

交替运用不同规则进行交易，显然比单纯用委托经营规则交易更有利，这是不公平竞争。二是文物购销经营单位国有文物商店或文物公司，已有多年存货，货源会比较充裕，比单纯中介机构委托经营更有优势，又为不公平竞争增添了一个重要筹码。三是一个经营机构，两个经营牌子和规则，没有制约机制，还可能会把不能出卖的文物，如一、二级文物，换个名义作为委托文物进行拍卖，造成国家文物流失。因此，2002 年《文物保护法》规定文物购销经营单位不得设立经营文物拍卖企业，是完全必要的，应该在实行许可制度时，认真贯彻执行。

二、禁止文物拍卖企业从事文物购销经营活动

经营文物拍卖的拍卖企业，是中介机构，从事委托经营，它以公开竞价的形式，将文物所有权转让给最高应价者。它与文物购销经营单位经营规则和方式完全不同。拍卖活动遵守的原则是公开、公平、公正和诚实信用。

民间文物收藏者将自己所有的文物，委托经营文物拍卖的拍卖企业进行拍卖时，需自行办理或由其代理人办理委托拍卖手续。委托人有权确定拍卖文物标的的保留价，并要求拍卖企业保密。同时，委托人出于不同原因可以在拍卖开始前，撤回文物标的，并向拍卖企业支付约定的费用或未经约定而应支付的合理费用。而竞买人是参加竞购拍卖文物标的的公民、法人或其他组织，该拍卖企业不是竞买人。文物拍卖标的经过竞价之后，由最高应价拍卖文物标的的买受人购得。同时，就拍卖程序而言，应签订文物委托拍卖合同、拍卖前应发布拍卖公告和展示文物拍卖标的、拍卖人（拍卖企业）收取佣金等。从这些基本经营规则和交易方式不难看出，它与文物购销经营单位的经营规则和交易方式完全不同。

基于这些不同与文物购销经营单位不得从事文物拍卖活动和不得设立经营文物拍卖的拍卖企业的理由，经营文物拍卖的拍卖企业，应贯彻执行 2002 年《文物保护法》第五十四条第二款规定，即“经营文物拍卖的拍卖企业不得从事文物购销经营活动，不得设立文物商店。”从而使文物购销经营单位和经营文物拍卖的拍卖企业，在法律、法规规定的范围内，各自根据自己的经营规则和交易方式进行文物经营或从事文物拍卖活动，依法实行公平竞争，保障文物市场健康发展。

三、禁止文物部门及其工作人员参与文物经营活动

文物行政部门是主管文物工作的机关，其工作人员是国家公务人员。根据党政机关及其工作人员不得从事经商活动的规定，他们不得参与举办文物购销经营单位、“文物监管物品”市场或者经营文物拍卖的拍卖企业。他们是文物经营活动的管理机关和管理人员，不能同时又是文物经营活动的参与者。不能既当裁判员又当运动员，这不符合游戏规则。2002 年《文物保护法》第五十五条规定：“文物行政部门的工作人员不得举办或者参与举办文物商店或者经营文物拍卖的拍卖企业。”这是党和国家一贯政策的法制化，是防止文物行政执法机关及其工作人员腐败和进行廉政建设的重要规定，也是维护文物行政执法机关及其执法人员公正执法的重要保障。

文物行政部门及其工作人员，是文物经营活动的管理者，手中都掌握着一定的管理权力，如果同时又参与举办文物购销经营单位、“文物监管物品”市场或者经营文物拍卖的拍卖企业，由于经济利益的驱使和诱惑，就可能使有的文物行政部门及其工作人员为文物经营单位提供这样或那样的便利，包括政策和信息。同时，由于与自己的利益息息相关，对自己参与举办的文物购销经营单位、“文物监管物品”市场或者经营文物拍卖的拍卖企业的违规、违法行为会视而不见，不管不问，或避重就轻，不了了之，在客观上放松了管理，或者是另一种形式的纵容。这对文物市场的有序经营和健康发展极为有害。

多年以来，国家三令五申，政府机关不得办企业，实行政企分开。政企不分，带来许多问题，已付出了很大代价。它不利于加强廉政建设，公正执法，不利于深化改革和事业发展。为了解决政企分开，党和政府采取了许多措施，取得了显著成绩。历史的经验和教训必须汲取，在建立社会主义市场经济体制中，必须把管理机关及其管理人员与经营单位及其经营人员区分开来，以适应新的形势需要，加

强管理，促进事业发展。

2002 年《文物保护法》第五十五条第二款规定：“文物收藏单位不得举办或者参与举办文物商店或者经营文物拍卖的拍卖企业。”文物收藏单位分为国有文物收藏单位和非国有文物收藏单位，根据法律规定，它们都不得举办或参与举办文物经营单位。

国有博物馆、纪念馆、图书馆等文物收藏单位，是国家建立的收藏国有可移动文物的机构，是国家收藏文物的重要机构，其职责是收藏、保管国有馆藏文物，是一种公益性单位，它的性质和任务决定了它不能从事举办或参与举办文物购销经营单位等。同时，它收藏、保管着国有馆藏文物，又举办或参与举办文物购销经营单位等，没有制约，或由于利益关系，制约失效，会为该文物收藏单位非法处理馆藏文物开方便之门，后果不堪设想。

同时，国有文物收藏单位是国家文化事业单位，举办或参与举办文物购销经营单位等，是企（业）事（业）不分，也违反国家企事分开的规定，从国家政策出发也是不允许的。

非国有文物收藏单位，是民间举办的博物馆。无论国有博物馆还是非国有博物馆，其性质都是文物收藏机构，是公益性事业单位，不以赢利为目的。因此，作为非国有博物馆文物收藏机构，也不得举办或参与举办文物购销经营单位、“文物监管物品”市场或经营文物拍卖的拍卖企业，更不能直接从事文物买卖经营活动。否则，不仅违反法律、法规规定，也违反博物馆的性质与任务，这不是非国有文物收藏单位投资主体或法人代表及工作人员应当做的，而且也违背了他们兴办博物馆，服务社会，为社会做贡献的初衷。

四、禁止设立中外合资和外商独资文物经营单位

文物是一种不可再生的文化财产，是国家和民族历史文化的载体，凝聚中华民族的智慧和创造才能。进入流通领域的文物，从总的说，数量是有限的，是一种特殊的文化商品。它不是一般可以不断生产的商品。因此，为了保护我国文化财产，保护我国不可再生的文化资源，法律做出特别的禁止规定。

2002 年《文物保护法》第五十五条第三款明文规定：“禁止设立

中外合资、中外合作和外商独资的文物商店或者经营文物拍卖的拍卖企业。”这是任何一个独立、主权国家，有权利和有责任做出的立法规定。

在我国加入世界贸易组织，成为世界贸易组织成员之后，法律做出上述禁止规定，是否违背了有关协议？没有，完全没有。相反，是在参加世界贸易组织之后，为保护我国文化财产所采取的重大法律举措。在我国参加世界贸易组织的谈判中，根据该组织规定的例外条款，文物不属于市场准入的项目，是要特别保护的特殊文化财产。我们应该十分清醒地认识这个问题，正确处理这方面的问题，认真贯彻执行这一法律规定。在这个特殊领域，任何一个国家都有权做出决定，不作为参加世界贸易组织必须准入的项目。

第四节　民间收藏文物合法来源

民间收藏文物来源，2002 年《文物保护法》第五十条规定：“文物收藏单位以外的公民、法人和其他组织可以收藏通过下列方式取得的文物：

“(一)依法继承或者接受赠与；

“(二)从文物商店购买；

“(三)从经营文物拍卖的拍卖企业购买；

“(四)公民个人合法所有的文物相互交换或者依法转让；

“(五)国家规定的其他合法方式。”

一、依法继承或者接受赠与

我国法律规定公民个人财产受法律保护。《民法通则》第七十五条规定：“公民的个人财产，包括公民的合法收入、房屋、储蓄、生活用品、文物、图书资料、林木、牲畜和法律允许公民所有的生产资料以及其他合法财产。”“公民的合法财产受法律保护，禁止任何组织或者个人侵占、哄抢、破坏或者非法查封、扣押、冻结、没收。”2002 年《文物保护法》第六条规定：“私人所有的祖传文物以及依法取得的其他文物，其所有权受法律保护。”公民死亡时遗留的个人的合法财产，可以由继承人继承。根据《中华人民共和国继承法》规定，个人遗产包括公民的文物、图书资料。继承分法定继承、遗嘱继承和遗赠等。在法定继承中，“继承权男女平等”，遗产继承的顺序，第一顺序为配偶、子女、父母；第二顺序为兄弟姐妹、祖父母、外祖父母。我国私人收藏者中，有一部分人的先辈就是收藏家，他们收藏的文物，包括善本图书等世代相传，以至流传给今天的后代。这类文物的来源是通过合法继承所获得的。

在近代现代历史上，有一些重要历史人物或与重大历史事件有关的人物，他们的一些具有代表性或典型性的遗物，实际上就是近代现代文物，由配偶、子女继承。这些文物是民间收藏文物的重要组成部分。

民间收藏者接受赠与的文物。赠与是民事法律中的一种行为，在《合同法》中有赠与合同，在第一百八十五条规定：“是赠与人将自己的财产无偿给予受赠人，受赠人表示接受赠与的合同。”据此可以明确得知，赠与行为的主要特点是无偿性，赠与的前提是赠与人对所赠与的财产享有所有权。因此，民间文物收藏者获得的赠与文物，首先是亲友合法所有的文物，如果来源不合法，或者变无偿赠与为有偿转让，都是违法的，不受国家法律保护。

二、从文物商店购买

我国民间传世文物，由依法建立的国有文物购销经营单位购销经营，公民和法人及其他组织都可以从这些经营单位购买文物。早在1981年1月，国务院批转国家文物事业管理局《关于加强文物工作的请示报告》中，明确提出文物商店要努力扩大经营范围，“要恢复和建立面向国内群众的文物销售业务，以丰富人民的文化生活”。随着改革开放不断深化，向国内群众销售文物的业务不断扩大，以满足文物爱好者和收藏者的需要。几十年来，许多人从国有文物商店购买了自己需要的文物，是其收藏文物的主要来源之一。凡是从这些依法建立的文物购销经营单位购买的文物，都是合法的，可以赠送亲友，可以自己收藏，都受国家法律保护。

三、从经营文物拍卖的拍卖企业购买

1992年以来，许多拍卖企业在拍卖文物。他们接受委托人委托的文物，经过省级文物行政部门对拍卖文物标的鉴定、许可，举办文物拍卖会，许多公民、法人和其他组织从这里竞买了文物，其中有些文物十分珍贵。

目前，文物拍卖市场混乱，有些不具备拍卖文物资格的拍卖企业在拍卖文物；有的拍卖企业违规经营，暗箱操作；有的拍卖企业拍卖假文物，欺骗竞买人，等等。这些问题已严重扰乱了文物拍卖市场秩序，侵害了竞买人的合法权益，严重影响了文物拍卖声誉和市场健康发展。应根据2002年《文物保护法》关于设立经营文物拍卖的拍卖企业的审批和许可条件，重新审查、审批许可经营文物拍卖的拍卖企业，在数量上加以控制，这样，具有经营文物拍卖资格的拍卖企业绝不会有现在的160多家，它有利于文物拍卖市场规范经营，有利于加强管理，有利于维护竞买人合法权益。

从经营文物拍卖的拍卖企业竞买文物，已成为民间收藏文物的主要来源之一，是公民、法人和其他组织获取文物的主要方式之一。凡是从依法许可设立的经营文物拍卖的拍卖企业竞买的文物，都是民间收藏文物的合法来源，其所有权受国家法律保护。

四、相互交换或者依法转让

2002年《文物保护法》规定，“公民个人合法所有的文物相互交换或者依法转让”是民间收藏文物取得的合法方式之一。首先，相互交换的文物，须是公民个人合法所有的文物，包括依法继承或接受赠与的文物、从文物商店购买的文物、从经营文物拍卖的拍卖企业购买的文物，以及国家规定的其他合法方式取得的文物。其次，不属于公民个人合法所有的文物，或者非法取得、占有的文物，不在相互交换之列，不受法律保护。再次，公民个人合法所有文物的交换，是其所有者间的相互交换。

关于依法转让。公民个人合法所有的文物，可以依法转让。它应经法定程序和合法途径转让。在《民法》、《公司法》、《合同法》等法律中，对物权、股权、技术等转让做出了依法转让或不得非法转让的规定。如《公司法》规定："股东持有的股份可以依法转让。""股东转让其股份，必须在依法设立的证券交易场所进行。"作为不可再生的文化资源的文物，法律规定公民个人合法所有的文物可以依法转让，对此在法规中应进一步做出规范，如文物转让的让与人应当保证自己是让与文物的合法所有者、转让的途径和程序等，真正做到依法转让，加强管理。

第五节 禁止买卖的文物

民间收藏文物，其来源如不合法，则不会受到法律的保护，还会根据不同情况给予处理，当事人承担相应的法律责任。比如，有些人违反国家法律的规定，任意挖掘古文化遗址和古墓葬，盗取古代文物，或者打捞我国领海或内水沉没的文物，将其走私、出卖，有的作为自己的收藏品；有些人通过分解、割裂的方法，把属于国家所有的古建筑、石窟寺中的壁画、造像、艺术构件等盗取下来，出卖或者作为自己的收藏品；有些人在生产建设中发现出土文物，不上交国家，出卖或作为自己的收藏品；有些人收买违法犯罪分子出卖的文物，等等。

2002年《文物保护法》第五十一条规定："公民、法人和其他组织不得买卖下列文物：

"(一)国有文物,但是国家允许的除外；

"(二)非国有馆藏珍贵文物；

"(三)国有不可移动文物中的壁画、雕塑、建筑构件等，但是依法拆除的国有不可移动文物中的壁画、雕塑、建筑构件等不属于本法第二十条第四款规定的应由文物收藏单位收藏的除外；

"(四)来源不符合本法第五十条规定的文物。"

国有可移动文物，根据2002年《文物保护法》第五条规定，包括：

(一)中国境内出土的文物,国家另有规定的除外；

（二）国有文物收藏单位以及其他国家机关、部队和国有企业、事业组织等收藏、保管的文物；

（三）国家征集、购买的文物；

（四）公民、法人和其他组织捐赠给国家的文物；

（五）法律规定属于国家所有的其他文物。

这些属于国家所有的可移动文物，都不得买卖。

上述法律规定的公民，包括所有公民，无论是文物爱好者，还是一般公民，以及是否文物工作者；法人，包括所有法人单位，不论是国有法人单位，还是非国有法人单位，不论是国有文物收藏、保管单位，还是非国有文物收藏、保管单位；其他组织，包括社会团体、宗教团体，等等，都不得买卖法律明文禁止买卖的文物。

一、不得买卖出土文物

出土文物是可移动文物重要组成部分，归国家所有，是国家重要的文化财产，任何单位和个人不得买卖。2002年《文物保护法》第五条规定："中华人民共和国境内地下、内水和领海中的遗存的一切文物，属于国家所有。""古文化遗址、古墓葬、石窟寺属于国家所有。""中国境内出土的文物"，属于国家所有。这些法律规定，决定了出土文物不得买卖，其所有权受法律保护，不容侵犯。任何单位或者个人无论何时何地，如果发现出土文物，应当立即报告或者把出土的文物上交文物行政部门，这是他们应尽的保护文物的义务。2002年《文物保护法》第三十二条规定："在进行建设工程或者在农业生产中，任何单位或者个人发现文物，应当保护现场，立即报告当地文物行政部门"，由文物行政部门及时研究处理。文物行政部门或政府，应当根据保护出土文物或上交出土文物情况，对保护文物有功的单位或个人给予表彰奖励。

在贯彻出土文物不得买卖的法律规定时，有些问题需要从理论与实践上加以阐述，下面仅就几个问题做简略说明。

在广大城乡各地，分布有众多的古遗址和古墓葬等文化遗存。农村土地实行承包责任制，有的地方由农场经营，在农业生产劳动中，往往会发现地下文物。这些出土文物与土地及承包者和经营者是什么关系？我们在本书文物所有权部分已有述及。简单地说，出土的地下文物，与集体所有的土地，是一种相邻的关系，在法律上分属于不同所有权的客体，所有权主体对各自所有权的行使，不能损害相邻方的合法权益。至于土地承包者或经营者只是对土地的利用，无权占有出土文物。因此，上述法律规定，在农业生产中发现文物要保护现场，立即报告文物行政部门处理。

在经济开发区建设或外商投资建设中，有些项目涉及土地出让，在工程建设中发现古代遗迹和出土文物，它们和投资者是什么关系？我们在本书所有权部分、考古发掘管理与文物保护制度部分已做过阐述。简要地说，这些古遗址、古墓葬和出土文物仍属于中国国家所有。2002 年《文物保护法》第五条规定："国有不可移动文物的所有权不因其所依附的土地所有权或者使用权的改变而改变。"因此，土地的使用者无权占有发现的古遗址、古墓葬及其出土文物，并应按照法律规定，保护发现文物的现场，立即报告文物行政部门处理。

文物购销经营单位，在收购民间收藏的文物时，不得收购出土文物。文物购销经营单位，是通过购销民间收藏的传世文物或近代现代文物向公民、法人及其他组织提供收藏文物，达到保护文物的目的。如果收购、出售出土文物，既违反法律规定，又违背文物购销经营单位的性质与任务，同时，还会带来许多问题。如果收购的出土文物是在生产建设时发现的，使出卖属于国家所有的出土文物的人获得非法收入，助长发现文物不报告、不上交的违法做法和风气，对保护文物无益而有害；如收购的是盗掘的出土文物，实际上是为犯罪分子销赃，会进一步刺激盗掘古遗址、古墓葬犯罪活动，后果不堪设想。正确的做法应当是，发现出土文物，应向出卖出土文物的人了解有关情况，宣传文物法律、法规有关规定，特别是出土文物属于国家所有，不得买卖，以及发现出土文物应向文物行政部门报告等规定。同时，做好有关登记工作，并及时报告文物行政部门解决。应该特别注意，决不能简单化处理，使重要出土文物流失，同时失去寻找发现出土文物的古遗址或古墓葬的线索；如果是盗掘的出土文物，则又失去了及时对盗掘古墓葬采取保护措施，以及侦破盗掘犯罪活动的时机。以往有一些文物商店，在收购文物中，发现出土文物后，积极做工作，既执行了文物政策和法律，又保护好出土文物。在新的形势下，应该在贯彻2002年《文物保护法》中，继承一些成功的做法，发扬优良传统，继续为保护好出土文物做出贡献。

经营文物拍卖的拍卖企业，在接受委托人委托拍卖标的文物时，应当了解文物来源，委托人应依据《拍卖法》规定，向拍卖人说明文物来源。拍卖人不得接受委托的出土文物。在文物行政部门鉴定、许可的有关规定中，明确规定不得拍卖出土文物。应当认真执行这些规定。

出土文物属于国家所有，不得买卖，是新中国成立以来文物政策、法律、法规的一项重要规定。2002年《文物保护法》再次做出明确规定，所有公民、法人及其他组织都应当切实遵守，这也是保护祖国文物应尽的义务。文物行政部门应做好这方面的宣传和管理工作。

长期以来，一些小商小贩在农村走乡串户，违法收购文物，许多出土文物被非法收买，运到城市的旧货市场或其他非法场所出售。这种违法行为，使大量出土文物通过这一非法渠道流失，使国有文化财产遭受很大损失。同时，也扰乱了文物市场秩序。对这种违法行为，文物行政部门应与有关部门研究办法，采取措施，坚决予以取缔。

20世纪90年代以来，随着民间收藏的升温和发展，在许多地方成立了收藏者协会，有些还颁发了会员证。办好这些协会，对规范收藏者的行为，遵守国家文物方针政策和法律、法规，交流对收藏文物的学习心得和研究成果以及发挥收藏文物的作用等，都会有积极意义。但有些问题是值得重视并应制止的，如不少地方发现一些持有某某收藏者协会会员证的人，到农村和集市收买文物，一些新出土的文物被他们买走，变成了他们个人的收藏文物，把国有出土文物变为个人所有，使国有文化财产流失。这种收藏国有文化财产的行为，实际上是属于《民法》中的占有，也就是对物（文物）管理、控制和支配的事实状态；占有又分为两种，即合法占有和非法占有。非法占有即无法律根据的占有。这种到农村或集市上收买出土文物，自己收藏，是一种十分明显的对国家文化财产的非法占有。同时，他们持有某某收藏者协会会员证，对群众的欺骗性大，误以为他们是合法的收买；他们在用违法的实际行动进行误导，对群众的思想和行为会产生不可估量的影响，后果堪忧。对于这种违法行为，收藏者协会应该认真加强管理，文物行政部门更要依法管理，以致处理，不可令其泛滥。

二、不得买卖馆藏文物

国有馆藏文物是国有可移动文物的重要组成部分。馆藏文物是国有文物收藏单位和非国有文物收藏单位收藏的文物。国有博物馆、纪念馆、图书馆、文物保护管理机构和其他单位收藏、保管的可移动文物，是国家所有的重要文化财产，其所有权受国家法律保护，不容侵犯。我们在国家收藏文物保护制度部分已对禁止出售馆藏文物和法律责任做了阐述，在这里只谈两点。

第一，文物购销经营单位和经营文物拍卖的拍卖企业，都不得收买、接受委托拍卖国有馆藏文物。在文物行政部门对经营文物拍卖的拍卖企业文物标的鉴定、许可中，禁止许可拍卖馆藏文物。拍卖人在接受委托人委托拍卖文物时，应问清文物的来源，如属于馆藏文物，不得接受委托。

第二，近些年来，有的国有博物馆以交换、调拨为名出卖馆藏文物，其中包括珍贵文物。有的以调拨名义出卖的馆藏文物，已被对方倒卖、走私出境，给国家文化财产造成严重损失，并对国家声誉造成严重损害。关于国有文物收藏单位文物藏品交换和调拨的法律规定及管理，我们在国家收藏文物保护制度部分做了阐述。在此应特别指出，国有文物收藏单位馆藏文物交换、调拨，一是应在国有文物收藏单位之间，按法定批准程序进行；二是省级文物行政部门只能在本行政区域内主管的国有文物收藏单位之间进行；三是跨省（区、市）的国有文物收藏单位之间的交换应经双方省级文物行政部门依法批准，以防假冒单位借交换文物之名，诈骗国有馆藏文物。

非国有博物馆文物收藏单位，从其性质讲，是为公众和社会发展服务的公益性永久性机构。其馆藏文物的属性具有社会属性，已不是原私人收藏的文物。2002 年《文物保护法》第五十一条严格规定，非国有馆藏珍贵文物不得买卖。非国有文物收藏单位法人代表无权擅自处理馆藏文物。非国有博物馆文物收藏单位对收藏的文物、标本进行研究，宣传展出，为公民和公众服务，它的性质和任务决定了它不是以赢利为目的的单位，不是商业经营单位，因此，不仅它的馆藏珍贵文物不得买卖，也不得从事文物买卖活动，不得购买出土文物。

三、不得买卖不可移动文物构件

国有不可移动文物古建筑、纪念建筑物、近代现代代表性建筑、石窟寺等，其本身或建筑内，许多是有历史、艺术、科学价值的构件，有些有壁画、塑像、雕像等，它们是建筑物、石窟寺等不可移动文物的重要组成部分，是不可移动文物历史、艺术、科学价值的重要内容，从而构成一处不可移动文物整体。应当认真做好保护工作。

近些年来，有些违法犯罪分子，盗窃壁画、雕像、塑像或建筑构件，出卖牟利或走私出境，破坏了不可移动文物的完整性，使国有文物受到不可弥补的损失。因此，2002 年《文物保护法》规定，禁止买卖国有不可移动文物中的壁画、雕塑、建筑构件等，为保护不可移动文物完整性和真实性，保护其壁画、雕塑、建筑构件等提供了重要的法律保障。

文物购销经营单位和经营文物拍卖的拍卖企业，应认真执行上述法律规定，在经营活动中，不买卖或者不接受委托拍卖国有不可移动文物中的壁画、雕塑、建筑构件等。公民、法人和其他组织，应遵守上述法律规定，不以任何形式和名义，买卖、收藏这些文物。

四、不得买卖法规规定的其他文物

2002 年《文物保护法》规定的公民、法人和其他组织，不得买卖“来源不符合本法第五十条规定的文物”，其中主要有拣选文物、罚没文物以及物主处分权有争议的文物等。

2002 年《文物保护法》规定从金银器和废旧物资中拣选出来的文物，移交文物行政部门；执法机关依法没收的文物，应当无偿移交文物部门。这些文物都不得私自买卖。我们在拣选文物和罚没文物管理部分中，已做了阐述。

关于物主处分权有争议的文物，买卖会带来一些法律纠纷。文物所有权是一种物权，公民个人所有的传世文物或近代现代艺术品文物，如在继承上有争议，或者在所有权归属上有争议，或者处分权上有争议等，买了这样的文物，会给自己带来不必要的法律问题，文物购销经营单位不应购销这类文物，经营文物拍卖的拍卖企业同样不应征集这类拍品。这既是依法经营，又是对文物收藏者负责，维护他们的权益。

在可移动文物中，有些文物涉及历史上民族纠纷，对少数民族侮辱、歧视；有些文物涉及我国疆域、外交等。这类文物，都不得进入文物市场，不得买卖。文物购销经营单位收购了这类文物，应根据有关规定报告文物行政部门，妥善保管；经营文物拍卖的拍卖企业不得征集此类文物作为拍品。

此外，2002 年《文物保护法》第五十二条第三款规定："国家禁止出境的文物，不得转让、出租、质押给外国人。"它是为了防止文物流失。国家禁止出境的文物，如转让给外国人，其所有权就不再属于中国公民、法人和其他组织，如果是免检人员，就会把文物携运出境。出租文物给外国人也会出现这类问题，文物已被携带出境，人也一去不复返，文物如何追回？质押是债务人或第三人将其动产移交债权人占有，将该财产作为债权的担保。因此，债务人或第三人不得把可移动文物移交债权人占有，不得将该文物作为债权的担保，以免造成文物流失。我国公民、法人或其他组织在与外国人的经济往来中，应遵守这一法律规定。

第六节　民间收藏文物保管与利用

民间文物收藏者收藏的文物，是中华民族文化遗产的一部分，保护好这一部分文物，是收藏者的责任和应尽的义务。收藏者应该根据收藏文物的多少和保存条件区别对待。收藏文物多，价值高，应对收藏的文物建账、建档，进行分类，并鉴定级别。根据不同质地文物对温湿度的要求，分类进行保管，做好防虫、防潮等工作。文物级别不同，为了保存好珍贵文物，特别是一级文物，应将其装入囊匣，存入专柜保管。

一、民间收藏文物利用

民间收藏的文物，收藏者有权利用它。对文物的利用，不能改变文物的原状，不能损坏文物的外形和损害其实质，不改变文物性能。这是对文物利用的原则和限度。这样的利用是合理的和科学的利用。非文物所有人对民间收藏文物的利用，同样不能超过上述限度，必须遵守上述原则。超过限度的利用会对文化遗产造成不可弥补的损失。

民间收藏的文物，收藏者在利用方面，有权将其作为研究资料或对象，对其进行研究，撰写文章，编写专著，公开发表和出版，收藏者可以向文物收藏单位出借收藏的文物，供临时陈列展览，也可以向文物行政部门申请举办个人收藏文物展览。2002 年《文物保护法》第五十二条第一款规定，国家鼓励公民、法人和其他组织，将其收藏的文物借给文物收藏单位展览和研究。这一规定十分重要，它确立了这类活动的合法地位，为其提供了法律保障。今后会有越来越多的收藏者，通过这一途径，将其收藏的文物与观众见面，共享祖先遗留的传统文化，发挥文物的作用。这对收藏者和观众都是一件有意义的、值得欣慰的事。

二、创办博物馆

民间文物收藏者以自己收藏的文物举办博物馆，在我国已经出现。目前，国家尚未出台这方面的专项法规或规章。2000 年 12 月 4 日，文化部和民政部印发了《文化类民办非企业单位登记审查管理暂行办法》，将“从事文物宣传、保护、展览等活动的民办博物馆(院)”和“从事艺术收藏、展览及交流的民办美术馆（室）、书画雕塑馆（室）、名人纪念馆、名人故居纪念馆、收藏馆（室）”纳入《管理暂行办法》。民办博物馆或非国有博物馆涉及如何设立、设立条件、文物藏品来源、文物藏品保管、陈列展览、文物安全、经费来源、博物馆终止时文物藏品如何处置等等一系列问题，需要在深入调查研究，并借鉴外国经验的基础上，制定专项办法，以加强管理。

在2002年《文物保护法》中上述问题大都没有涉及，应在博物馆法或在博物馆行政法规中解决。2002年《文物保护法》第四章馆藏文物中，在对博物馆等文物收藏单位的规定中，凡是法条未明确国有文物收藏单位的，都包括国有文物收藏单位和非国有文物收藏单位，即国有博物馆等和非国有博物馆。

在2002年《文物保护法》第三十七条第一款，规定文物收藏单位（包括非国有文物收藏单位）取得文物的方式有购买、接受捐赠、依法交换、法律法规规定的其他方式。非国有博物馆可以从依法设立的文物购销经营单位或经营文物拍卖的拍卖企业购买文物。不得购买出土文物，自己也不得直接从事文物购销经营活动。接受捐赠也是非国有博物馆获得文物的一种方式，捐赠的文物应是合法来源和合法持有的文物，否则不受法律保护。在第四十条中规定："非国有文物收藏单位和其他单位举办展览需借用国有馆藏文物的，应当报主管的文物行政部门批准。"其中一级文物应报国家文物行政部门批准。

2002年《文物保护法》馆藏文物一章中，凡未明文对国有博物馆等文物收藏单位的规定，对非国有博物馆同样适用。如对馆藏文物区分等级，设置藏品档案，建立严格管理制度，并报主管的文物行政部门备案（第三十六条）；根据馆藏文物的保护需要，建立、健全管理制度，并报主管的文物行政部门备案，未经批准，任何单位或者个人不得调取馆藏文物（第三十八条）；修复馆藏文物，要保持文物原状（第四十六条）；按照国家规定配备防火、防盗、防自然损坏的设施，确保馆藏文物安全（第四十七条）；馆藏文物被损毁应及时报文物行政部门核查处理，其中一级文物报国家文物行政部门核查处理，馆藏文物被盗应立即报案（第四十八条）等。我们在国家收藏文物保护制度部分已就馆藏文物建账、建档、分级与分级保管、馆藏文物交接责任制、完善文物库房安全设施、馆藏文物复制等做了阐述，对非国有博物馆基本是适用的，非国有博物馆应根据法律规定，做好馆藏文物保护管理工作。

第七节　民间收藏文物捐赠及其他

民间收藏文物捐赠，是其所有权的转移，在法律上有明确规定。

一、民间收藏文物捐赠

民间文物收藏者、鉴藏家把自己收藏的文物捐赠给国家，是一个优良传统。新中国成立以来，他们捐献给国家的文物数以万计。在国家收藏文物部分，已就故宫博物院和上海博物馆接受捐赠的情况做了简要介绍。仅故宫博物院，捐赠文物者就达573人次，接受捐赠文物总数为21875件。捐赠者中有社会知名人士、专家学者、艺术家，如陈叔通、李德全、马叙伦、冀朝鼎、章乃器、楚图南、郑振铎、邓一蛰、商承祚、周一良、张伯驹、杨宽、叶恭绰、朱幼平及其子、王世襄、沈从文、吴作人等。著名文物鉴藏家张伯驹热爱民族文化遗产，收藏、保护文物，无偿捐献给国家的崇高精神，一直被传为佳话。他1955年从珍藏的书画中，选出了8件捐献给国家，当时文化部部长沈雁冰亲自颁发奖状予以表彰："张伯驹、潘素先生将所藏晋陆机《平复帖》卷、唐杜牧《张好好诗》卷、宋范仲淹《道服赞》卷、蔡襄《自书诗册》卷、黄庭坚《草书》卷等珍贵书法共八件捐献国家，化私为公，足资楷式，特予褒扬。"

中国现代著名文物鉴藏家周叔弢，收藏古籍善本、书画和敦煌经卷等文物颇丰，其中如宋本《寒山子诗集》、宋婺州本《周礼郑氏注》、建安余仁仲本《礼记》、《三礼图》，高价购回流失日本的宋本《东观余沦》、《山谷诗注》，书画中有明宋克《急就章》卷、明项圣漠《且听寒响》卷、钱贡《城南稚集》卷、宋人《盥于观花图》等，均十分珍贵。他对收藏的古籍善本等文物精心考证，深入研究，编有《自庄严勘善本书目》等。新中国成立后，他先后多次把收藏的珍贵古籍善本、敦煌写经、书画等捐赠国家，如1952年，捐赠给北京图书馆（今国家图书馆）宋、元、明刊本及一些名抄本和精校本共800余部，同年及以后分3次把珍藏的书画珍品捐赠给天津市文化局；1953年将所藏《二百兰亭斋》全部玺印捐赠故宫博物院；1973年将他为研究清代版刻史而专门收集的铜、泥、木活字本书籍700余种及其他书籍捐赠给天津人民图书馆，同年又捐赠给天津艺术博物馆所藏敦煌写经256卷、玺印910方以及其他文物近500件，为保护祖国文化遗产，做出了重大贡献。[①]

商承祚是我国著名的古文字学家、考古学家和文物鉴藏家，他的研究成果卓著，收藏颇丰。新中国成立后，他把毕生精心收藏和研究的文物931件先后捐赠给国家，其中捐赠给故宫博物院的有国内罕见的石涛自画像。自1964年2月始，在此后20多年里，先后9次向广东省博物馆捐赠所藏书画、缂丝、陶瓷、砚台、古墨等文物374件，其中有《岭南三家书册》、蓝瑛《山水图》、董其昌《山水图》、石涛《诗翰册》、赖镜《山水册》、杨文聪《兰石图》等珍品。1964年5月，向广东民间工艺博物馆捐赠明、清至民国的石湾陶器和古代瓷器、铜镜、石雕、竹雕等201件文物珍品。1992年5月，商承祚子女继承父亲遗志，将他毕业辛勤收藏的书画192件，其他文物104件，捐赠给深圳博物馆。经我国书画专家鉴定，书画中有一级文物3件，分别为明代祝允明、汪道昆、茅坤的书法手卷；二级文物13件，三级文物147件。他实践了自己“独乐莫如众乐”的思想。[②]

在向国有博物馆捐赠文物的人士中，还有港澳知名人士。他们为收藏、保护祖国文物倾注了心血，在新中国成立后，将珍藏的文物捐赠给国家。其中如香港知名文物鉴藏家杨铨先生，自1959年起，先后将珍藏的全部文物无偿捐献给国家。他先后捐赠给广州市人民政府的文物总数为5542件（套），其中拨交给广东民间工艺博物馆收藏的有古陶瓷3390件、铜器231件、玉器184件、竹雕244件、木雕26件、古墨620件。另外796件书画拨交给了广州美术馆收藏、保管。当时，香港尚未回归祖国，他的赤子之心、爱国情怀和无私奉献精

---

① 石志廉：《周叔弢》，见《中国大百科全书·文物博物馆》，中国大百科全书出版社，1993年第1版。

② 广东省博物馆等：《商承祚先生捐赠文物精品选·序》，岭南美术出版社，1998年第1版。

神，应当永久褒扬。[①]

以上记述的只是新中国成立以来捐赠文物的部分人士。近些年来，不断有民间文物收藏者，将自己收藏的文物捐赠给政府、文物行政部门或家乡国有博物馆、纪念馆等。他们的捐赠不断丰富国有馆藏文物。接受捐赠的文物部门或单位，有的为捐赠文物辟建了陈列室，有的建立了专题馆。

民间文物收藏者、鉴藏家捐赠文物，充分体现了他们热爱中华民族文化遗产，收藏、研究、保护文化遗产的崇高爱国精神，他们无私奉献的美德值得我们学习，他们捐赠文物所体现的优良传统应当发扬。2002 年《文物保护法》第五十二条规定："国家鼓励文物收藏单位以外的公民、法人和其他组织将其收藏的文物捐赠给国有文物收藏单位。"

捐赠文物是文物所有权的转移，应当由文物捐赠人和接受捐赠文物的单位签订捐赠文物协议书，由接受捐赠单位颁发给捐赠人捐赠文物证书。对文物捐赠人的表彰，应根据捐赠人和捐赠文物的情况，由接受捐赠文物的单位或文化行政部门、人民政府颁发奖状等。为了宣传捐赠文物的崇高品质和爱国精神，可根据情况，举行捐赠文物交接仪式和表彰会，还可以举办捐赠文物专题展览，宣传民族传统文化。

民间收藏文物的所有权，在收藏者将其收藏的文物捐赠给政府、文物行政部门或国有博物馆等文物收藏单位时，是所有权的改变和转移，自捐赠文物程序完成，包括将文物移交受赠单位，文物就属于国家所有，不再属于捐赠者所有了。根据有关法律规定，这种捐赠的主要特点是无偿性。近些年来，随着文物价格的升高，有的文物捐赠人或其子女，到当年接受捐赠文物的国有博物馆等文物收藏单位要求退回文物，"找后账"，这是违反文物所有权法律规定的。捐赠人捐赠文物，不论是口头许诺还是书面协议（合同），将捐赠文物移交给国有博物馆等文物收藏单位，就是文物所有权的合法转移，任何单位或者

① 李卓祺：《赤子有情　国宝无价》，见《杨铨先生捐献文物撷珍》，广东民间工艺博物馆编，1998 年 4 月。

个人都不得反悔，不得违背承诺。否则，就是违法。《民法通则》第七十三条明确规定："财产所有权的取得，不得违反法律规定。按照合同或者其他合法方式取得财产的，财产所有权从财产交付时起转移，法律另有规定或者当事人另有约定的除外。"国有博物馆等文物收藏单位接受捐赠文物后，该文物就属于国有文物，是国家文化财产，任何单位或者个人不得侵占。它是通过口头或书面合同获得捐赠的文物，有的按当时社会经济状况给予表彰奖励，颁发捐赠文物证书等，都是合法方式和依据，受国家法律保护，单方面毁约，想要回当年捐赠的文物的做法，于法无据，是行不通的。

二、文物工作人员不得侵占文物

文物工作人员包括文物行政部门、文物收藏、保管单位和文物经营单位的人员，在其各自的工作中，都与文物有直接或间接的关系，要做到敬业守业、忠于职守，保护管理好文物，不能利用工作之便或者利用职权，借用、侵占文物。早在 20 世纪 50 年代初，当时的文化部文物局局长郑振铎、副局长王冶秋就提出文物工作者不收藏、买卖文物，他们身体力行，首先把自己此前收藏的文物全部捐赠给国家。此后，文物考古和博物馆工作者不买卖、收藏文物形成优良传统，成为规范文物考古、博物馆工作人员行为的职业道德规范和守则。

国家文物局在文物、博物馆人员职业道德建设上做了大量工作，根据形式发展和新的情况，从事业发展和队伍建设需要出发，先后制定了相应规范。1981 年 4 月 28 日，国家文物事业管理局颁发的《文物工作人员守则》中规定："严禁将文物化公为私，监守自盗。""严禁将国家文物作为礼品赠送任何人（包括上级领导）。""对私人向文博单位出售的文物，严禁利用职权为自己或亲友收购。""严禁倒卖文物从中得利的活动。""严禁将国家收藏的文物，出借给个人。"1997 年 3 月 7 日，国家文物局印发的《中国文物、博物馆工作人员职业道德准则》中规定："国有文物经营单位和博物馆工作人员在征集和收购文物时，所收购的文物及其有关资料全部上交单位，严禁隐瞒私存。""文物工作者个人不得收藏、买卖文物。严禁利用职权在文物征集、收购工作中为自己或他人留存文物。"国家文物局 2001 年 12 月

10日印发修订的《国家文物局机关工作人员守则》中规定："严守文物工作者职业道德，个人不收藏、买卖文物，不在文物交易活动中充当掮客。"在印发修订的《中国文物、博物馆工作人员职业道德准则》中规定:"遵守文物法规和职业纪律。不以个人或家属、子女名义收藏文物，不参与买卖文物。""维护国家对国有文物的所有权。禁止将国家所有的文物作为礼品赠送给任何单位和个人，严禁出售或变相出售馆藏文物。在为国家或单位征集和收购文物时，所收购的文物及相关资料必须全部归公；对出土文物必须按照规定上缴国有。严禁隐瞒私存，严禁为自己或他人留存文物。"在新的形势下，这些职业道德准则和守则，应上升为法律规定，在法律上做出规范，以保证国有文物不被侵占。

因此，2002年《文物保护法》第四十九条做出了禁止规定。它规定了"文物行政部门和国有文物收藏单位的工作人员不得借用国有文物，不得非法侵占国有文物"。这是对文物工作者行为进行法律规范，为防止文物工作者违法，保护国有文物不致流失，以及防止利用工作或者职务之便，侵占文物，提供了法律保障。

第八节　国际社会关于经营文物的规定

联合国教科文组织1970年公约对古董商经营文物应当登记及其相关问题做出了明确规定。埃及、印度、希腊、西班牙等国在法律中都根据本国情况和保护文物（文化遗产）需要，对文物经营做出了符合各自国情的规定。

一、埃及禁止文物买卖活动

埃及是世界著名的文明古国之一，有着悠久的历史和灿烂的文化，文化遗产异常丰富。埃及十分重视对自己文化遗产的保护工作，根据本国的历史传统和国情，以及保护本国文化遗产的实际情况和需要，制定了保护本国文化遗产的法律，依法保护文物，取得了令世人瞩目的成绩。

1983年，埃及总统颁布了新的《文物保护法》，自1983年8月

12日起生效。

在第一章“总则”第七条中规定：“自本法生效之日起，禁止文物买卖活动。目前经营文物的商人，限其在一年内将手中所有文物售出，逾期如手中还存有文物，他们将按文物收藏者对待。本法关于收藏文物的规定对他们适用。”

埃及《文物保护法》第八条对文物收藏做出明确规定：“自本法生效之日起，禁止收藏任何文物。本法生效前、生效时或根据本法规定占有、收藏文物的情况除外。”同时规定：“经营文物的商人和非经营性的文物收藏者，自本法生效之日起六个月内要向文物局申报其所收藏的文物，并负责保护直至文物局根据本法规定登记注册为止。在上述期限内如果未申报和登记所收藏的文物，属非法占有或收藏文物，不得享受本法有关文物收藏的规定。”

关于转让文物所有权或收藏权，或通过继承方式转让，在第九条规定：“本法有关文物收藏的规定对让、受人均适用。”“在任何情况下，文物局可优先获取允许处理的文物，并合理作价。文物局还有权从文物经营者或收藏者获取所需文物，或收回从建筑部件上拆下的文物，并作合理补偿。”这里的文物经营者或收藏者是指本法第七条、第八条规定的内容。

埃及《文物保护法》对违反上述规定应给予的处罚也做出明确规定，如“未经文物局许可从古迹区或文物所在地收藏残砖碎瓦”，“违反本法规定占有和处理文物”，违反第七条规定（即禁止文物买卖活动等），“判处一年以上两年以下拘役，并处100镑以上500镑以下罚款，也可单处。”

二、印度古物交易许可与专营

印度是世界著名文明古国之一，历史悠久，保存下来的文化遗产丰富多彩。印度十分重视对自己文化遗产的保护，制定了一系列法律、法规，依法进行保护和严格管理，取得了可喜的成绩。

印度对古物交易依法实行严格管理。古物交易一般实行许可证制度，但为保护古物和公共利益，中央政府可对古物交易实行专营。

在1972年《古物和艺术财富法》中规定，持有许可证才可以出卖古物。“在本法生效之后的两个月内，任何人未持有按第八部分规定发放的交易许可证，不得进行古物交易。”

中央政府可“在公报上任命政府官员为许可证发放人员”，“确定受理许可证申请的区域”。而意欲从事古物交易的人，须按固定格式和法定内容向有管辖权的许可证发放人员提出申请书。

在第八部分规定：“发放许可证的官员收到申请之后，经过审查，如果认为符合有关规定，可以发给其交易许可证”，但同时规定，在审查时，应充分考虑：“申请人从事古物交易的经验”，“申请人打算从事古物交易的村镇和城市的情况”，在该村镇和城市中“现有从事古物交易的人数”以及“其他相关因素”，还特别明确规定：“如果申请人触犯或触犯过 1947 年《古物法》，那么就不应发给其交易许可证。准许其从事古物交易的时间须是犯罪之日起 10 年后。”在该部分中还规定：“发放的许可证应有一定的有效期限，并附一定的条件。”

在法律文件中，同时规定了中央政府对从事古物交易的排他权。在《古物和艺术财富法》第十三部分做出了专营的明确规定，具体内容如下：

“(1)如果中央政府为保护古物或出于其他公共利益的考虑,打算从事古物交易,中央政府可以在政府公报上宣布:自公报上确定的日期始,国内古物交易由中央政府及其授权的部门专营。

“(2)自中央政府在政府公报上发出通知之日起:

“(a)除中央政府及其授权的部门外,任何其他部门及任何其他人进行古物交易都是非法的;

“(b)根据本法发放的古物交易许可证一律无效。

“即使根据本法发放的古物交易许可证有效期限未满,但只要中央政府专营古物交易的期限未届满,亦应停止生效。

“(3)因政府公告而使其古物交易许可证失效的人,都应到原发证机关申报其所有、控制和占有的古物。”

三、希腊古物经营限制许可与管理

希腊有 2700 多年有文字记载的历史。首都雅典是欧洲古代文明的发源地。因此，保存下来的文化遗产十分丰富。希腊对文化遗产的保护管理极为重视。1932 年 8 月 9 日起生效的希腊共和国第 5351 号《古物法》，是一部保护管理文化遗产的重要法律。其中对古物经营、进口的古物出售和私人收藏者出售古物等做出了严格规定。希腊政府依法对此进行了严格而卓有成效的管理。

希腊《古物法》规定，古物的经营仅限于首都雅典、位于希腊北部的第二大城市萨洛尼卡以及南部克里特岛的伊拉克利翁等三座城市。古物经营许可证由教育部根据考古委员会的建议发给该三座城市的古董商。在第五十四条规定："教育部长对违反《古物法》规定的人拒绝发放古物经营许可证，也可以对那些有确凿证据卷入非法经营古物案件的人拒绝发放古物经营许可证。""没有教育部根据考古委员会建议发放的古物经营许可证，不得经营古物。"同时也规定了例外情况。在第五十五条规定："除了为买卖之目的占有古物者之外，经常从事古物买卖的人也应根据考古委员会的决定将他们作为古董商对待。""获准建立私人藏品者不得经营古物。"

《古物法》规定，古董商应严格遵守经营规定，并接受检查、监督。在第五十六条规定："古董商应按月提交一份买进和卖出古物的详细目录。"在第五十七条规定："古董商应经常接受警察和有关考古官员的监督。警察和考古官员有权通过检查，随时查证古董商的经营方式。"同时，在第六十条中还规定："古董商可以申请出口其收藏的古物，只要在古物出售之后向国家缴纳相当于古物价值一半的考古征用基金。"

对违反法律规定经营古物的，应给予处罚。第五十九条规定，对违反规定的"古董商经教育部决定可以没收其经营许可证"。在第五十八条规定："没有经营许可证而经营古物的人将被判处 2000 德拉克马以上，25000 德拉克马以下的罚款，并处两周以上，六个月以下的监禁，亦可单处两种刑罚之一。"

同时，希腊《古物法》对进口古物再出售做出严格规定。第十六条规定进口古物的人"应申明该古物的货币价值以及进口人是意欲留作己用还是想将其出售或转让给他人"。在第十七条中进一步规定："进口到本国的古物再做出售，必须事先通知教育部。违反本条规定的，将被处以 200 德拉克马以上，5000 德拉克马以下的罚款。”

关于优先购买权，《古物法》第三十条规定：“在希腊出售的古物，不论以何种方式售卖，国家应比私人藏品所有人有优先购买权。”

《古物法》对出售私人收藏古物做出了须经批准的严格规定。第三十一条规定：“出售私人藏品中的古物，都须逐一经教育部批准。未经教育部的批准而出售古物的私人收藏者，将被判处 3000 德拉克马以上，5000 德拉克马以下的罚款，并可处一个月以上，两年以下的监禁。国家还可以没收售卖的此类古物，并将其存放在博物馆内。国家可以一半的售价购买收藏者出售的任何古物。”在第三十二条中还对购买私人收藏品的人须向教育部报告做出进一步规定：“任何人从获批准的收藏家手中购买古物，必须在购买时向教育部报告这桩交易，否则，将被处以 500 德拉克马以上，2000 德拉克马以下的罚款。”

四、西班牙文物的转让与售卖

1985 年 6 月 25 日，西班牙国王公布了议会批准的新的《西班牙历史遗产法》。以后，在该法的实施细则即《关于部分阐述“西班牙历史遗产法”（第 16/1985 号）的皇家法令》中有一章为“转让”，对文化财产的转让做出进一步规定。西班牙政府依法对文物出售或转让进行了严格而富有成效的管理。

《西班牙历史遗产法》有关于编制可移动文化财产总清单的第二十六条第四款规定：“可移动财产的所有人和占有人在将自己的财产售卖或将其转让与第三人之前，应告知政府的主管部门，同时，还应向政府主管部门提交一份买卖情况的记录，这一规定对于惯常经营属于西班牙历史遗产的可移动物品的个人或组织具有同等的约束力。”在第六款中规定，对列入总清单的可移动文化财产，“所有人和占有人应允许有关的调查人员按照合理的理由检查这些物品”。在第二十八条第一款中规定：“被宣布为具有文化价值的可移动文化财产以及由教会占有的包括在总清单之内的可移动文化财产不得售卖、赠与或转让给私人或古董商，而只能让渡或转让给国家、公共部门或其他宗教组织。”

《西班牙历史遗产法》第三十八条第一款规定：“任何人试图出卖被宣布为具有文化价值的财产或包括在第二十六条提及的总清单之内的财产，都应将售价和售卖条件告知第六条提及的组织。公开拍卖的，拍卖人应将拍卖地点告知该组织。”第六条提及的组织是“各自治区负责保护历史遗产的组织”，或“国家行政当局明确指定的或那些应参与保护西班牙历史遗产、以防其非法出口或被抢劫的部门”。

关于评估权和优先购买权问题，第三十八条第二款至第四款做了具体规定。第二款规定：“接到通知之日起两个月内，国家行政当局如果打算购买售卖的财产或如果慈善机构、公益法人打算购买这些财产，国家行政当局可以对这些财产进行评估，并应在两个财政年度之内交付约定的价款或拍卖的价款，有其他约定的除外。”第三款规定：“如果国家行政当局没有接到售卖情况的先期通知，但其在获得可靠的售卖信息之后的六个月内仍可行使优先购买权。”第四款规定：“前款的规定并不排除实施本法的其他部门在同等条件下对上述财产行使评估权和优先购买权。但如果是为国家博物馆、档案馆或图书馆购买可移动物品，行政当局仍然享有最优先的评估权和购买权。”

上述《皇家法令》第三部分为“西班牙历史遗产的转让和出口”。该部分第一章为“转让”，共有 5 条。其中第四十条规定：“任何人企图转让被宣布为具有文化价值的财产或已着手宣布工作的遗产，或者包括在总清单中的财产，都应告知有关自治区负责保护西班牙历史遗产的部门和文化部，指出待转让财产的售价和售卖条件，以及该财产的编号或临时登记号。”“公开拍卖的，拍卖人应在拍卖前的 46 个星期之内告知上述部门拍卖西班牙历史遗产的地点，并指出待拍卖财产的特性。”第四十一条至第四十三条是关于国家行使先占权和优先购买权的有关规定，其中“公开拍卖的，无须分类、评估和出口委员会批准。拍卖时，国家行政当局可以委派文化部的一名代表参加拍卖，由其代表当局行使先占权。拍卖价确定之后，文化部的代表可以宣布其先占意图。这时，拍卖的物品不得再行出卖。拍卖开始后的 7 日内，行政当局应通知拍卖人是否行使先占权。”“如果转让财产时没有通过文化部告知有关当局，但有关当局仍可在获知转让信息之后起 6

个月内，行使其优先购买权。”“国家行使优先购买权的行政命令应在前述期限内告知买卖双方当事人，并应在政府公报上公布。”“前述行政命令公布之后，通过先占权或优先购买权购得的物品应在文化部的监护下存放在指定地点；文化部亦可以允许该财产置于其所有人的监护下，并保证其安全。”第四十五条规定了无效行为和诉讼。

第十六章　文物出境进境管理制度

文物出境实行许可凭证，这是国际间公认和通行的做法。新中国建立之初，就开始实行文物出境许可制度。此后，随着社会发展、情况变化和保护需要，不断对其发展、完善，不断加强对文物出境鉴定许可的管理，形成了一套有中国特色的文物出境许可制度。

第一节　文物出境鉴定许可制度历史发展概述

1950 年 5 月 24 日，中央人民政府政务院颁发的《禁止珍贵文物图书出口暂行办法》中，就明确规定了文物出口实行许可证制度。《办法》规定：

第一，禁止出口文物图书，“经由中央人民政府政务院核准运往国外展览、交换、赠与，并发给准许执照者，准许出口”。“凡准许出口之文物图书，其出口地点以天津海关、上海海关、广州海关三处为限”。

第二，“凡无革命、历史、文化价值之文物图书，或有革命、历史、文化价值之文物图书的复制品及影印本，均可准许出口”。

第三，“凡报运出口文物图书，均需于起运或邮寄前，逐件详细开列种类、名称、大小、重量、年代之清单及装箱单……各地对外贸易管理局可凭当地文物出口鉴定委员会之鉴定证明，予以发给出口许可证。海关或邮局凭证放行”。

第四，“文物出口鉴定委员会分设于天津（包括北京）、上海、广州……”“凡已经各地文物出口鉴定委员会鉴定证明，并经各地发给出口许可证之文物图书，应由各地海关或邮局人员监视装箱，与报运人会同加封，以防暗中调换”。

1960年7月12日，文化部、对外贸易部印发《文物出口鉴定标准的几点意见》，以规范文物出口鉴定。它规定了文物出口鉴定标准的原则和文物出口鉴定参考标准，为保护我国文物发挥了重要作用。这些原则和标准，至今仍然适用。在社会发展进程中，为适应新的形势和保护文物需要，又不断增加了新的标准。

为了加强对外国人、华侨、港澳同胞携带、邮寄文物、古旧图书等出口鉴定、出境许可管理工作，1965年文化部颁发了《对外国人、华侨、港澳同胞携带、邮寄文物出口暂行管理办法》，实行对允许出境的文物钤盖火漆印章。1974年12月16日，国务院批转外贸部、商业部、文物局《关于加强文物商业管理和贯彻执行文物保护政策的意见》中规定：“文物商品应在指定的北京、上海、天津、广州四个口岸出口，须经文物部门鉴定、准许出口，海关始得放行。凡没有经过鉴定和办理准予出口手续的，一律不准出口。未经指定的口岸，一律不准办理文物商品出口业务，各地海关要把好关。”1975年国务院批转外贸部、外交部、公安部、国家出版局《关于个人携带、邮寄我国印刷品出境的暂行管理办法》，其中规定：“国营书店公开出售的旧书、古籍，凭书店发票和火漆标志可以出境，个人旧存的古旧书刊，经过文物部门鉴定的，也可准许出境。”1977年10月19日，国家文物事业管理局颁发新的《对外国人、华侨、港澳同胞携带、邮寄文物出口鉴定、管理办法》，它是在总结实施1965年办法经验的基础上重新制定的，并更换了文物出口鉴定火漆印章。1979年7月25日，外贸部、文化部发出《关于个人携带、邮寄书画出口应加强管理通知》，其中规定：“凡在友谊、文物或书画商店用外汇购买的书画，海关凭商店发票放行，属于文物范围的要核对火漆标记。”1981年10月30日，国务院批转国家文物事业管理局《关于加强文物市场管理的请示报告》中，提出“调整文物出口政策，严格控制文物出口。由于多年来文物大量出口，现在连乾隆六十年（1795年）以后的文物，国内存量也大为减少，有的品种已经非常罕见。因而有必要对现行文物出口政策进行调整”。继续坚持禁止珍贵文物出口，控制一般文物出口，

“今后文物出口发展方向，应把对外批发逐步转为在国内市场零售……有些国内已经较少的文物品种，应当立即停止对外批发”。1982年2月20日，海关总署和国家文物事业管理局发布加强文物出口监管“公告”，重申文物出口鉴定、许可、监管等规定。

1982年《文物保护法》对文物出境实行许可凭证等做出了原则规定。1985年，文化部对在全国文物商业中使用统一的外销发票做出规定。1989年2月27日，文化部颁发了根据1982年《文物保护法》制定的《文物出境鉴定管理办法》（以下简称《鉴定管理办法》），就文物购销经营单位申报出境文物鉴定、私人所有文物出境鉴定和临时进出境文物鉴定、火漆印章和文物出境许可证、文物出境鉴定机构和鉴定人员等做出规定。同时，文化部颁发了对新中国成立后已故著名书画家作品限制出境的鉴定标准，从而保护了一大批近代现代著名画家的珍贵作品。根据书画艺术品存量，仍有一些著名书画家作品需要保护，防止出境等情况，国家文物局于2001年11月15日重新颁发了《一九四九年后已故著名书画家作品限制出境的鉴定标准》，其中，作品一律不准出境者（10人），有王式廓、何香凝、李可染、林风眠、徐悲鸿、高仑（剑文）、黄质（宾虹）、董希文、傅抱石、潘天寿。作品原则上不准出境者（23人），精品不准出境者（107人）。同时，颁发了《一七九五年至一九四九年间著名书画家作品限制出境的鉴定标准》，根据书画作品国内存量，避免出现空白、缺环，作品一律不准出境者（20人）、作品原则上不准出境者（32人）、精品和各时期代表作品不准出境者（193人），他们的书画作品全部列入文物出境限制范围。

文物出境鉴定机构和队伍建设在新的形势下，不断发展与加强。在对文物出境鉴定机构重新审定和考核责任鉴定员工作基础上，1994年8月4日，国家文物局确认了16个文物出境鉴定站具备承担国家委托的文物出境鉴定资格。同时，确认了8个文物出境鉴定机构具备承担国家委托的办理私人携运文物出境鉴定资格，它们是：国家文物出境鉴定北京站和天津、上海、广东、江苏、浙江、福建、云南站。

1994年8月30日，国家文物局、海关总署发出《关于换发文物出境鉴定九四年版火漆印的通知》，规定“编号A字头为文物经营单位的外销文物，B字头为私人携运出境文物”。C字头适用于入境后复运出境的超限文物等。

为了加强对暂时入境复出境文物的管理，国家文物局、海关总署1995年4月20日颁发了《暂时入境文物复出境管理规定》，“对每件暂时进境文物钤盖编号为‘C’字头的火漆标识，并同时开具《文物出境许可证》。暂时进境文物复出境时，海关凭上述火漆标识和许可证放行”。

第二节 文物出境鉴定审核机构与鉴定标准

文物出境鉴定审核机构，是国家进行文物出境鉴定的专门机构。文物出境鉴定标准与文物定级标准不同，更不是传世文物可否合法买卖及作为拍卖文物标的的标准。

一、文物出境鉴定审核机构

文物出境鉴定机构根据《鉴定管理办法》由省、自治区、直辖市文物行政部门组建，报国家文物局核准。它“是代表国家进行文物出境鉴定的专门机构，由当地文化行政主管部门领导，并接受国家文物局的指导和监督”。经国家文物局1994年重新审定，确认了16个国家文物出境鉴定站的资格，除内蒙古、江西、湖南、广西、海南、吉林、黑龙江、重庆、西藏、甘肃、青海、宁夏、新疆等省、自治区、直辖市文物出境分别由北京、上海、广东、辽宁、四川、陕西和云南站代为鉴定外，其他省、直辖市都有国家文物出境鉴定站，初步满足了开放形势对文物出境鉴定工作的要求。

文物出境鉴定机构对防止文物外流负有重要责任。它的性质和任务，决定其成员应当主要是专职的业务人员。临时机构和非专职的专业人员不符合它的要求，难以胜任它的工作任务。《鉴定管理办法》规定文物出境鉴定机构“应配备7至12名以上的专职人员”，责任鉴定人员“必须是具有较高鉴定水平并取得中高级职称或是经过考核证明具有某一文物品类鉴定专长的鉴定人员”。文物出境鉴定机构还可以根据鉴定工作的需要，聘请非文物经营单位的专业人员参加鉴定工作，它有利于提高鉴定水平，把好文物出境鉴定关。文物出境鉴定人员，必须遵纪守法，模范执行国家文物法律、法规，不断提高业务素质和鉴定水平，恪尽职守，做好文物出境鉴定工作。

2002年《文物保护法》第六十一条规定："文物出境，应当经国务院文物行政部门指定的文物进出境审核机构审核。经审核允许出境的文物，由国务院文物行政部门发给文物出境许可证，从国务院文物行政部门指定的口岸出境。"该规定为"文物进出境审核机构审核"，鉴定是对文物的历史、艺术、科学价值和依据文物出境鉴定原则、标准从专业上做出鉴定；审核是管理行为，审核认可鉴定结果，始由国家文物行政部门发给文物出境许可证书。

在此前实行的由国家文物出境鉴定机构对出境文物鉴定、许可，从出境文物界限、鉴定标准、许可证书、统一专用发货票、火漆印章等，都是由国家文物行政部门统一制作，由它核准、认定的国家文物出境鉴定机构实施。实质上也是由国家文物行政部门审核、许可。尽管如此，原来的规定也应根据上述新的法律规定，及时做出必要调整。

二、文物出境鉴定、审核标准

文物出境鉴定是对申报出境的文物，根据2002年《文物保护法》等法律、法规的规定和文物出口界限与鉴定标准，进行鉴定、审核，以决定该文物能否出境。我国从保护文物的需要出发，根据传世文物的不同情况，从文物的时代、品种、价值（历史、艺术、科学价值）和数量方面做出了必要的限制，体现了国家对文物出境管理的基本原则。

中国文物出境鉴定的标准与出口界限，根据《关于文物出口鉴定标准的几点意见》，以1949年为主要标准线，适用于禁止出境和限制出境的文物，是一条重要规定。

禁止出境的文物，根据《意见》规定，包括：

(1)1949年以前制作、生产或出版的具有一定历史、艺术和科学价值的文物图书,原则上一律禁止出口；

(2)革命文物不论年限,原则上一律禁止出口;

(3)凡是有泄露国家机密或者歪曲、丑化中国人民形象或者在政治上有不良影响的文物图书一律禁止出口;

(4)少数民族的文物,1949年以前制作、生产的暂时一律不出口;

(5)1949年以后,具有高度的政治意义和艺术水平的艺术创作、原手稿等原则上禁止出口。

限制出境的文物,根据《意见》规定,是历史、艺术和科学价值一般,国内重复相同、存量较多,不完全符合博物馆文物藏品要求的传世文物和流散文物。对于限制出境的文物,应根据文物的类别和每一类中不同品种的情况,分别划定三个年代界限,它们是:

(1)一部分以1795年(清乾隆六十年)为限,凡1795年以前的一律不准出口;

(2)一部分以1911年(清宣统三年辛亥以前)为限,凡1911年以前的一律不许出口;

(3)1949年以前的一部分不许出口。

凡符合标准,经文物鉴定机构确认,方可出境。限制出境的文物,应根据国家收藏、保护文物的需要和文物国内存量变化等情况,由国家文物行政主管部门进行调整,做出规定,禁止某些品种的文物出境,或限制某些品种文物出境的数量。

在颁发《关于文物出口鉴定标准的几点意见》时,还附有《文物出口鉴定参考标准》对各类文物列表说明。1989年,文化部又颁发对新中国建立后已故著名书画家作品限制出境的鉴定标准,2001年,国家文物局对此标准进行了增补、修订,同时颁发了1795年至1949年著名书画家作品限制出境的鉴定标准。2001年2月,国家文物局还对古建筑构件禁止出境做出规定,均是适时调整出境限制的文物种类。从专业上说,它是鉴定标准;从管理上说,它是审核标准。

关于中国境内的外国文物、图书,经文物出境机构鉴定,其中历史、艺术、科学价值较高或者比较稀有的或者有特殊含义的,不准出口。

2002年《文物保护法》第六十二条规定:“文物出境展览,应当报国务院文物行政部门批准；一级文物超过国务院规定数量的，应当报国务院批准。”“一级文物中的孤品和易损品，禁止出境展览。”

运往境外展览的文物是暂时出境，文物的所有权仍属于中国，因此展出的文物中可以有珍贵文物。在选择文物展品时，应严格按照有关规定，一级文物不得超过限额，特别是一级文物中的易损文物和文物孤品，不得出境展出。文物出境鉴定机构在鉴定审核时，应把好关。一级文物超过规定限额的应报国务院审批。为了确保一级文物中的孤品和易损品安全，不作为文物出境展览的展品，国家文物局已制定公布了《首批禁止出国（境）展览文物目录》，规定64件（组）一级文物孤品和易损品等重要文物禁止出国（境）展览，其中包括秦始皇陵铜车马、刘胜金缕玉衣、长信宫灯、铜奔马、“五星出东方”护膊等。以后还要继续分批公布。

第三节　文物出境鉴定与审核许可制度

文物出境鉴定，包括对合法经营文物单位申报出境的文物的鉴定、私人所有并申报携运出境的文物的鉴定与暂时出境的文物的鉴定等，并办理有关手续。

2002年《文物保护法》第六十条规定：“国有文物、非国有文物中的珍贵文物和国家规定禁止出境的其他文物，不得出境；但是依照本法规定出境展览或者因特殊需要经国务院批准出境的除外。”文物出境鉴定机构在鉴定、审核出境文物时，应从总体上掌握这条规定。它是重要的审核原则和标准：第一，它包括国有文物，还有非国有文物，其中有公民收藏属于个人所有的文物；第二，珍贵文物即一、二、三级文物；第三，国家禁止出境的其他文物，在出境文物界限和标准中都有规定，应按规定审核。这些文物都不得出境。文物出境展览和特殊需要的除外。特殊需要指：与外国人或者外国团体在我国进行合作考古调查、勘探、发掘所获得的文物、标本，如确需送往国外进行检测、分析，属临时出境，经批准后，可以出境。但在完成检测、分析后，除必要耗损外，应及时运回国内；经批准参加国际学术会议，临时携带出境的文物、标本，也属临时出境；其他特殊需要。文物出境鉴定机构应根据批准文件查验、鉴定、审核。

文物出境的性质与方式不同，鉴定工作的要求也有所不同。文物出境的性质，分为永久性出境或者转让性出境、暂时性或者短期性出境，还有过往性出境。

一、永久性出境文物鉴定、审核、许可

文物永久性出境或者转让性出境，主要包括从国家批准设立的文物购销经营单位购买的或者从具有拍卖文物资格的拍卖企业竞买的可出境文物；通过合法继承等途径获得的属于私人所有并经许可携运出境的文物；经国家批准的向国外赠送的或交换的出境文物。

永久性出境文物鉴定，分为销售单位申报出境的文物鉴定和私人所有并携运出境的旧存文物鉴定。

销售单位是指依法经省级文物行政部门批准成立的文物购销经营单位。《鉴定管理办法》规定："销售单位申报出境的文物鉴定，必须在销售前进行。"经国家文物局认定具有国家文物出境鉴定资格的鉴定机构鉴定，"允许出境的文物，应当按照规定位置加盖允许出境的标识"。即钤盖国家文物局颁发编号"A"字头的火漆标识。"凡经鉴定不准出境的文物，文物出境鉴定组应登记拍照，备案存查。属一级文物的，须报国家文物局备案"。经鉴定不准出境的文物，国家可以征购。

公民个人所有并携运出境的旧存文物，《鉴定管理办法》规定，"系指我国公民、港澳台同胞、华侨和侨居我国的外国人所有的传世文物以及通过购买、交换、赠送已为私人所有并准备携带、托运、邮寄出境的文物"。私人携带、托运旧存文物出境，须向国家文物行政部门认定的具有私人文物出境鉴定资格的北京、上海、广东、江苏、浙江、福建和云南国家文物出境鉴定站办理文物出境鉴定手续，根据自用、合理数量等原则，"经鉴定允许出境的文物，加盖火漆标识，发给文物持有者《文物出境许可证》，由海关查验放行"。允许私人文物出境，钤盖国家文物局颁发编号"B"字头的火漆标识。"经鉴定不准携带、托运或邮寄出境的旧存文物，由文物出境鉴定组登记发还

或价购，必要时可以征购”。同时规定，文物出境鉴定机构“在鉴定过程中，对涉嫌以盗掘、盗窃、掠夺等非法手段攫取的文物应予扣留，并依法通报有关机关审查处理”。

二、暂时性出境文物鉴定、审核、许可

暂时出境的文物，基本是国有可移动文物暂时出境。其所有权不变，仍属于国家所有。在境外时间有一定期限。

暂时出境文物鉴定，是指暂时出境复带进境的文物，包括“国家批准的对外文化交流、出国展览、合作研究等项目或其他需由我国驻外机构人员、出访人员携带、托运或邮寄的暂时出境文物”。

暂时出境复带进境的文物，具体来说，主要包括：根据国家对外签订的文化协定，出国文物展览协议，运往境外举办陈列展览的文物；经国家批准，教学和科研单位等开展国际学术交流，携运境外的文物、标本等实物资料，以及经考古发掘（或合作考古发掘）出土的需要境外有关单位（或合作单位）科技鉴定、化验的文物标本；其他如由我国驻外机构人员、出访人员等携带、托运或邮寄暂时出境的文物。这些单位和有关责任人员，必须承担有关法律责任，保证文物、标本安全，按时将文物、标本运回中国境内。

文物暂时出境，由于性质不同于文物永久性出境，因此，在文物鉴定的要求和程序方面也有区别。暂时出境复带进境的上述文物，由国家文物局认定具有国家文物出境鉴定资格的鉴定机构，在文物出境前，做好审核工作。2002 年《文物保护法》第六十二条规定：“出境展览的文物出境，由文物进出境审核机构审核、登记。海关凭国务院文物行政部门或者国务院的批准文件放行。出境展览的文物复进境，由原文物进出境审核机构审核、查验。”《鉴定管理办法》要求文物出境鉴定机构对出境展览的文物和上述其他文物，应“根据批准文件和文物清单、照片查验无误后出具出境证明。……复带文物进境时，须根据清单、照片进行复验”。如发现与出境文物不符或文物损坏等情况，应及时报告。

三、暂时进境复出境文物鉴定、审核、许可

暂时进境复出境的文物，国家文物局和海关总署 1995 年颁发的

《暂时入境文物复出境管理规定》做了进一步明确：系指因修复、展览、销售、拍卖等原因暂时携带、运输、邮寄文物进境，待有关活动结束后复运出境的文物。它主要包括：根据文物协定或有关协议，经国家批准携运来华展览的境外文物；境外研究机构来华参加学术活动或共同研究项目携运入境的文物、标本；外国驻华机构人员和境外团体、个人经同意携运入境鉴定、修复、装裱的文物；境外团体或个人携运来华销售、拍卖的文物等。其中携运来华销售、拍卖的文物，如已被我国某单位或个人购买或竞买，不再属于复运出境的文物范围。

2002 年《文物保护法》第六十三条规定："文物临时进境，应当向海关申报，并报文物进出境审核机构审核、登记。"

关于临时进境并复带出境的文物，文物的所有权不属于中国，但文物在我国期间，我国负有保护文物安全的责任。在文物进境并复出境时，必须由具有国家文物出境鉴定资格的鉴定机构做好鉴定、审核等工作。根据《暂时入境文物复出境管理规定》的规定："携带、运输、邮寄暂时进境文物进境，应在进境时向海关书面申报，并报明有关文物需要复运出境。进境地海关将有关文物加封后，交由当事人送往国家文物局指定的文物出境鉴定站办理复出境手续。"为了加强对临时进境并复带出境文物的管理，实行了一种有别于永久性出境文物的许可证制度，即文物出境鉴定机构"在验核海关封志完好无损后，对每件暂时进境文物钤盖编号为'C'字头的火漆标识，同时开具《文物出境许可证》"。

第四节 进出境文物的核查与监管

出境文物核查与监管，是防止国家禁止出境的文物外流和防止文物非法出口的重要的把关工作，责任和意义重大。

2002 年《文物保护法》第六十一条第二款规定："任何单位或者个人运送、邮寄、携带文物出境，应当向海关申报；海关凭文物出境许可证放行。"海关在邮递、传递、旅检、货运等方面应依据法律、法规规定，加大核查和监管力度，既保证经国家文物行政部门许可出境的文物顺利出境，为国家赢得信誉，又对文物走私进行动态监控，加强风险分析，防止文物非法出境。在核查中，应根据规定，查验文物出境许可证书和有关标识，依据证书和标识放行。

关于永久性出境文物核查。一种是携运从国家批准成立的文物经营单位购买的允许出境的文物，在出关前，应主动向海关申报。海关凭携运者持印有“文物商店统一发票”和文物钤盖编号“A”字头的火漆标识，查验无误后放行。另一种是个人（私人）携带旧存文物出境，出境前应主动向海关申报，海关凭携运者持印有《文物出境许可证》和文物加盖编号“B”字头的火漆标识，查验无误后放行。

我国暂时出境展览文物和因特殊需要经批准出境文物在出境和复入境时的核查，亦如前述，这里不再重复。

关于暂时进境复出境文物核查。2002 年《文物保护法》第六十三条第二款规定：“临时进境的文物复出境，必须经原审核、登记的文物进出境审核机构审核、查验；经审核、查验无误的，由国务院文物行政部门发给文物出境许可证，海关凭文物许可证放行。”这一规定，第一，复出境文物，必须经原审核、登记的文物进出境审核机构审核、查验。文物不同于其他物品，具有历史、艺术、科学价值，比较珍贵，有的复制品与真品难以分出，有的形似而非神似，万一出现调换，原审核、查验机构发现的概率极高，可以避免和防止我国文物外流。第二，在临时进境文物进境时，已由文物进出境鉴定、审核机构审核并钤盖了编号“C”字头的火漆标识，同时开具了《文物出境许可证》，应该在原审核机构审核、查验出境文物、火漆标识、出境许可证完全一致后，海关查验放行。

火漆印、《文物出境许可证》和“文物商店统一发票”是文物出境的最主要的凭证。在查验各种手续、标识完备后放行时，海关关员须把火漆印、《文物出境许可证》和文物商店统一发票作技术处理，即把加盖在文物上的火漆印毁坏，在许可证和统一发票上注明“已出关”字样，“禁止让其携带完整火漆印和没有注销的证书和发票出关”。其目的是避免和防止出现其他问题，这是一项重要的防范措施，应认真处理好。

近些年来，在文物出境凭证方面也出现一些来自其他方面的干扰，妨碍和扰乱文物出境查验工作。为了防止禁止出境文物外流和文物非法出口，国家文物局1998年《关于重申文物出入境管理有关规定的通知》明确规定："禁止持有旧货市场（古玩城）发票、拍卖公司发票和其他未经国家文物局批准经营文物的销售单位发票出境；严禁贴有'文检'字样标识的旧工艺品（旧货或文物）出境。若需携带文物出境，必须到具有文物出境鉴定资格的工作站办理有关出境手续。""严禁使用'仿品'、'复制品'等内容的发票携带旧工艺品或文物出境。"对这些不具备文物出境的标识和发票，海关官员不应认可，拒绝放行。

海关在对出境文物核查和对出境文物标识、凭证查验中，对逃避海关检查或者对伪造、更换、涂改文物出境标识、凭证的，应依法进行处理。

第五节 防止文物非法出口与非法出口文物返还

文物是重要的文化遗产，是国家和民族历史发展的见证。它体现和代表着民族文化传统，是民族传统文化的魂；它使人们看到本民族的智慧和创造力，增强自信心和自豪感，对本民族的人们具有巨大的凝聚力。因此，国际组织、许多国家都采取行政的和法律的手段，保护文物，防止和禁止文物非法出口。我国所采取的对出境文物鉴定、审核、加盖火漆标识，实行许可证制度和海关查验等一系列措施，就是为了保护我国文物，防止和禁止文物非法出口。同时，国际组织和许多国家，都在致力于非法出口文物的返还工作。

一、防止和禁止文物非法出口公约

文物非法出口、文物走私是对文物原主国文化财产流失和造成文物原主国文化财产枯竭的重大威胁，国际社会对此十分重视。为了禁止和防止文物非法进出口和非法转让其所有权，联合国教科文组织经过多年努力，制定了有关公约。1970年11月14日，联合国教科文组织大会（第十六届大会）在巴黎通过了《关于禁止和防止非法进出口文化财产和非法转让其所有权的方法的公约》（1970年公约），至今已有91个国家参加这一著名公约，表明它受到国际社会普遍欢迎。还有一些国家根据这一公约签订双边协议，如美国就与有的国家签订了双边协议，中国和秘鲁也签订了双边协议，作为贯彻公约的措施，禁止和防止双方文物非法进出口。

1970年公约共26条。公约对“文化财产”一词做了具体规定。“文化财产”系指可移动文物，包括我们所称的馆藏文物、出土文物和流散文物，以及建筑构件和自然标本等。

公约对缔约国合法的文化财产、对非法进出口文化财产和缔约国对文化财产保护、宣传等做出规定，对缔约国在保护文化财产、禁止非法进出口文化财产等方面的义务也做出规定，公约还对非法进出口文化财产的返还做出明确规定。

公约对文化财产非法进出口和所有权非法转让做出规定：缔约国“承认文化财产非法进出口和所有权非法转让是造成这类财产的原主国文化遗产枯竭的主要原因之一，并承认国际合作是保护各国文化财产免遭由此产生的各种危险的最有效方法之一”。“违反本公约所列规定而造成文化财产之进出口或所有权转让均属非法”。公约还规定：“一个国家直接或间接地由于被它国占领而被迫出口文化财产或转让其所有权应被视为非法。”

公约对文化财产出口做出明确规定，缔约国承担：

(1)“发放适当证件,出口国将在该证件中说明有关文化财产的出口已经过批准。根据规定出口的各种文化财产,均需附有此种证件”。即合法的文物出口应具有的许可证件,也就是国际间通行的许可证制度。

(2)“除非附有上述出口证明,禁止文化财产从本国领土出口”。

(3)“通过适当宣传这种禁止,特别要在可能出口或进口文化财产的人们中间进行宣传”。

公约的上述规定，特别是关于有无文化财产出口许可证件，是判定合法出口或非法出口的最根本的依据。

二、非法出口文物返还公约

非法出口文物的返还，在1970年公约中已做出明确规定：

(1)缔约国应“通过一切适当手段防止可能引起文化财产的所有权转让”；

(2)“保证本国主管机关进行合作,使非法出口的文化财产尽早归还其合法所有者”；

(3)“受理合法所有者或其代表提出的关于找回失落的或失窃的文化财产的诉讼”；

(4)“承认本公约缔约国有不可取消的权利规定并宣布某些财产是不能让与的,因而据此也不能出口,若此类财产已经出口务须促使将这类财产归还给有关国家”。

为了进一步规范非法出口文物归还的有关问题、程序问题、时效问题等，国际统一私法协会在联合国教科文组织支持下，经过多年努力，制定了与1970年公约相配套的公约，于1995年5月，在罗马召开的外交大会上通过了《关于被盗或者非法出口文物的公约》(文物返还公约)。我国直接参加了该公约的制定工作，它是我国参加制定的第一个保护文物的国际公约。1996年经国务院批准，中国正式加入该公约。

《关于被盗或者非法出口文物的公约》包括“序言”和五章，共21条。

“序言”写道：“为了在有效地打击文物的非法交易方面做出贡献，应在缔约国之间采取重要措施，即在文物的返还和归还方面建立共同的、最低限度的法律规范，以期促进为所有各方的利益而保存和保护文物。”

公约适用于如下国际性请求：

(1)返还被盗文物；

(2)归还因违反缔约国为保护其文化财产之目的制定的文物出口法律而被移出该国领土的文物(以下简称“非法出口文物”)。

关于被盗文物的返还原则。1995年文物返还公约规定：“被盗文物的拥有者应当归还该被盗文物。”这是公约首先确定的原则，只要是被盗文物，它的拥有者、持有者应当归还。盗窃文物的目的，是为了占有或者倒卖或者非法出口（走私出境），是对文物所有者文化财产的侵占，按民法典的原则和规定应当返还，作为善意持有人也不例外。因此，公约对善意持有人归还被盗文物时应给予补偿做出了规定。

公约还规定："凡非法发掘或者合法发掘但非法持有的文物，应视为被盗，只要符合发掘发生地国家的法律。"这是公约在确定被盗文物返还原则时的又一重要规定。非法发掘的目的，同样是为了占有或者倒卖或者非法出口盗掘的文物，是对国家文化财产的侵占和破坏。我国法律把非法发掘确定为盗掘；合法发掘的出土文物由省级以上文物行政部门指定的国有文物收藏单位收藏。公约的这一规定，有利于遏制非法发掘，有利于被盗文物的归还。

关于请求返还文物的时效。公约从有利于请求返还文物出发，对被盗文物的返还时效做出了特殊规定："任何关于返还被盗文物的请求，应自请求者知道该文物的所在地及该文物拥有者的身份之时起，在三年期限内提出，并在任何情况下自被盗时起五十年以内提出。"

公约同时还规定："关于返还某一特定纪念地或者考古发掘遗址组成部分的文物，或者属于公共收藏的文物的请求，则不受请求者应自知道该文物的所在地及该文物的拥有者身份之时起三年以内提出请求的时效限制。"但"任何缔约国可以声明一项请求应受七十五年的时效限制"。我国在参加该公约时声明，请求受七十五年时效限制。

关于"公共收藏品"。"公共收藏品"与请求返还时效相关联，有必要对"公共收藏品"做出明确规定。公约规定："公共收藏品是由经过登记注册或者其他方式证明的文物组成，并且其所有者是下列之一"：

(1)缔约国；

(2)缔约国的一个区域或地方当局；

(3)缔约国的一个宗教机构；

(4)……在缔约国内建立的旨在服务于公共利益的机构；

(5)……属于一个部落或者土著人社区所有的或使用的，作为该社区传统或者祭祀用品的一部分的宗教文物或对该社区具有重要意义的文物。

以上“公共收藏品”请求返还的时效，受七十五年时效限制。这对保护“公共收藏品”不受侵害无疑是有利的。

关于请求归还非法出口文物的途径和应提供的资料。明确途径和提供相关资料是请求归还非法出口文物是否成功的重要条件。公约对此做出明确规定：“缔约国可以请求另一缔约国法院或者其他主管机关命令归还从请求国领土非法出口的文物。”“如果请求国证实从其境内移出的文物严重地损害了下列各项或者其中一项利益，或者证实该文物对于请求国具有特殊的文化方面的重要性，被请求国的法院或者其他主管机关应当命令归还非法出口的这一物品。”上述利益系指：“有关该物品或者其内容的物质保存”；“有关组合物品的完整性”；“有关诸如科学性或者历史性资料的保存”；“有关一部落或者土著人社区对传统或者对宗教物品的使用”。

为了使被请求国法院或者其他主管机关确认请求的合理、合法，符合公约上述规定，公约规定请求“应包括或者含有关于事实或者法律一类的资料”。请求国只有严格按照公约要求去做，才有助于被请求国法院或者其他主管机关决定并下令归还非法出口的文物。我国近年来请求归还非法出口文物的实践，充分证明了这一点。

第六节　文物非法出口或走私文物出境的法律责任

携运文物非法出境或者走私文物出境，严重威胁着我国文化遗产的安全，使我国文物不断流失，许多古文化遗址和古墓葬遭到破坏。同时，它还破坏社会安定和社会主义市场秩序，并严重影响国家形象。为了保护文物安全和维护社会安定，建设社会主义物质文明和精神文明，我国在法律、法规中，对携运文物非法出口或者走私文物出境的，都做出明确的惩处规定。

2002年《文物保护法》第六十四条规定，对盗窃国有文物、走私文物、盗掘古文化遗址、古墓葬等，构成犯罪的，依法追究刑事责任。

2000 年修订的《海关法》对违反有关法律、行政法规的规定，运输、携带、邮寄国家禁止或限制出境的物品，构成犯罪的追究刑事责任；尚不构成犯罪的，由海关没收走私物品及违法所得，可以并处罚款。

1997 年修订的《刑法》，在“破坏社会主义市场经济罪”一章第一百五十一条规定，走私国家禁止出口的文物，处 5 年以上有期徒刑，并处罚金；情节较轻的，处 5 年以下有期徒刑，并处罚金。同时规定：“情节特别严重的，处无期徒刑或者死刑，并处没收财产。”在同一条最后一款还规定：“单位犯本条规定之罪的，对单位判处罚金，并对其直接负责的主管人员和其他直接责任人员，依照本条各款的规定处罚。”

文物返还公约把非法发掘和合法发掘但非法持有的文物，界定为被盗。2002 年《文物保护法》规定：“一切考古发掘工作，必须履行报批手续”。“地下埋藏的文物，任何单位或者个人都不得私自发掘”。出土的文物除根据需要交给科学研究部门研究的以外，由省级以上文物行政部门指定单位保管，“任何单位或者个人不得侵占”。盗掘古文化遗址、古墓葬即构成犯罪，必须追究刑事责任。

法律之所以规定盗掘古文化遗址、古墓葬即构成犯罪，必须追究刑事责任，是因为古文化遗址和古墓葬是不可移动文物，由遗迹和遗物构成，是一个整体；只要对古文化遗址、古墓葬实施了盗掘行为，就破坏了文物，不论盗掘出遗物（文物）与否，已构成犯罪，应受到法律的惩处。

盗掘古文化遗址、古墓葬的目的之一，是窃取其中的器物（文物），走私出境或非法出口，因此，文物返还公约将它列为返还文物的范围。这也是本文将法律关于惩处盗掘古文化遗址、古墓葬的规定，作为追究文物非法出口或走私文物出境的法律责任的重要原因。

第十七章　文物法律责任

2002年《文物保护法》对法律责任的规定有了大幅度增加，内容涉及刑事法律责任、行政法律责任以及民事法律责任等，以行政法律责任内容为最多，从而为保护文物、处理违法行为、打击文物犯罪，提供了重要法律依据。

第一节　文物刑事法律责任

在文物保护管理中，自然人侵犯了法律所调整的文物保护的社会关系，实施了危害国有、集体和个人所有文物和他们合法权益的行为，危害了文物管理秩序，应当承担刑事法律责任。我国《刑法》适用于中国公民和在华的外国人，即实施了犯罪行为的自然人。法人实施了上述行为，由法人单位及其直接负责的主管人员和其他直接责任人员承担刑事法律责任。如单位犯罪的被判处罚金，也是承担刑事法律责任。这里的自然人，是指达到法定年龄，具有对自己行为负责的正常能力的人。

文物犯罪的构成，必须包括犯罪客体和犯罪客观方面的要件、犯罪主体和犯罪主观方面的要件。它们是区别罪与非罪、此罪与彼罪的界限，也是应否承担刑事法律责任、应否追究刑事责任的依据。

所谓文物犯罪主体是指具有危害文物及其管理秩序行为的自然人。文物犯罪的主观方面，是指犯罪人对自己实施的上述行为及其结果的心理状态，如故意、过失、动机、目的等。其中犯罪的故意又分为直接故意和间接故意；犯罪的过失，分为应当预见的自己行为对文物及其管理秩序危害的结果和由于疏忽而尚未预见的结果等。

所谓文物犯罪的客体，是指刑事法律保护而被犯罪行为所侵害的文物管理秩序，与文物有关。犯罪客体是一种社会关系，犯罪对象往往系指文物，两者既有联系，又不能混同。如盗窃文物犯罪的对象是某类或某件文物，它所侵害的客体则是国家文物管理活动和秩序。

所谓文物犯罪的客观方面，是指犯罪所必须具备的行为和以此为中心的其他客观事实特征。行为分积极行为，在刑法意义上称作为；消极行为，则是指不作为。犯罪行为中的盗窃、盗掘、走私、破坏文物等，是行为人实施了刑事法律所禁止的积极行为。由于不作为，造成对文物和文物管理的危害，如玩忽职守等，虽属消极行为，也会构成犯罪。

《刑法》规定："破坏社会秩序和经济秩序，侵犯国有财产或者劳动群众集体所有的财产，侵犯公民私人所有的财产……以及其他危害社会的行为，依照法律应当受刑罚处罚的，都是犯罪，但是情节显著轻微危害不大的，不认为是犯罪。"根据《刑法》规定，故意犯罪是指明知自己的行为会发生危害社会的结果，并且希望或者放任这种结果发生，因而构成犯罪的，应当负刑事责任。过失犯罪，是指应当预见自己的行为可能发生危害社会的结果，因为疏忽大意而没有预见，或者已经预见而轻信能够避免，以致发生这种结果的，有法律规定的才负刑事责任。已满16周岁的人犯罪，应当负刑事责任。其中已满14周岁，因故意犯抢劫、放火、爆炸的人，应当负刑事责任。精神病人在不能辨认或不能控制自己行为时造成危害结果，经法定程序鉴定确认的，不负刑事责任；但是尚未完全丧失辨认或控制自己行为能力的精神病人犯罪的，应负刑事责任，可从轻处罚。间歇性精神病人在精神正常时犯罪的、醉酒人犯罪的，应负刑事责任。聋哑人或盲人犯罪，可从轻处罚或免除处罚。

刑罚分主刑和附加刑。主刑有：管制、拘役、有期徒刑、无期徒刑、死刑。附加刑有罚金、剥夺政治权利、没收财产。附加刑也可单独适用。

文物犯罪刑事处罚适用的法律依据，主要有2002年《文物保护法》第六十条的规定以及有关法律中涉及文物的刑事违法行为进行刑事处罚的条款。

2002年《文物保护法》第六十四条规定："违反本法规定有下列行为之一，构成犯罪的，依法追究刑事责任：

"(一)盗掘古文化遗址、古墓葬的；

"(二)故意或者过失损毁国家保护的珍贵文物的；

"(三)擅自将国有馆藏文物出售或者私自送给非国有单位或者个人的；

"(四)将国家禁止出境的珍贵文物私自出售或者送给外国人的；

"(五)以牟利为目的倒卖国家禁止经营的文物的；

"(六)走私文物的；

"(七)盗窃、哄抢、私分或者非法侵占国有文物的；

"(八)应当追究刑事责任的其他妨害文物管理行为。"

上述法律规定涉及的主要罪名，从大的方面讲，有破坏社会主义市场经济秩序罪、侵犯财产罪、妨害社会管理秩序罪、渎职罪等。这些罪中还可以分出一些罪名来。

2002年《文物保护法》第六十四条第一款（一）、（二）、（三）、（四）、（五）项，属于《刑法》中妨害社会管理秩序罪中的妨害文物管理罪，就每一项而言，第（一）项可称为盗掘古文化遗址、古墓葬罪；第（二）项可称为故意破坏珍贵文物、名胜古迹罪；第（三）、（四）项可称为私自出卖珍贵文物罪；第（五）项可称为倒卖文物罪。妨害文物管理罪，是文物保护管理中危害最大的一类犯罪。它妨害国家对文物保护管理活动，破坏文物管理法律、法规和秩序，破坏国家保护的文物，是一种危害文物安全的行为。《刑法》中为此单设一节妨害文物管理罪，列有6条。其中第三百二十七条和第三百二十八条在前面的有关部分已做了介绍。

故意破坏珍贵文物、名胜古迹犯罪的处罚，《刑法》第三百二十四条规定："故意损毁国家保护的珍贵文物或者被确定为全国重点文物保护单位、省级文物保护单位的文物的，处三年以上有期徒刑或者拘役，并处或者单处罚金；情节严重的，处三年以上十年以下有期徒刑，并处罚金。""故意损毁国家保护的名胜古迹，情节严重的，处五年以下有期徒刑或者拘役，并处或者单处罚金。”关于过失损毁，在第三款规定：“过失损毁国家保护的珍贵文物或者被确定为全国重点文物保护单位、省级文物保护单位的文物，造成严重后果的，处三年以下有期徒刑或者拘役。”其中名胜古迹，包括市、县级文物保护单位和尚未公布为文物保护单位的不可移动文物。

私自出售珍贵文物给外国人犯罪的处罚，《刑法》第三百二十五条规定：“违反文物保护法规，将收藏的国家禁止出口的珍贵文物私自出售或者私自赠送给外国人的，处五年以下有期徒刑或者拘役，可以并处罚金。”“单位犯前款罪的，对单位判处罚金，并对其直接负责的主管人员和其他直接责任人员，依照前款的规定处罚。”珍贵文物分为一级文物、二级文物、三级文物。

倒卖文物犯罪的处罚，《刑法》第三百二十六条规定：“以牟利为目的，倒卖国家禁止经营的文物，情节严重的，处五年以下有期徒刑或者拘役，并处罚金；情节特别严重的，处五年以上十年以下有期徒刑，并处罚金。”“单位犯前款罪的，对单位判处罚金，并对其直接负责的主管人员和其他直接人员，依照前款的规定处罚。”

2002年《文物保护法》第六十四条第一款第（六）项是处罚文物走私犯罪的法律依据。走私文物罪属于破坏社会主义经济秩序罪的一种。对走私文物犯罪的刑事处罚，《刑法》第一百五十一条规定走私国家禁止出口的文物，处五年以上有期徒刑，并处罚金；情节较轻的，处五年以下有期徒刑，并处罚金。情节特别严重的，处无期徒刑或者死刑，并处没收财产。

2002年《文物保护法》第六十四条第一款第（七）项盗窃、哄抢、私分或者非法侵占国有文物，属于侵犯财产罪，其中盗窃可称盗窃文物罪。对这些犯罪行为的刑事处罚，《刑法》第二百六十四条对盗窃罪量刑标准做出规定，对“盗窃珍贵文物情节严重的”处无期徒刑或者死刑，并处没收财产。关于哄抢、私分或者非法侵占国有文物的犯罪的刑事处罚，在《刑法》第二百六十八条、第二百七十条、第二百七十一条均有相应的规定。

2002年《文物保护法》第六十四条第一款第（三）项规定属于

妨害文物管理罪，如《刑法》第三百二十七条是对出售国有馆藏文物的刑事处罚的量刑规定；第（八）项包括渎职罪，如《刑法》第四百一十九条，是对因渎职造成珍贵文物损毁的刑事处罚规定："国家机关工作人员严重不负责任，造成珍贵文物损毁或者流失，后果严重的，处三年以下有期徒刑或者拘役。"

上述《刑法》的规定，是对文物犯罪刑事处罚量刑标准的法律依据。全国人大常委会、最高人民法院、最高人民检察院在与宪法和其他法律不相抵触的前提下，做出的有关文物犯罪刑事制裁量刑标准的法律解释，也是对文物犯罪进行刑事处罚量刑标准的法律依据。如2000年9月26日，最高人民法院《关于审理走私刑事案件具体应用法律若干问题的解释》中，第三条是关于走私文物量刑标准，规定如下：

第一款规定："走私国家禁止出口的三级文物二件以下的，属于走私文物罪'情节较轻'，处五年以下徒刑，并处罚金。"

第二款规定："走私文物，具有下列情节之一的，处五年以上有期徒刑，并处罚金：（一）走私国家禁止出口的二级文物二件以下或者三级文物三件以上八件以下的；（二）走私国家禁止出口的文物达到本条第一款规定的数量标准，并具有造成该文物严重损毁或者无法追回等恶劣情节的。"

第三款规定："具有下列情节之一的，属于走私文物罪'情节特别严重'，处无期徒刑或者死刑，并处没收财产：（一）走私国家禁止出口的一级文物一件以上或者二级文物三件以上或者三级文物九件以上的；（二）走私国家禁止出口的文物达到本条第二款规定的数量标准，并造成该文物严重损毁或者无法追回的；（三）走私国家禁止出口的文物达到本条第二款规定的数量标准，并具有是犯罪集团的首要分子或者使用特种车进行走私等严重情节的。"此外，最高人民法院和最高人民检察院对某一个文物犯罪案件审判量刑标准的批复，也是对文物犯罪进行刑事处罚量刑标准的法律依据之一。

第二节　文物行政法律责任

文物违法行为，应承担行政法律责任，受到行政法律责任追究，主要是受行政处罚。文物行政处罚是行政机关依据法律规定，对违反文物保护法律应受到惩罚的单位或者个人给予的一种行政制裁，包括罚款、吊销许可证书、吊销资质证书、吊销从业资格、没收非法所得或经营的文物等。

文物行政执法的主体，根据2002年《文物保护法》的规定，有文物主管部门、环境保护行政部门、工商行政管理部门、公安部门和海关等。文物主管部门在1982年《文物保护法》中，没有作为行政执法主体，没有行政处罚权，对文物保护管理工作十分不利。保护管理文物的部门无权对违法行为进行处罚，就使得文物主管部门的管理权受到削弱，难以实施有效保护，加强管理，使许多违法事件得不到及时处理，最后不了了之，使文物受到很大损害。为了加强管理，使保护管理文物的文物主管部门做到有权有责，有管理手段，2002年《文物保护法》不仅把文物主管部门作为行政执法主体，而且给文物主管部门规定了许多进行行政处罚的规定。

文物主管部门作为执法主体，责任更大了，执法工作量很大，执法任务十分艰巨。如何建立一支既懂法律，又懂文物专业知识，依法处理文物违法行为，保证执法公正的行政执法队伍，是文物主管部门在新文物保护法施行后，面临的新的挑战。

现在，文物主管部门没有执法队伍，没有执法证件，没有执法经验，面临大量的执法工作，一时会难以适应。为了适应新文物保护法施行后的形势和任务，当务之急，应对《行政处罚法》等有关法律进行学习、研究，抓紧拟定文物行政执法的有关办法，制作证件，印制有关票据，举办培训班，对文物行政执法人员进行培训。

文物行政处罚主体，在2002年《文物保护法》第七章“法律责任”中，均有明确规定，都是单独作为文物行政处罚主体，对一个文物违法行为进行行政处罚。其中，第六十六条第二款规定：“刻画、涂污或者损坏文物尚不严重的，或者损毁依照本法第十五条第一款规定设立的文物保护单位标志的，由公安机关或者文物所在单位给予警告，可以并处罚款。”在这里，“公安机关或者文物所在单位”都具有行政处罚的主体资格。当公安机关对刻画、涂污文物的违法人做出行政处罚行为后，文物所在单位就不能对同一违法行为再次做出行政处罚行为，反之亦然。也就是说，两个行政处罚主体不可重复处罚。“文物所在单位”是指直接负责保护管理文物保护单位或其他不可移动文物的保护管理机构。它的行政处罚主体资格是由法律授予的。

根据2002年《文物保护法》规定，文物行政处罚的客体是第七章“法律责任”中所列公民个人、法人和其他组织。其中包括文物部门的法人单位及其工作人员；包括中国公民和法人单位以及其他组织和社会团体；包括外国在华公民和在华法人单位等。

文物行政处罚的法律适用，2002年《文物保护法》第七章“法律责任”中的大部分规定，是文物行政处罚的主要法律依据；并对处罚方式和标准等做出了明确规定，在这里不一一引述。

2002年《文物保护法》关于行政法律责任的规定，从总的说，凡是在该法中做出在文物保护中，公民、法人和其他组织应履行的义务和应贯彻执行的规定等，在“法律责任”中大都相应做出应承担的行政法律责任的规定，由行政部门对不履行义务、不执行规定或违反规定的公民、法人和其他组织依法给予行政处罚，以加大执法力度，为贯彻执行法律规定，保护祖国文物提供强有力的法律保障。

例如，2002年《文物保护法》第十七条规定了在文物保护单位保护范围内不得进行其他建设工程或者爆破、钻探、挖掘等作业，因特殊需要的，必须保证文物保护单位安全，并经批准等；第十八条规定了在文物保护单位建设控制地带内进行建设工程，工程设计方案应经文物行政部门同意，报城乡建设部门批准。在“法律责任”一章中，第六十六条相应做出行政法律责任规定：“有下列行为之一，尚不构成犯罪的，由县级以上人民政府文物主管部门责令改正，造成严重后果的，处五万元以上五十万元以下罚款；情节严重的，由原发证机关吊销资质证书：

“(一)擅自在文物保护单位的保护范围内进行建设工程或者爆破、钻探、挖掘等作业的；

“(二)在文物保护单位的建设控制地带内进行建设工程，其工程设计方案未经文物行政部门同意、报城乡建设规划部门批准，对文物保护单位的历史风貌造成破坏的。”

又如，2002年《文物保护法》第二十四条规定：“国有不可移动文物不得转让、抵押。建立博物馆、保管所或者辟为参观游览场所的国有文物保护单位，不得作为企业资产经营。”第二十三条规定了国有文物保护单位不得改变用途，如必须改变用途须经批准。在“法律责任”一章中，第六十八条相应做出行政法律责任规定：“有下列行为之一的，由县级以上人民政府文物主管部门责令改正，没收违法所得，违法所得一万元以上的，并处违法所得二倍以上五倍以下的罚款；违法所得不足一万元的，并处五千元以上二万元以下的罚款：

“(一)转让或者抵押国有不可移动文物，或者将国有不可移动文物作为企业资产经营的；

“(二)将非国有不可移动文物转让或者抵押给外国人的；

“(三)擅自改变国有文物保护单位的用途的。”

文物行政处罚的法律适用，除2002年《文物保护法》规定外，还有其他法律、法规规定。如2002年《文物保护法》第六十七条规定：“在文物保护单位的保护范围内或者建设控制地带内建设污染文物保护单位及其环境的设施的，或者对已有的污染文物保护单位及其环境的设施未在规定的期限内完成治理的，由环境保护行政部门依照有关法律、法规的规定给予处罚。”第六十五条第二款规定：“违反本法规定，构成违反治安管理行为的，由公安机关依法给予治安管理处罚。”第三款规定：“违反本法规定，构成走私行为，尚不构成犯罪的，由海关依照有关法律、行政法规的规定给予处罚。”其中包括环境保护、治安处罚和海关法律、行政法规。

在2002年《文物保护法》“法律责任”一章中，还有一条即第七十六条，是针对文物行政部门及其工作人员的规定。

文物行政部门工作人员是执法人员，文物收藏单位和文物经营单位的工作人员是文物保护人员和从业人员，应当模范地遵守和认真执行文物法律规定，这是他们的职责，是管理和促进文物事业发展的基本条件。如果他们滥用权力或不履行职责，不依法行政或不依法保管文物、从业等，违反了本法规定，必须承担法律责任。这条规定，有利于本法的贯彻执行，有利于依法加强保护管理文物，有利于促进廉政、勤政建设和文物事业发展。

第七十六条规定："文物行政部门、文物收藏单位、文物商店、经营文物拍卖的拍卖企业的工作人员，有下列行为之一的，依法给予行政处分，情节严重的，依法开除公职或者吊销其从业资格；构成犯罪的，依法追究刑事责任：

"(一)文物行政部门的工作人员违反本法规定,滥用审批权限、不履行职责或者发现违法行为不予查处,造成严重后果的；

"(二)文物行政部门和国有文物收藏单位的工作人员借用或者非法侵占国有文物的；

"(三)文物行政部门的工作人员举办或者参与举办文物商店或者经营文物拍卖的拍卖企业的；

"(四)因不负责任造成文物保护单位、珍贵文物损毁或者流失的；

"(五)贪污、挪用文物保护经费的。"

同时，在第二款还进一步明确规定："前款被开除公职或者被吊销从业资格的人员，自被开除公职或者被吊销从业资格之日起十年内不得担任文物管理人员或者从事文物经营活动。"对执法、知法人员给予从严处罚，有利于文物保护，有利于防止国有文化财产被侵占或流失，为文物安全提供了法律保障。对文物经营工作人员，十年内不得从事文物经营活动的处罚，在印度《古物和艺术财富法》中也有类似规定："如果申请人触犯或触犯过 1947 年《古物法》，那么就不应发给其交易许可证。准许其从事古物交易的时间须是犯罪之日起十年后。"在希腊《古物法》中，对非法发掘的人也有类似的规定。

2002 年《文物保护法》在"法律责任"一章中，对执法机关和其他国家机关违反本法的行为应承担的法律责任也做出了明确规定，第七十八条规定："公安机关、工商行政管理部门、海关、城乡建设规划部门和其他国家机关，违反本法规定滥用职权、玩忽职守、徇私舞弊，造成国家保护的珍贵文物损毁或者流失的，对负有责任的主管人员和其他直接责任人员依法给予行政处分；构成犯罪的，依法追究刑事责任。”国家法律适用于任何公民、法人和其他组织，执法机关和其他国家机关都应受法律约束，都应依法行政，依法管理，没有不受法律约束、规范的法外之人，没有不受法律制约的权力。这条规定充分体现了法治原则和以法治国方略的基本精神。

在 2002 年《文物保护法》“法律责任”一章中，还有一条行政措施，是由国务院和省级人民政府实施的。第六十九条规定：“历史文化名城的布局、环境、历史风貌等遭到严重破坏的，由国务院撤销其历史文化名城称号；历史文化城镇、街道、村庄的布局、环境、历史风貌等遭到严重破坏的，由省、自治区、直辖市人民政府撤销其历史文化街区、村镇称号；对负有责任的主管人员和其他直接责任人员依法给予行政处分。”保护历史文化名城和历史文化街区，最重要的是保护它的布局、环境和历史风貌。如果它们都遭到严重破坏，已失去历史文化遗产的真实性和完整性，失去它的历史和文化价值，继续保留历史文化名城或者历史文化街区称号已无任何意义。将其称号撤销体现了我国保护历史文化遗产的严肃、认真的态度，体现了保护历史文化遗产的严肃性。当然，我们不希望这种情况发生，希望把它们保护好、管理好，留给子孙后代，充分发挥其作用。

第三节　其他法律责任

在 2002 年《文物保护法》“法律责任”一章中，有的规定涉及民事法律责任，如第六十五条第一款规定：“违反本法规定，造成文物灭失、损毁的，依法承担民事责任。”有的规定是一种行政措施，如对违法行为“负有责任的主管人员和其他直接责任人员依法给予行政处分”。有的规定了罚没文物移交，之所以把它放在“法律责任”一章，是因为把罚没文物移交作为执法机关应承担的一种法律责任，是应履行的保护文物的义务。

部分参考书目

1. 国家文物事业管理局. 新中国文物法规选编. 文物出版社, 1987年7月

2. 安金槐. 中国考古. 上海古籍出版社, 1988年7月

3. 王宏钧. 中国博物馆学基础. 上海古籍出版社, 1988年7月

4. 马承源. 中国青铜器. 上海古籍出版社, 1988年7月

5. 冯仙铭. 中国陶瓷. 上海古籍出版社, 1988年7月

6. 扬仁恺. 中国书画. 上海古籍出版社, 1988年7月

7. 罗哲文. 中国古代建筑. 上海古籍出版社, 1988年7月

8. 国家文物局. 国际保护文化遗产法律文件选编. 紫金城出版社, 1993年8月

9. 国家文物局. 中华人民共和国文物法规选编(二). 紫禁城出版社, 1995年8月

10. 国家文物局. 外国保护文化遗产法律文件选编. 紫禁城出版社, 1995年8月

11. 罗豪才. 行政法学. 北京大学出版社, 2001年5月

12. 李晓东. 文物保护法概论. 学苑出版社, 2002年11月

13. 中国文物报社. 文物资讯通鉴. 中国文物学会, 2004年

后　记

2003年，兰州大学历史文化学院提出，甘肃省博物馆作为新开的博物馆学专业的教学基地，聘请了甘肃省博物馆的部分专家承担了一些专业课的教学，同时承担所讲授专业课程的教材编纂任务。“文物政策与法规”就是其中的一门课程。

文物工作的政策、法规，从新中国成立以来，人民政府对文物的保护管理就颁布了一系列的法令、政府规章，1950年迄今，颁布的对文物保护管理的法令、政府规章140余部。特别是在《中华人民共和国宪法》、《中华人民共和国刑法》、《中华人民共和国民法通则》中都有关于保护文物的条款。1982年《中华人民共和国文物保护法》和2002年修订的《中华人民共和国文物保护法》，更是全面加强文物保护法制建设和完善文物保护法律制度的重大举措，为加强文物保护管理工作提供了重要法律保障；标志着我国文物法律建设、文物保护管理工作和文物事业进入了一个新的发展阶段。法律条规更加丰富、全面、系统，充分体现了党和国家对保护我国文物的高度重视，是党和国家保护文物、发展文物事业的一贯方针政策和基本原则的延续，是在新的历史时期的重大发展和法制化。“文物政策与法规”的核心，就是《文物保护法》。因此，作为一本大学本科教材，这门课以“文物法学概论”定名为宜。

在准备“文物法学概论”这门课程的时候，我有机会比较系统地学习了《新中国文物法规选编》、《中华人民共和国文物法规选编》(二)、《国际保护文化遗产法律文件选编》、《文物资讯通鉴》、《中国文物报》“文物保护法答问”等等资料。特别是得到文物法学专家李晓东先生的鼎力帮助，专门寄赠了专著让我学习参考，在选编这本教材的过程中，使我获益匪浅。

在兰州大学历史文化学院的王希隆先生、杜斗城先生的支持和帮助之下，这本教材得以出版。在此谨向诸位先生表示由衷的敬意和感谢！

俄　军

二〇〇六年十月二十日